關於 **法律** 的100個故事

100 Stories of **Law**

徐子良◎著

「悅讀」故事──瞭解法律的方便之門

　　法律伴隨著人類進步的歷程，特別是社會政治進步的整個歷史。人類從奴役走向自由，都與法律有著密切的關係。

　　關於法律的起源，中國和西方有一個很大的不同。

　　中國是由「聖人」或「先王」制訂禮儀和法律，以此安排個人在社會等級中的位置，明確個人應得的分配份額，從而使社會安定有序。總結起來無非三點：一、人類生而有社會關係，不然如同禽獸；二、人類社會一開始是凌亂的，是上天派來的聖人將人類從愚昧帶向文明；三、最早的法律就是聖人對於人生和社會的思考。

　　西方則是人與人之間透過契約關係形成公認的規則，起初可能表現為習慣，而後則會公定為法律。如果你去 google 一下「The Origin Of Law」（法律的起源），我相信，所有關於這方面的論文、研究，首先討論就是「上帝」。為什麼要先討論「上帝」呢？因為要評判一件事情，必須明確誰才是最終的仲裁者。在西方，答案只有「上帝」。但這裡所指的「上帝」，不但是宗教的象徵，更是公理和正義的象徵。

中國文明源遠流長，從幾千年前的炎黃時代開始就有了法律的影子，不幸的是，在漫長的專制社會，法律一直臣服於皇權，淪為了君王的意志。無怪乎日本人滋賀秀蘭說：「在世界各主要文明中，中國是距離法治最為遙遠的一種，甚至與歐洲形成了兩極相對的反差。」一直到了清朝末期，中國才開啟了向西方學習近代法律的大門。雖然此舉並未將晚清政府從腐朽落後的局面中解救出來，但它卻將西方先進的法律理念引入到中國，為隨之而來的社會變革奠定了基礎。

西方法律的發端始於古希臘和古羅馬，二者為現代世界的法律制度構造了近於完美的框架。到了中世紀，世俗的法律被愚蠢的宗教裁判所代替，秩序井然的訴訟程序被封建割據的領主隨意踐踏。但即便如此，人們尋求法律和正義的努力始終沒有停止。「君權神授」的荒謬為「君權民授」的正義埋下了伏筆，宗教對於世俗社會的粗暴干涉反而為現代社會的三權分立提供了線索。

在漫長的歷史長河中，西方世界曾出現過各式各樣的法學系別，比如古羅馬法系、日爾曼法系、英美法系、大陸法系等等。它們隨著時間的流逝和社會的發展進步也在發生著變化，有的已

經煙消雲散，有的被改頭換面，有的還在沿用煥發著勃勃生機。

以開放的胸懷和科學的態度去學習、借鑑、理解各國法律知識，不僅僅是一個國家應有的態度，也是每個公民應該掌握的一種常識。正是基於這樣的想法，《關於法律的 100 個故事》得以創作和出版。

這本書共分上、下兩篇，以講故事的形式分別從法律的發展、構成、著作和具體分類等幾個方面向讀者介紹法律的歷史沿革、基本常識。

上、下兩篇又細分為七個章節，每個章節都涵蓋了中、西方法律不同的特點。

在第一章《法律的歷史沿革》中，我們可以看到中西方法律的發展史：古希臘人為自己的城邦利益而戰最終確立了以城邦生活為基礎的古希臘法律；古羅馬的法律機器得以完美運行，得益於程序完備的羅馬法庭和專業律師階層的出現；蘇格拉底因捍衛法律原則而亡；摩西以「十誡」做為上帝所賦予的神聖之法；中國的炎帝和黃帝則經過一場戰爭確立了最初的部落規則。

在這些形態各異的故事中，我們不僅能看到法律的歷史，還能透過法律的歷史看到人類發展的歷史。

在第二章《法律的相關典籍及基本原則》中，筆者介紹了法律演變過程中出現過的著名法典，如《漢摩拉比法典》、《查士丁尼法典》、《拿破崙法典》等等。這些法典都是各國在探索文明道路上的經典。

在第三章《法律的組成部分及影響司法的因素》中，我們可以看到大法官、律師、陪審團在司法程序中的作用及公民應該享有的言論、宗教等方面的自由。

本書的下篇《法律學的具體分類》共分為四個章節，筆者分別從基本法，刑法，婚姻法，物權法、財產法及國際法等方面介紹了法律學的分支。在這幾章中，有女神化身天皇制訂法律的神話，有攻佔巴士底監獄的荒謬，也有一封小偷寫給法官的信；有皇妃霸佔家財，有美女引發的戰爭，也有破鏡重圓的愛情和出軌產下私生子引起的各種問題……在回味這些故事的同時，輕鬆做法律達人。

　　法律是故事，是我們昨天的故事；法律是知識，是我們關於今天如何行事的知識；法律是夢想，是我們對明天的夢想。本書固然不能涵蓋世界法律在幾千年間發生的全部問題，卻能為讀者朋友瞭解世界各國法律常識提供一個方便之門。

懂法是為了更好的生活

法律，古老而又年輕。

說它古老，是因為它擁有漫長的歷史；說它年輕，是因為時至今日，它還在不斷完善和發展，在未來依舊會煥發勃勃生機。

法律，是人類歷史的縮影。

當我們翻開歷史的畫卷，看到人類從原始社會走來，他們之間有著最原始的氏族規則，這些規則被稱為民間法。在這之前，人類生活在自然界中，如同上帝的螞蟻，即便這樣，他們也有法律，這些法律被法學家們稱為自然法。人類從氏族社會走向奴隸社會，他們擁有古羅馬帝國的城邦法、古埃及的農奴法……到了黑暗的中世紀，世俗的法律被教會法取代，文藝復興之後，法律至上成為一種信仰，司法權真正脫離行政權和立法權而獨立。在人類踏過荊棘，在流血抗爭中走向現代社會，他們又擁有了國際法。

可見，法律和人類社會的發展是如影相隨的。

不僅如此，法律還與我們每個人的生活息息相關：做為一國

公民，個人權利由基本法來保障；在經濟生活中，有物權法監督交易的規範操作；在人與人之間的婚嫁娶離中，有婚姻法保護；受到人身傷害，有刑法來為你討還公道；出國在外，國際法接過國內法護衛的盾牌；甚至在死後，也會有財產法來保障遺產不受侵佔。

瞭解法律、學會法律，能讓我們更清晰地瞭解人類的歷史，更好地生活在法治社會中。

出於這個目的，我應出版者邀請，為讀者朋友撰寫了《關於法律的 100 個故事》這本書。

它不是枯燥的法律理論書，而是一本法律故事書，力求讓讀者朋友在故事中學會法律。當然，本書也不盡完善，不可能涵蓋幾千年的法律發展史，只是試圖拋磚引玉，為讀者朋友將來讀懂更多的法律書籍奠定基礎。

在這一百個法律故事中，讀者可以瞭解到法律是以大多數人的權益為基準的，維護的是統治階級的利益；一個人的努力或許在某種程度上影響到法律的發展，但這種影響是極小的，促進法

律不斷完善和進步的還是無數普通人的意願，這是「良心」規則的延續。你也可以看到法律做為人為規定的條例，的確有不合理的地方，但法律卻能在最大程度上展現公平和正義。

法律，一直肩負人道主義的重任，恰如一首詩說的那樣：

是的，我們對她求全責備，

而她，疲倦的神，已然耳聾眼花，

過度的操勞，終於使她如此疲乏。

她不左顧右盼，只默默地向前，向前⋯⋯

肩負著巨大的，難以承受的重擔，

沿著她命運的無盡軌道，

邁著她的永遠不變的步伐。

目錄

上篇　法律學概論

第一章　法律的歷史沿革

為城邦而戰的三百勇士——古希臘法律的起源　　16

王權釀造的悲劇——古希臘的自然法　　20

蘇格拉底是怎麼死的——西方法治與人治之爭　　24

腓尼基的神話——柏拉圖與理想國　　28

不結果的椰子樹——民間法的由來　　31

彩虹的立約——《聖經》也是法律　　34

《摩西十誡》——西方古代法律的信仰色彩　　37

尼西亞信經——教會法的形成　　41

麥加的先知——伊斯蘭教法律的起源　　44

亨利四世與教會抗衡——君權神聖的法制學說　　47

孟德斯鳩論法——古典自然法學說　　50

先例為上的遵循——英國法律的發展　　54

引發戰爭的奴隸案——美國法律的發展　　57

大法官跌宕的一生——衡平法系　　61

十二表法——大陸法系　　64

黃帝開創華夏文明——中國法律的起源　　68

讓神明決定是否有罪——中國的神權法　　71

大統一國家的建立——中國秦漢至明清的法律特點　　74

康有為的「第三夫人」——中國近代法律的轉型　　77

第二章　法律的相關典籍及基本原則

奴隸的命運——《烏爾納姆法典》　　82

玄武岩上的楔形文字法——《漢摩拉比法典》　　85

查士丁尼的野心——《民法大全》　　　　　88

修行者的奇遇——《摩奴法典》　　　　　91

平民的抗議——《德拉古法典》　　　　　94

哲學家的愛情合約——《拿破崙法典》　　　98

用生命守護的諾言——《德國民法典》　　102

中國古代公布法律的先例——子產「鑄刑書」　106

對小偷的懲罰——《法經》　　　　　109

商鞅變法——《秦律》　　　　　112

孤獨的皇帝——《北齊律》　　　　　116

愛情規矩多——《唐律》　　　　　119

孩子是誰的——古希伯來法的自由裁量權及宗教色彩　123

自由之子曼德拉——正義與自由是法律永恆的原則　127

紐倫堡大審判——法律的公理性原則與政策性原則　130

殺死祖父後的繼承權——法律的實體性規範與程序性規範　133

米蘭達警告——西方法律的正當程序原則　136

「殺妻」無罪——英美陪審團原則　139

總統也失業——三權分立原則　　　142

法不外乎人情——中國的「德主刑輔」原則　146

 第三章　法律的組成部分及影響司法的因素

一半的傘——法官　　　　　152

辦公室的「羅曼」史——律師　　　　　155

月光下的殺人案——辯護詞　　　　　158

謀殺現場的釣魚線——推理　　　　　162

拒繳學費的學生——悖論　　　　　165

指紋指證殺人犯——證據　　　　　168

螞蟻與大象的爭鬥——庭外和解　　　　　171

倒楣的貝克——上訴制度　　　　　174

芝加哥七君子——政治審判　　　　　178

在上帝之下——憲法是唯一信仰　　　　　181

波士頓的生命見證——宗教自由　　　　　185

墮胎是不是謀殺──社會問題   189

避免國王的記恨──言論自由   192

下篇　法律學的具體分類

第四章　基本法的理念與制度

美女引發的戰爭──古希臘的憲法   198

元老的提議──古羅馬的元首制   202

貪婪的裁判官──古羅馬《萬民法》   205

神秘的女教皇──教會法的理念   209

鱷魚的裁決──《日爾曼法》   213

永恆的古城──中世紀的城市法   216

青草地上的請願──英國《大憲章》   219

公民資格的神聖──《美利堅合眾國憲法》   222

攻佔巴士底監獄──法國《雅各賓憲法》   226

抬高一公分──《德意志聯邦共和國基本法》   230

女神化身的天皇──日本《明治憲法》   234

被囚禁的皇帝──中國第一部憲法《欽定憲法大綱》   238

第五章　刑法的理念與制度

法老的詛咒──古埃及的刑罰制度   244

午夜的尖叫──日爾曼刑法   248

最後的火刑──教會的刑法   251

一個小偷的來信──西方近代的刑法理念轉型   255

一便士的罰款──英國刑法   258

叛國罪不容恕──美國刑法   262

沙漠中的遠端謀殺──法國刑法   265

毒梟落網──德國刑法   269

平民皇后的審判──日本刑法   272

司馬遷受刑──中國刑法發展   275

秋前凌遲處死──中國第一部刑法《大清刑律》 278

第六章　婚姻家庭法的理念與制度

妻子的背叛──羅馬婚姻制度 284

搶來的媳婦──日爾曼民族的婚姻法 287

永不離棄的婚姻──教會法中的婚姻制度 291

破鏡重圓──伊斯蘭教婚姻法 294

保護婚姻的結晶──英國中世紀婚姻家庭法 298

牽手一百年──英國現代婚姻制度 301

被遣返的新娘──美國婚姻法 304

寬容的力量──日本婚姻法 308

私生子的繼承權──歐洲婚姻家庭法 311

愛情的選擇──西方關於同性戀的法律 314

孔雀東南飛──中國古代婚姻制度 317

露水新郎──中國民間走婚制度 320

第七章　物權、財產法及國際法的理念與制度

幸運的尤利烏斯──古羅馬的物權法 324

契約滅族──古羅馬契約法 327

多分一塊地──日爾曼物權法 330

「割肉」合約──教會法中的財產制度 333

磨坊主人的賠償金──德國物權法 336

為女兒買的信託──英國的財產法 340

刁難人的柵欄──美國財產法 343

皇妃爭奪家產──中國古代財產法 346

埃及法老與赫梯國王的契約──人類歷史最早的國際公約 349

和平會議與主權國家──歐洲近代國際法 352

聯合國的成立──現代國際法 355

公海上的謀殺──國際海洋法公約 358

中俄《尼布楚條約》的簽定──
傳教士帶來的舶來品將中國正式引入國際法 361

第一章

法律的歷史沿革

為城邦而戰的三百勇士
古希臘法律的起源

城邦，即古希臘人口中的「波里斯」，它既不是現代意義上的國家，也不是原始的氏族社會，而是一種政治關係的集成。人們透過政治關係聚集在一起，獲得共同體的歸屬感。

在很久以前（古希臘城邦學者僅存的幾塊殘碑碎片告訴我們，那時是西元前四八〇年），波斯國王薛西斯一世率領五十萬大軍向古希臘發起猛烈進攻。

短短數月，古希臘過半的城邦宣布淪陷。

當時，古希臘正處在卡尼亞節期間，根據斯巴達的法律，任何軍事行動必須停止。在這緊急關頭，斯巴達的元老們（ephor）決定破例派出斯巴達國王列奧尼達率領一支精銳部隊提前趕赴賽摩派里進行阻擊。

列奧尼達是古希臘神話中最偉大的英雄赫拉克勒斯的後裔，深受民眾的愛戴。

列奧尼達清醒地發覺到自己所統領的這支部隊在龐大的波斯人面前，根本就是一次必死的行為，因此，他挑選了三百名已經育有兒子的精銳戰士。

為了故鄉，為了親人，更為了自由。列奧尼達和手下的三百名勇士，左手持著堅固的盾牌，右手拿著鋒利的長矛，身上披著象徵斯巴達榮耀的深紅色披風，踏上了征途。

　　賽摩派里是一個非常美麗的地方，在英文裡它叫做「hot gateway」，因為這裡遍布溫泉，也被人們稱為「溫泉關」。

　　來到賽摩派里，列奧尼達帶領三百勇士和前來支援的友軍以及奴隸會合，人數達到了七千人。可是要對抗五十萬強敵，打贏這場戰爭的機會簡直微乎其微。

　　在大戰來臨之際，列奧尼達不禁懷念起自己的城邦生活——

　　美麗的古希臘三面環海，每天來這裡從事貿易活動的商人絡繹不絕。開放的經濟生活也給古希臘人帶來了開放的心境，他們把大城市做為中心，囊括城市周邊幾十或幾百英里的若干村落，組合幾十萬人形成一個城邦。在古希臘全盛時期，竟然出現了大大小小兩百多個城邦。人們在各自城邦中結成經濟、政治、法律共同體，以城邦的利益為最高法則。

　　當列奧尼達將記憶從城邦拉回到戰場，他堅定了自己的信念，為了雅典及其他城邦的安全，這場仗沒辦法

《列奧尼達在溫泉關》，雅克·路易·大衛作。

打，但也必須打。

因為有所牽掛，才會無所畏懼。

列奧尼達帶著七千人的隊伍，利用賽摩派里「一夫當關，萬夫莫開」的地形優勢，居高臨下，用鋒利的長矛刺向蜂擁而至的敵人。

第一波攻勢過後，成百上千的波斯士兵在斯巴達人的盾牌前倒下，而希臘人只損失了兩個斯巴達戰士。

薛西斯一世不甘心失敗，在同一天，他派出了手下一千名最為精銳的御林軍——「不朽者（Immortal）」組成了第二波攻勢。可是在「希臘長槍方陣」面前，「不朽者」很快變成了「槍下之鬼」。

第二天，薛西斯一世派出了總共五萬人對賽摩派里進行猛攻，依舊沒有奏效。他只好暫時停止攻擊，命令軍隊撤回營地。

就在所有斯巴達人覺得勝利女神在濃霧中終於展開久違的微笑時，列奧尼達遇到了戰爭中最可憎的一環——背叛。

背叛者叫埃彼阿提斯，是當地的一個農民，他向薛西斯一世告密說，有條小路可以通到關口的背後。

這一背叛直接讓列奧尼達陷入了絕境。一些離斯巴達城邦較遠的城邦友軍選擇了撤退，原本就力量薄弱的七千人瞬間變成了寥寥無幾的一千九百人，其中包括斯巴達全體勇士，德墨菲里斯的友軍和一些拉哥尼亞奴隸。

前後夾攻的波斯人潮水般撲向關口，腹背受敵的斯巴達人奮勇迎戰。他們用長矛猛刺，長矛折斷了，又拔出佩劍劈砍，一連殺退了敵人的四次進攻。

無奈寡不敵眾，列奧尼達和他的手下被波斯人死死圍住，最後死在了標槍和箭矢之下。

在列奧尼達倒地闔上雙眼的那一刻，他彷彿回到了自己的城邦，看到了斯巴達的神廟，看到了人們在露天劇場舉行公民大會……看到了戰爭凝固在這一刻。

法學講堂

眾所周知，西方文明一部分源於古希臘，而古希臘的法律又源於城邦制生活。

在城邦生活時期，古希臘人被劃分為三個階層：奴隸、無公民權的自由人及公民。其中，無公民權的自由人指的是婦女及城邦以外的陌生人。三類人中只有公民才能在法律之下享受權利、承擔義務。

古希臘雖然有兩百多個城邦，但這些城邦的法律是有相同之處的，都實行民主制、公民大會制度（相當於現代的立法機構，負責通過一些基本法律條文）和選舉制，同時各城邦還設立法院及議事會。

古希臘人對法律高度重視，不斷透過立法對各自城邦的法律進行調整、改造，使其更有利於城邦生活的穩定。

小知識

米諾斯：古希臘克諾索斯城邦的國王。相傳他是最早的立法者，後世（比如斯巴達）的很多法律條文都是從他的遺志中整理而成。考古學家在挖掘他王宮的遺址時，也發現牆壁上印有當時的法律條文。

王權釀造的悲劇
古希臘的自然法

前蘇格拉底時期的哲人赫拉克利特說過:「人類的所有法律都以唯一的神的律條為生。」他認為宇宙之中存在著一種自然法則,是世間一切法律的基礎。

　　俄狄浦斯在古希臘被視為完美的悲劇典範,他的父親是特拜國王,同時也是個同性戀者,非常討厭女人,因為某次醉酒和他的母親發生關係,生下了俄狄浦斯。也就是說,俄狄浦斯一是個不受自己父親歡迎的孩子。

　　這並不是他悲劇生涯的開始,在他還處於襁褓時期,他的父親接見了一位預言家,這位預言家說他將來會殺死自己的父親。

　　這個預言讓特拜國王選擇將兒子拋棄在森林中。

　　但是,命運並沒有打算拋棄俄狄浦斯,他被另一個城邦的國王收養了。當俄狄浦斯漸漸長大,他知道了關於自己的預言。可是此刻的他並不知道國王和王后是他的養父母,為了避免自己將來釀成大禍,他選擇了離家出走。

　　命運安排他到了特拜,在這裡他與自己的親生父親狹路相逢。在狹窄的道路上,他們誰也不肯給對方讓路,俄狄浦斯一怒之下殺死了

自己的父親，並且在人民的擁戴下成為特拜的國王，迎娶了特拜的王后，也就是他的親生母親，還生下了一女兩男三個孩子。

　　真相總有暴露的一天，當俄狄浦斯得知自己是殺父娶母的罪人之後，他挖掉自己的雙眼，在女兒安提戈涅的陪伴下周遊列國，直到生命終結。

　　在他離開王位之後，克瑞翁取代他成為國王。在隨後的歲月中，他的一個兒子波呂涅克斯企圖奪回王位，背叛城邦，勾結外邦進攻底比斯戰死；他的另一個兒子埃特奧克洛斯為保護城邦獻出了年輕的生命。

　　戰爭結束後，克瑞翁下令將保護城邦的埃特奧克洛斯厚葬，將背叛城邦的波呂涅克斯曝屍荒野，不允許任何人埋葬他。

　　波呂涅克斯的妹妹安提戈涅聽說了這個消息，以遵循「天條」為由埋葬了哥哥。此刻她雖然已經是克瑞翁的兒媳，但此舉還是惹惱了克瑞翁，克瑞翁下令將她處死。

　　在行刑前，克瑞翁問安提戈涅：「妳明明知道我下令不許任何人埋葬妳的哥哥，為什麼還要違背我的意願？」

　　安提戈涅回答道：「您沒有權力處置一個死去的人，不管他生前在人間犯下多大的罪過，死後的靈魂都歸宙斯所有。神的法令要求我不

安提戈涅準備埋葬死去的波呂涅克斯。

能讓自己的兄弟曝屍野外，而您的法令卻違背了神的法令。」

克瑞翁大怒：「我雖是凡人，卻是妳的王。如果妳執意認為自己沒有錯，那就跟妳的哥哥一起去死吧！」

安提戈涅引頸就死。

在她呼出最後一口氣的時候，她的丈夫，也就是克瑞翁的兒子趕了過來，他抱著妻子冰冷的身體，對克瑞翁說：「您冒犯了眾神。您將埃特奧克洛斯曝屍荒野，就是對神的褻瀆。而今，您又殺死捍衛神靈權威的安提戈涅，您會有嚐到苦果的那一天！」說完，抽出匕首殉情而死。

看著死在自己面前的兒子和兒媳，克瑞翁終於後悔了，這一切都是自己過於關注王權而造成的悲劇。但這一切為時已晚。

法學講堂

古希臘對城邦法的控訴也叫做「安提戈涅之怨」，雖然充滿了悲劇色彩，卻也成為了政治學和法學的起源之一。

安提戈涅這一形象已經變成了一個符號，對現今社會最大的意義在於引導公民思考如何對待不合理的法律。

故事中安提戈涅反對克瑞翁的這段精彩對白，是自然法學派與法律實證主義之間論戰的經典。

自然法源於古希臘的哲學思想。

古希臘的哲學家們認為，宇宙冥冥之中

安提戈涅

存在著一種法則，它主宰世間的一切，比如生和死，戰爭與和平。這種永恆的、明智的自然法則就被稱為自然法。

對於自然法，法學家們認同的一點是，自然法是正義的，是一切法律的根基。

世界上第一個具有重大意義的自然法學說來自於斯多亞學派，這個學派肯定「世界理性」、「宇宙魂」的存在，認為人要是想獲得幸福，就必須順從自然生活。

在西方法律中，很多原則都是受到了自然法的影響。比如，人身自由不可侵犯、權力分立等基本法律原則。

小知識

馬庫斯・圖留斯・西塞羅：（西元前一〇六年～西元前四三年），古羅馬自然法學家的代表。他將自然法與羅馬法結合一起，認為人是理性的動物，而正當的理性就是法。

蘇格拉底是怎麼死的
西方法治人治之爭

法治與人治是相對立的兩種法律文化，前者的核心是強調社會治理規則（主要是法律形式的規則）的普適性、穩定性和權威性；後者的核心是強調社會治理主體的自覺性、能動性和權變性。

　　西元前三九九年，古希臘偉大的思想家蘇格拉底在他自己的城邦雅典被判死刑。

　　指控他的三位檢察官分別是合唱歌曲作者墨勒托斯，製革匠人安尼托斯以及一位歷史沒有留下姓名的演說家。他們對蘇格拉底的指控詞是：「蘇格拉底違反城邦現行法律，不尊重城邦奉行的神明，引入了新的神明；他還妄圖用言語蠱惑城邦裡的年輕人，使他們誤入歧途。」原本是莫須有的罪名，三位檢察官竟然威逼利誘雅典過半的公民同意了對蘇格拉底執行死刑。

　　死刑雖然宣判了，卻因為蘇格拉底的影響力沒有被立即執行，而是緩刑一個月。

　　在這一個月的緩刑期中，蘇格拉底是有機會逃跑的。

　　他的朋友和學生們早已安排好了逃走的計畫，沒想到蘇格拉底就

是不為所動。他對關心自己的人說：「我是雅典的公民，即便現在遭到不公平的對待，我還是要遵從雅典的法律。法律賦予檢察官審判我的權力，我就要遵從判決的結果。」

逃走不行，朋友們就勸蘇格拉底請求寬恕。當時。雅典的法律規定，如果一個人承認了自己的罪行，可以透過繳納一定金額的寬恕金來請求寬恕。蘇格拉底堅信死後可以到達另一個國度，充滿希望地重新開始生活，拒絕繳納。

行刑的日子不可避免地來臨了。

蘇格拉底將要飲鴆就死，他的親友和學生們圍繞在他的身邊悲痛萬分。

蘇格拉底之死。

他的一個朋友問他：「你死後打算如何安葬？」

蘇格拉底說：「按照日常的安葬方式即可。但你們一定要記得，在我的墓誌銘寫上：這裡埋葬的只是蘇格拉底的軀體。你們都不要悲傷，我將去另一個國度重新開始生活，在那裡我還是要推行以法治國的理念。」

說完，蘇格拉底就到另一個房間裡去沐浴了。

當他從房間裡走出來的時候，天色已經漸暗，行刑官帶著一個托著毒酒的少年走到他身邊，對他說：「蘇格拉底，你不愧是偉大的思想家。在這裡行刑的人，臨死之前不是咒罵就是拖延時間。只有你，從關押到現在，一句怨言都沒有，還鼓勵身邊的人。我現在開始懷疑三位檢察官的判罰是否公平。」

蘇格拉底微笑著對他說：「保重。」

行刑官不忍再看，讓少年將酒杯遞給蘇格拉底，告訴他：「把這杯酒喝下去後，可以四處走走，當你感覺到雙腳愈來愈沉重的時候，就可以躺下休息了。」

蘇格拉底端起酒杯將毒酒一飲而盡，身邊人無不流淚。

喝完毒酒，蘇格拉底談笑風生，和往常沒有什麼兩樣。等到雙腳愈來愈沉重的時候，他躺倒在床上。

行刑官按著他的雙腳問：「感覺到痛嗎？」

蘇格拉底搖搖頭。

行刑官知道，此刻毒酒已經開始蔓延到腳部了。

在蘇格拉底舌頭變僵硬的時候，行刑官在他的身上蒙了一層白布。

就這樣，一代偉人離開了人世。

蘇格拉底用死證明了自己的信念:「遵從法律是一種美德」。

他清楚「法治與人治,就像一場賽跑。許多賽跑的失敗,都是失敗在最後的幾步。跑『應跑的路』已經不容易,『跑到盡頭』當然更困難。」為此,他願意用生命去踐行這個理念。

蘇格拉底的死讓西方的法學家們一直在追問一個問題:如果法律是不公正的,民眾是不是應該有反抗的權利?

小知識

蘇格拉底:(西元前四六九年～西元前三九九年),古希臘著名的思想家、哲學家、教育家、法學家,被稱為「西方的孔子」。他被認為是西方哲學的奠基者。沒有留下著作,其思想和生平記述來自於後來的學者——主要是他的學生柏拉圖和同時代的劇作家阿里斯托芬的劇作中。

腓尼基的神話
柏拉圖與理想國

在柏拉圖的著作中，《理想國》是他最為系統的一部作品。這著作為西方哲學、法律、政治等方面奠定了基礎。

　　相傳在很久以前，有個漁夫丟失了一隻狗，他到海邊去尋找，發現自己的狗嘴裡叼著一個貝殼。

　　漁夫把貝殼從狗嘴裡搶下來，用力一擠，貝殼裡竟然噴出一股紫紅色的液體，濺了他一身。

　　回到家，漁夫用力清洗衣服，卻怎麼都洗不掉那鮮豔的紫紅色。

　　後來，這種貝殼成了當地的特產，專為這個城邦及其他城邦的貴族和僧侶染衣袍使用。

　　這個城邦的人也因為這鮮豔的顏色被世人稱為「紫紅色的人」，即腓尼基人。

　　腓尼基人是柏拉圖《理想國》中的重要角色，他們公開做海盜，搶奪過往船隻的財物。但他們身上也有柏拉圖理想中國民的特質，正義、勇敢，最重要的是，遵從契約，是社會契約論的忠誠擁護者。

　　西元前二六〇〇年的一天，埃及法老想殺殺腓尼基人在海上的威風，就召集幾個腓尼基的航海家來到埃及的大殿上，對他們說，埃及

想要開闢一個從來沒有人走過的航線，問這幾位航海家是否有勇氣做這件事。並且高傲地對他們說：「你們如果做不到，以後就不要在海上耀武揚威了；如果你們做到了，歸來之日，就是我重賞你們之時。」

腓尼基人是非常具有勇氣的，在他們的心目中，城邦的利益高於一切。這幾個航海家怎麼可能讓一個外邦人來詆毀自己城邦的威嚴呢？

航海家們當即答應了法老的要求，並且簽定了具有法律效力的契約。

這次航海極具危險，當時歐洲流傳一種說法，大西洋就是海洋的盡頭，沒有人能夠活著穿越過直布羅陀海峽。

為了城邦的聲譽，航海家們毅然接受了挑戰。幾天之後，他們就駕駛著三艘雙層航船出海了，一去就是三年。這三年中杳無音訊，後來連埃及法老都以為他們被鯊魚吃了。

有一天，埃及法老的臣子向他報告：「尊敬的陛下，三年前出海挑戰的腓尼基人已經回來了，正在殿外等待您的召喚。」

埃及法老立即召見，板著臉問腓尼基的航海家們：「你們給我說實話，這三年都躲到哪裡去了？」

航海家們說：「我們沒有躲起來，是去履行契約，穿越了大西洋。」他們跟埃及法老講述航海的經歷，並呈上沿途搜集到的各種珍寶。

埃及法老看到那些從沒有看到過的珍寶後震驚了，不得不承認腓尼基人具有出色的航海能力，只好重賞了他們。

柏拉圖認為，一個有法理、理性、智慧存在的國家，應該是具有正義的。
其中，個人正義包含三個方面：

一、欠債必須還錢。

二、重創自己的敵人。

三、強者應該得到好處。

腓尼基人的故事印證著柏拉圖的法律理念：他們雖然在海上橫行霸道，
但是欠債必須第一時間還清是做人的準則；對於看不起他們的人比如埃及法
老，會不遺餘力地給對方一個反擊；而強者得到好處也是不言而喻的結果。

除了個人正義的定義，柏拉圖也講述到了國家正義。

他認為，國家正義應該具備以下的條件：

一、統治者應該是有能力的。

二、統治層應該過著公社生活。

三、城邦的國王應該是哲學家或者思想家。

在個人和國家正義都具備的基礎上，「各守本分，各司其職」應該是一
個法治國家的基本原則。如果每個人在自己的崗位上充分發揮能力，國家就
會變得強大。

小知識

柏拉圖：（西元前四二七年～西元前三四七年），
古希臘偉大的哲學家，他和自己的老師蘇格拉
底、學生亞里斯多德並稱「古希臘三聖」。他在
法治國家的理論中，將國家看作一個整體，就像
是一個人的身體。各等級的人各司其責，國家就
有了正義。

不結果的椰子樹
民間法的由來

民間法不同於自然法及官方法，它是由民間風俗習慣長期演變而來的，在某種程度上也可以視之為法律。

　　夏威夷的海灘，和邁阿密、墨爾本及里約熱內盧的海灘一起，被稱為「世界四大海灘」。這裡不僅有乾淨的海岸，碧藍的海水，成群的美女，還有連綿不絕的椰子樹。

　　可是就是這些椰子樹，卻闖下了大禍。

　　某天，一位遊客躺在椰子樹下欣賞海灘美景，突然一陣風吹來，一顆碩大的椰子從樹尖掉下來，剛好砸到他的腦袋上，頓時血流如注。當其他遊客叫來救護車將他送到醫院時，這位不幸的遊客已經因流血過多死亡了。

　　這位遊客是美國的一位富商，他的弟弟是著名的律師。在哥哥遇難之後，他開始查尋關於椰子樹的相關資料。當他得知椰子樹是屬於夏威夷政府後，便一紙訴訟將夏威夷政府告上了法庭，理由是夏威夷政府對當地的椰子樹管理不善，造成他人人身傷害，需要支付一億美元的賠償。

　　一時間輿論大熱。

夏威夷政府在法庭上表現得十分無辜,他們為自己辯護的理由有三條:一是海風屬於自然力,是不可抗力的一種,誰也不知道它什麼時候會吹來;二是夏威夷政府為了避免此類事件的發生,已經在椰林外樹立了警告牌;三是椰子什麼時候成熟到可以被海風吹下來,誰也不知道。

　　死者的弟弟精通法律,就夏威夷政府的這三條理由,一一反駁:首先,海風不是不可抗力,不可抗力是指無法預測的、或者即便可以預測也無法改變的自然力。而夏威夷的海灘天天都有海風,也天天都有椰子落下來,因此海風不是不可抗力,椰子落下也是可以防禦的。而夏威夷政府樹立的警告牌恰恰說明了他們是可以預測到可能發生的危險,但他們卻沒有採取措施,是不負責任的表現。據夏威夷當地的民間法則條例,任何一個踏入夏威夷領域的人都應該受到政府的保護,而不是簡簡單單的警告即可;最後,警告牌並不是對遊客的保護,而是對遊客自由的妨礙。夏威夷政府向外宣傳夏威夷海灘的椰子樹是如何美麗,並沒有提及椰子樹的危險。當遊客聽信夏威夷政府對外的宣傳詞來到夏威夷,卻因為警告牌而不敢靠近椰林,那就失去了旅遊的意義。這就更展現了夏威夷政府的失責。

　　整個庭辯延續了三個小時,法院最終判決夏威夷政府因管理失責造成遊客人身損失,賠償死者家屬一千萬美元。判定之後,夏威夷政府不服,層層上訴,但各級法院都維持原判,夏威夷政府只好忍痛賠償。

　　有意思的是,從此以後總有遊客故意在椰子樹下徘徊,希望椰子

砸到自己，也能獲得鉅額賠償。而夏威夷政府也一朝被蛇咬，十年怕草繩，專門成立了一支砍椰子的隊伍，負責砍去所有椰樹上的椰子。

從此，夏威夷的海灘上再也看不到椰子果實了，成為了一片「不結果」的椰子林。

法學講堂

民間法，顧名思義，是關於民間生活習俗、人民生活習慣的規則。它雖然不是官方的法律法規，但在某種程度上也被視為法律，和國家的正式法有相同的效力。例如，故事中出現的政府必須保護民眾安全的規定，雖然沒有被正式寫入國家的官方法律，卻也發揮了法律的作用。

民間法是一種活的法律規則，可以是成文的，也可以是不成文的；可以是傳統的，也可以是具有現代精神的；可以是地方的，也可以是跨越國際的。

民間法和國家法的價值觀在一般情況下是統一的，就像不同的民族有不同的風俗，但嚮往文明的天性和追求是一致的。

當民間法依賴的社會關係發生變化時，它也會隨之發生變化。比如，教會法時代，教會宣布對轄區內的公眾有司法權，可是當教會的權力消失，這個民間法也就不復存在了。

小知識

約翰・洛克：（西元一六三二年八月～西元一七〇四年十月），英國古典自然法學派代表之一，也是第一個全面闡述憲政民主思想的人。他認為國家是人們為了保護人身、財務、自由的權利，而相互訂下的契約。

彩虹的立約
《聖經》也是法律

契約，也可以是一種法律規則。《聖經》就是最著名的契約，它是上帝耶和華和古以色列人的契約。

　　古代的人類在上帝的庇護下過著無憂無慮的日子，出於人類「溫飽思淫慾」的劣根性，這些人們開始懷疑上帝的權威，不再信奉上帝，不再貢獻祭品表達敬意，甚至讓戰爭、淫亂充滿整個人間。

　　上帝看著人間的這些罪惡，決定毀滅人類。但人類中也不全是罪惡之人，起碼還有一個人是信奉上帝的，他的名字叫諾亞。

　　上帝告知諾亞，讓他建造一艘方舟，帶著家人和世間動物（每個種類挑選一公一母以供日後繁殖）逃生。上帝畢竟對人類有情，祂給諾亞一百年的時間造方舟，也就是說祂給了人類一百年的時間來反省，可是人類不但沒有悔改，反而變本加厲，世間充滿了罪惡。

　　最終，上帝決定用水淹了世界。

　　洪水整整氾濫了四十四天，凡是世間能夠呼吸的生靈，不管是人類還是動物都死去了，世界一片安靜，只剩下諾亞方舟裡的諾亞一家人和那些動物們。

　　第四十天，諾亞派鴿子飛出方舟看看外面的情況，鴿子飛了一圈

找不到落腳點，又飛回了方舟裡。又過了七天，諾亞再次派鴿子出去查看水災情況，鴿子到了晚上才回來，嘴裡叼著一支新鮮的橄欖枝，諾亞知道洪水可能已經退去了。又過了七天，鴿子第三次被派了出去，這次諾亞等牠直到晚上，也沒見牠飛回來。

諾亞對家人和動物們說：「看來上帝對人類的懲罰已經結束了，我們可以走出方舟開始新的生活了。」

當諾亞和家人、動物們走出方舟時，發現上帝就站在面前，諾亞趕忙跪下親吻上帝的腳。

上帝慈愛地說：「我和你、你的後代們簽下契約，並與你們這裡的一切活物，包括飛鳥、走獸、牲畜，凡從方舟裡出來的活物立約。凡有血肉的，不再被洪水滅絕，也不再有洪水毀壞大地了。」

上帝還說：「我和你們簽下的契約是有記號的。我把彩虹放到雲彩之中，這就可做為我與地立約的記號了。我使雲彩蓋地的時候，必有彩虹現在雲彩中。我便紀念我與你們和各種有血肉的活物所立的契約，水就再也不氾濫毀壞一切有血肉的物了。」

米開朗基羅的作品《大洪水》，繪於梵蒂岡的西絲汀教堂。

契約是一種非常古老的法律制度。

雖然契約法源於古羅馬，但是從彩虹立約這個故事來看，早在古以色列時，就已經有了契約的概念，即便這個契約是上帝與凡人之間簽定的。

西方人有一個堅定的理念：「簽定契約就必須要遵守」。他們不僅在商業活動中習慣簽定契約，在政治生活中也同樣關注契約的簽定。甚至將憲法看作是公民、個人和國家之間的契約，而將各種私法看作是公民與公民之間簽定的契約。

對於簽定契約的雙方來說，契約的作用是為了讓某件協議更加順利進行。因此，簽定契約的雙方是平等的，沒有一方享受權利而不盡義務的現象，也沒有一方只盡義務不享受權利的現象出現。這就說明，契約的權利和義務是相輔相成的。

根據性質不同，契約可以有不同的分類：

一、家庭契約，它是根植於血緣關係之上的一種法律習慣，比如家訓、家規等都算是家庭契約。

二、財產契約，是出於持有財產和增加財產目的的合約，比如股票合約、商業合作等。

三、生命契約，比如人壽保險等。

小知識

喬治‧華盛頓：（西元一七三二年～西元一七九九年），美國首任總統，青年時代寫過一本書《待人接物行為準則》，就是記錄其家族家規的。其中包括不要隨便指責他人、社交場合所做的每一個舉動都要尊重他人、和別人產生分歧時不要指責對方，要試圖用謙遜的態度和對方平和解釋等。

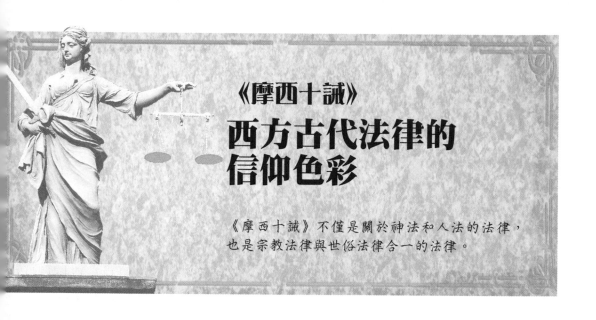

《摩西十誡》
西方古代法律的
信仰色彩

《摩西十誡》不僅是關於神法和人法的法律，
也是宗教法律與世俗法律合一的法律。

　　猶太人多災多難，早在距今三千多年前，他們就曾經遭受過埃及法老的歧視對待。

　　那時，有一批猶太人移居到埃及，由於他們勤奮且非常善於商業貿易，在埃及累積了很多財富。

　　財富的急劇增長引起了法老的不滿，他下令殺死所有猶太人的新生兒。在這些新生兒中，有一個日後成為了以色列人領袖的人，他的名字叫做摩西。

　　摩西出生後，他的母親看著他稚嫩的臉龐，不忍心他被法老處死，就找來一個蒲草箱，在蒲草箱的表面塗上油漆和石油，把他放在裡面，遺棄在河邊的蘆葦叢中。說來也巧，埃及的公主剛好來到河邊洗澡，聽到箱子中傳來嬰兒的哭聲，命隨從打開箱子。她看到摩西的可愛模樣，十分喜歡，就將他帶回宮中，撫養長大。

　　摩西在長大的過程中，性格變得愈來愈剛毅。

一幅十八世紀製作的十誡書卷。

某次，他和一位士兵發生爭執，失手殺死了對方。

法老大怒，想要處死他，摩西連夜逃走，來到米甸。

他在當地娶了祭司的女兒為妻，生了一個孩子，生活過得很幸福。

如果摩西沒有登上西奈山，也許他就會這樣過一輩子了，但是上帝召喚了他。上帝在西奈山的山頂對摩西說：「我將十條戒律傳達給你，希望你能帶領你的族人回到你的故鄉，虔誠遵守這十條戒律，你們就會得到幸福。」

摩西遵循上帝的指示，回到了埃及，將居住在埃及的猶太人聚集起來，帶領他們回到自己的故鄉，並且將上帝傳授的十條戒律刻在石碑上。

讓摩西沒有想到的是，族人們根本不聽從這些教條，他一怒之下就把石碑毀掉了。

上帝再次出現，對摩西說「你必須帶領族人遵守這些戒條，我現在命令你將十條戒律刻在新的石碑上，完成之後放在約櫃。」上帝這樣的安排是有道理的，因為猶太人將約櫃看作是聖物，《聖經》裡曾有這樣的記載，「有人因為擅自觸摸約櫃而被雷擊致死。」

摩西將刻有戒律的石碑放入約櫃,「有外邦人從聖殿經過,看到約櫃的上方有雲霧聚集。」從此,猶太人遵從這十條戒律,將之稱為《摩西十誡》。

到了西元前五八六年,耶路撒冷被巴比倫軍隊攻佔,所有的王宮聖殿都被燒毀,約櫃從此下落不明,刻有《摩西十誡》的石碑從此再也沒有人看到過。

法學講堂

在今天西方法律思想中,許多重要的原則都可以從《聖經》的故事中找到根據的。

《聖經》自誕生以來就對人們進行感化教育,其功效在某種程度上不亞於法律。

《摩西十誡》在《聖經》中出現過兩次,一次是在《出埃及記》,另一次是在《申命記》。它是《聖經》的基本行為準則,也是以色列人的立法原則,展現了西方文明的核心價值觀。

《摩西十誡》的內容前四條是關於敬神的:

一、上帝是唯一的神。

二、上帝是忌邪的:恨上帝的,上帝會追討他的罪過;愛上帝的,上帝會給他們慈愛。

三、不可直呼上帝的名字。

四、週日是上帝的安息日,什麼工作都可以不做。

《摩西十誡》後六條是關於人的法律:

五、關於家庭:告誡人們要孝敬父母。

六、七、八、關於刑罰:告誡人們不許殺人、姦淫和偷竊。

九、關於民事訴訟:告誡人們不可以做假證,陷害他人。

十、關於婚姻及物權：告誡人們不可貪戀他人的房屋、牛驢及一切財產，也不可貪戀他人的妻子。

《摩西十誡》做為法律著作，同樣具有古代法律分類不明的特點：民、刑法不分；實體法和程序法不分。

小知識

格列高利一世：（西元五四〇年～西元六〇四年），羅馬第六十四任教皇，「中世紀教皇之父」。他在法律方面的學說主要是受奧古斯丁影響，宣揚國家的法律等同於神的旨意。主要著作有《倫理叢談》、《司牧訓話》等。

尼西亞信經
教會法的形成

尼西亞信經是基督教三大信經之一，是在大公會議上通過的一項基本決議，這項決議確定了上帝是聖父、聖子、聖靈三位一體的，地位平等。

在兩千多年前，有一個嬰兒誕生在巴勒斯坦的一間馬房裡，直到今天，整個西方世界還在慶祝他的誕生，他就是耶穌。

耶穌在三十歲之前過著平凡人的生活，在三十歲之後，像變了一個人似的。他開始喜歡跟眾人講故事，還宣稱自己是上帝的兒子。

在一些公開場合，耶穌常說：「我和天父是一體的。」猶太人聽後非省氣憤，只要耶穌一提他是神的兒子，就會有人拿石頭來砸他。

耶穌問他們：「為什麼要拿石頭砸我？」

猶太人回答說：「因為你是一個凡人，可是你卻妄稱神！」

後來，耶穌被不相信他言論的猶太人釘死在十字架上，死在兩個罪犯的中間。他在死前仍在講述自己的身分和上帝的旨意，其中的一個罪犯在死前相信了他的話。在場的猶太人希望他早點死去，就想先打斷他的腿，可是當猶太人剛要打斷耶穌的腿時，發現他已經死了。這印證了《聖經》上的一句話「他的骨頭一根都不可折斷。」

義大利畫家喬托的代表作——《哀悼基督》，以其飽含的強烈感染力和濃厚的戲劇性持久散發著古典而震撼人心的悲劇美。

在《聖經》故事中，耶穌是一定要死的。

當初，亞當和夏娃偷吃了禁果，被趕出伊甸園的時候，上帝給了他們一個許諾：用犧牲另一個完美生命的贖罪方式來換取亞當和夏娃的後代再次回到伊甸園的權利。這個完美的生命就是耶穌。

耶穌死後，身體被細麻布裹好，被放置在堅固的石墓裡，墓口用兩千噸的巨石封住，還有一位訓練有素的士兵守在外面。因為耶穌曾經說過，他會在死後的第三天復活。儘管做了完善的安全措施，屍體還是在三天後不見了，在石墓中，只剩下裹屍體的細麻布，而之前封住墓門的巨石也不知所蹤。

有幾個婦女描述說，那天清晨，她們帶著香料來到墓邊，發現巨石已經消失了，便驚恐萬分地說：「這麼大的石頭，誰能夠挪開呢？」正在這時，有兩個衣服發光的人來到她們身邊，對她們說：「妳們為什麼要在死人的墳墓裡找一個活人呢？耶穌已經復活了！」婦女們連忙回村，向耶穌的追隨者們彙報這個天大的好消息。

那天之後不久，耶穌回到了信徒們的身邊。他復活的神跡讓愈來愈多的人相信他、跟隨他，最終創立了基督教。

信經,是教會的行為準則。

耶穌復活的故事是《尼西亞信經》中最重要的一個部分,因會議召開地點為尼西亞,則稱之為《尼西亞信經》。它是教會第一次召開的會議中制訂的信經,為後來教會法的形成奠定了基礎。

想要探尋中世紀法律與宗教的聯繫,教會法是最不能忽略的一環。教會法起初只是教會內部的法則,用於仲裁教徒之間的衝突,之後伴隨教會勢力的擴大,教會法也從教會內部走向國家之中,行使政治、經濟、行政和法律的權力。

教會法以基督神學為思想基礎,形成於西元四~九世紀,在九~十四世紀達到鼎盛,在十五世紀文藝復興之後逐步衰落。

教會法具有法律效力的文本有:《聖經》、教皇頒布的教令、宗教會議制訂的會議決議、法令等。

教會法中對於婚姻、家庭、經濟等都有相關規定,其中對於西方社會影響最大的就是契約精神。對著《聖經》發誓自己所做證詞不假的場景,就是教會法契約精神的衍生。

小知識

馬西利烏斯:(西元一二七八年~西元一三四三年),西歐中世紀著名的政治法律思想家,是中世紀讓法學擺脫神學桎梏的重要人物之一。主要著作為《和平捍衛者》。

麥加的先知
伊斯蘭教法律的起源

《古蘭經》是阿拉的啟示，在信仰伊斯蘭教的地區具有最高的法律效力，被認為是伊斯蘭教法律的主要來源。

　　穆罕默德是穆斯林公認的伊斯蘭教的先知，他雖然不是伊斯蘭教的創始人，卻是伊斯蘭教最偉大的傳播者，中國的穆斯林普遍尊稱他為「穆聖」。

　　穆罕默德從小是個苦命的孩子，他六歲時父母去世，八歲時祖父也去世了，由叔父照顧長大。他的叔父是古萊氏族哈希姆部落的酋長，穆罕默德從來沒有上過學，從十二歲起就跟著叔父去全球各地進行買賣。

　　穆罕默德的叔父曾經建立過一個幫助窮人的組織，穆罕默德非常積極地參與其中，幫助窮人解決糾紛。因為他在解決問題過程中非常公正，獲得了「可靠者」的美名。

　　西元五九五年，二十五歲的穆罕默德認識了一位四十歲的有錢寡婦海迪徹。海迪徹被穆罕默德的才華打動，問他是否願意娶自己為妻。按照當時社會的習俗，年輕的兒子不會從父親那裡繼承到任何遺產，也就是說，穆罕默德不能從父親或者祖父那裡繼承到一分錢。和海迪

徹的這次婚姻是穆罕默德一生中最重要的轉捩點，這個大他十五歲的妻子為他帶來了鉅額的財富，使他有了更多閒暇的時間到麥加北郊約一百二十公里的希拉岩洞中思考人生。

在山洞中的思考時光中，穆罕默德更多考慮的是有關基督教及上帝的學說，最後他得出一個結論：這個世界上只能有一個上帝，他把這個上帝叫做「阿拉」。在他婚後到四十歲之間，他經常到這個山洞中修行。在穆罕默德四十歲的時候，突然開悟，因為那天早晨天使加百列現身，向他宣告上帝的旨意，說祂是真神阿拉的使者，並向他傳授《古蘭經》的前五節經文。

天使加百列身負「承接神的力量」的職務，因許多天使無法直接承受上帝的話語，因此他還被稱為「擁有匹敵神的力量者」。

從此，穆罕默德成為了真主阿拉在人間的唯一使者。

在這之後直到他死去的二十三年間，阿拉不斷地派天使或者在夢中啟示穆罕默德，每當有了新的啟示，穆罕默德就讓學生們把它們記錄在《古蘭經》中，帶領他們在禮拜中反覆誦讀。

《古蘭經》是穆罕默德對人生、自然、社會的領悟，這種領悟是他在山洞中十五年冥思苦想的結果。

西元八世紀中葉到十世紀中葉，伊斯蘭教處於鼎盛時期，法學家們紛紛對《古蘭經》的法律規定進行廣泛詮釋，到了十八世紀末葉的「塔格利德」時期，達到了完備的程度。

《古蘭經》除了制訂宗教禮儀方面的教條外，還規定了穆斯林的義務，更重要的是它對殺人償命、經濟生活、家庭婚姻、財產繼承以及道德規範等都做了原則性規定。

《古蘭經》被穆斯林認為是阿拉傳遞給穆罕默德的啟示，由於伊斯蘭教地區政教合一的性質，因此具有最高的法律效力，也被後世公認為是伊斯蘭教法律的主要來源。

小知識

穆阿維葉：（西元六〇〇～西元六八〇年），倭馬亞王朝的首領。在他統治期間，創立了最早的卡迪制度，即教法執行官主管司法制度，教法執行官實際上行使現在法官的角色。伊斯蘭法律體系也在這一時期宣告形成。

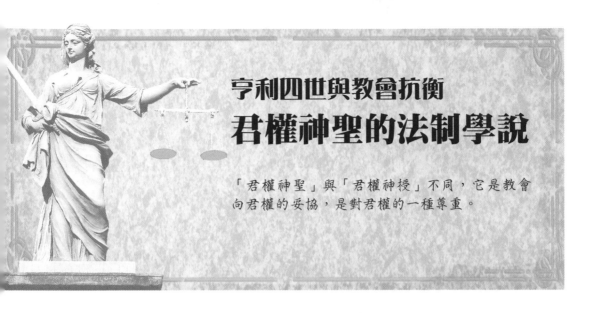

亨利四世與教會抗衡
君權神聖的法制學說

「君權神聖」與「君權神授」不同，它是教會
向君權的妥協，是對君權的一種尊重。

　　西元十一世紀到十五世紀之間，君權和教會權力的鬥爭愈演愈烈，
其中以羅馬教區為重。

　　西元一〇六二年，科隆大主教安諾挾持了年幼的亨利四世，逼迫
攝政的阿格尼絲太后交出政權。就這樣，安諾成為羅馬帝國的攝政王，
四處培植自己的勢力使教會權力逐步強大。

　　西元一〇六五年，安諾強迫亨利四世與女伯爵伯莎成婚，這段被
強迫的婚姻引起了亨利四世的強烈反感，在四年之後，亨利四世公開
提出離婚，安諾不批准。做為一國之君，安諾的這一切行為都使亨利
四世更加仇視他，亨利四世暗中與教會相抗衡，但是效果並不明顯。

　　西元一〇七五年，亨利四世與教會的衝突終於露出水面，他的敵
對面是教皇格列高利七世。

　　亨利四世寫信給他：「我是蒙上帝恩寵的國王，代表所有的主教
對你說滾下來！」不幸的是，當時回應亨利四世的主教很少，普通民
眾也對這位皇帝的行為感到不解。做為報復，格列高列七世，這位教

亨利四世與教宗格列高利七世之間圍繞主教敘任權展開的激烈的敘任權鬥爭，一直是歷史學家們最感興趣的話題。

會改革的中心人物，搶先對亨利四世做出判處：廢黜和放逐亨利四世。

按照當時教會法的規定，被判有罪的國王如果不能在一年之內獲得教皇的寬恕，他的臣民將不再對他效忠。

德國諸侯在此時對亨利四世做出了致命性的打擊，他們表示，如果亨利四世在一年之內不能恢復教籍，將不再承認亨利四世所擁有的權力。

事態發展到這個程度，情況已非常明顯，如果亨利四世不能得到格列高列七世的寬恕，重新獲得教籍，他的王位就不保。

這年的冬天，亨利四世在格列高列七世的城堡外赤腳站了三天，時間是一月二十五日至二十七日，懇求教皇格列高列七世原諒他的一切罪過，恢復他的教籍。這個事件在日後被稱為「卡諾莎悔罪」事件。格列高列七世不得已取消了對亨利四世的判處。「卡諾莎悔罪」事件意味著羅馬教廷權力達到了頂峰，而「卡諾莎悔罪」在西方世界也成為忍辱投降的代名詞。

亨利四世重新得到人民的支持後，一生都致力於反抗教會壓迫，雖然一直到死他也沒能推翻教會的統治，但他的反抗精神鼓舞了後人。

經過幾百年的抗衡，到了十二世紀，歐洲的教會勢力已經受到了

王權的極大挑戰。面對市民的質疑、王權的抗議，被稱為「神學界之王」的阿奎那站出來力挽狂瀾，他宣布國王的權力來自上帝，君權是神聖的。這是教會向君權的妥協，也是對君權的一種尊重。

法學講堂

　　阿奎那做為神學界人士，並不想抬高君權的地位，但當時王權的強化和教權的沒落已經是大勢所趨。識時務者為俊傑，他不得已承認國王的神聖權力，但同時為了維護教權的權威，又說君權來自於上帝，不得不說這是最無奈也最明智的折衷之法。

小知識

湯瑪斯・阿奎那：（約西元一二二五年～西元一二七四年），中世紀經院哲學的哲學家和神學家。他把理性引進神學，用「自然法則」來論證「君權神聖」說，所著的《神學大全》，被認為是神學和法律的權威。

孟德斯鳩論法
古典自然法學說

古典自然法學認為，自然法是高於人類法則的，因此，在司法過程中需要關注人民的自然屬性，尊重他們的自由，保障他們的平等地位。

孟德斯鳩出生在司法世家，他的伯父是波爾多法院院長，這位院長在親生兒子不幸夭折後，便將院長職位繼承權和男爵封號給了當時正在波爾多大學法律系就讀的孟德斯鳩。

有鑑於當時的孟德斯鳩只有十九歲，伯父將他送入巴黎高等法院實習一段時間。

在這段實習生涯中，孟德斯鳩寫下了他第一部著作《法律篇》，這部著作主要是對世界各國的法律做了摘錄和注解，旨在向柏拉圖致敬。

在孟德斯鳩二十三歲的時候，父親去世的噩耗傳來，他不得已結束巴黎高等法院實習的生活，回到了波爾多。靠父親留下的遺產，他正式進入了波爾多法院的法官階層。

孟德斯鳩進入波爾多司法界的過程頗具爭議，他先是支付了兩萬四千法郎做為首付，餘額則在收到國王的批准文書後分六年付清，這樣購買法官職位的做法在當時是允許的。孟德斯鳩堅決擁護這種買賣

法官官職的制度：「有許多弊端……甚至比最合乎理性的法律還要有益。例如，法國的有識之士中沒有不公開反對賣官鬻爵的，也沒有不因賣官鬻爵而感到憤慨的。可是，看看我們的一些鄰國，那裡官職不能買賣，但人們對公職麻木不仁……」「買賣官職是件好事，因為，做為家庭的一種職業，它可以使人們做那些僅僅為了博取好名聲而不願意做的事；它可以使每個人各盡其責，從而使國家長治久安。」

在孟德斯鳩二十七歲的時候，他的伯父去世，正式將孟德斯鳩送上法院院長的重要職位。但是當時的法律規定「年齡在四十歲以下，在法律機構任職不滿十年的法官不能擔任院長。」為此，孟德斯鳩透過朋友向國王提出申請，希望能夠特別為他免除年齡這項限制，他可以先獲得院長的榮譽職務，從事院長的一切工作，暫不獲得院長的年薪，等到四十歲時再正式承擔這項工作。這項申請得到了國王的批准，孟德斯鳩在二十七歲時穿上了意味著高等法官的猩紅色法袍，成為波爾多法院有史以來最年輕的院長。

憑藉個人的出色才華，孟德斯鳩在司法體制內如魚得水，他以第四院長的身分參加司法工作，接著升任第三、第二院長，在三十四歲時，他正式成為波爾多法院的第一院長。

第一院長也就是全權院長，在任職期間，他簽署了一項不得驅逐瘋瘋病人的法案，他認為市民應該給瘋瘋病人必要的尊重和幫助，他說：「司法人員不應該只是在你來我往的利益之爭中，他們應該更多的關注民眾，保障人民的自由權益，我實在找不到司法應該對瘋瘋病人保持冷漠的理由。」《瘋瘋病人法案》對孟德斯鳩的影響極大，他

曾經模仿當事人的語氣對司法人員說：「我們來到你們的面前，你們卻讓我們百般受辱，你們看到了我們的傷口，不願意療治還反倒撒鹽，你們在法庭之上就像神明一樣，卻像木雕的神明，你們沒有帶給我們任何的公正。」

在這一時期，孟德斯鳩重新找回了最初那個理性和啟蒙的自己，他毅然賣掉自己的院長職位，獲得鉅額財富，邁向了漫遊歐洲之路。

法學講堂

孟德斯鳩是古典自然法學說的代表。他曾在英國仔細觀察了訴訟制度和政治體制，對這些制度加以盛讚，他認為英國是當時社會最自由的國家，即便是一個第二天就要絞死的人，也比其他任何歐洲國家自由的公民更加自由。因為在英國，國王沒有權力對人民造成傷害，他的權力受到《議會法》的限制和監督。

對英國法律制度的觀察，奠定了孟德斯鳩論法的基礎。

但是，孟德斯鳩對法學最重要的貢獻不是他所撰寫的法律規則本身，而是法律精神的傳遞。他認為法律必須符合人類的理性，必須遵從自然法則；只有法律具有最高地位，才能保障人民的自由權利，而若想永遠保持自由，就要實現「三權分立」（立法、行政、司法三權），用權力制約權力，防止權力濫用。

查理 · 路易 · 孟德斯鳩：（西元一六八九年～西元一七五五年），法國啟蒙思想家、社會學家、法學家，西方國家學說和法學理論的奠基人。他是一位百科全書式的學者，在學術上取得了巨大的成就。主要著作有：《波斯人信箚》、《羅馬盛衰原因論》、《論法的精神》。

先例為上的遵循
英國法律的發展

大陸法系與英美法系是當今世界的兩大主要法系。其中英國法系有兩個重要原則：遵從先例和公平。

　　麥克洛克林案發生在英國。

　　案件本身是說麥克洛克林和四個孩子出去郊遊，在駕車途中遭遇了車禍，該車禍是由於另一車輛司機疏忽大意造成的。麥克洛克林的女兒當場死亡，他和另外三個孩子也受傷住院。麥克洛克林夫人從鄰居口中得知了這個噩耗，精神上受到打擊，她將肇事司機告上法庭，要求肇事司機在履行車禍賠償的同時也賠償她的精神損失。

　　她起訴的理由遵循了英國法系的「遵循先例」原則：在她家悲劇釀成之前也曾經有兩場車禍，當時受害者的家屬在目睹車禍現場的慘劇後，精神受到打擊，法院判處肇事者給予親人精神賠償金。

　　一級法院並沒有支持麥克洛克林夫人的訴訟請求，審判官認為：麥克洛克林的案子和原先的案例有極大的區別，原先案例中受害者親人親眼目睹了車禍現場，而麥克洛克林夫人卻是在遠離事故現場知道的消息，後者的精神打擊屬於不可預測的損失，肇事司機因為疏忽大意已經對直接受害者進行了經濟賠償，可以不對麥克洛克林夫人的精

神損失負責。

　　麥克洛克林夫人不服，繼續上訴，二級法庭維持原判，但給出不同的理由，他們更多的出於政策上的考量，認為：如果支持麥克洛克林夫人的訴訟請求，那麼公民駕駛時的社會責任就會擴大，會讓窮人更加開不起車，如果此賠償成立會直接引發更多訴訟請求，導致案件積壓。況且在司法調查過程中無法真正分辨「嚴重精神損害」和「沒有受到嚴重精神損害」的人。

　　面對二級法庭的判決，麥克洛克林夫人還是選擇繼續上訴，她認為自己確實受到了嚴重的精神損害，正常生活受到影響，而這影響是車禍案件直接引發的。最高法庭非常重視此案，下令重審，在重審過程中，內部司法人員對該案有不同的看法，在二級法院提出的政策問題上，他們並不擔心案件的積壓，但他們苦於無法確定精神損失賠償的範圍，並且他們擔心這個範圍有可能會無限的擴大。另外，擴大社會責任的問題也不應該是法官審判時應考慮的因素，充其量只能做為國家修改法律的因素。至於為什麼不能採用先例原則，最高法院也給出了理由：只有當以前案例採用的道德原則和現在案例相同時才可以考慮先例原則。

　　麥克洛克林案例可謂是真正的一波三折，其審判的最終結果在該案審理的過程中反倒不那麼重要了，它更多的是引發了人們對「遵循先例」原則的思考。

 法學講堂

　　英國法律起源於西元一〇六六年。

這一年，諾曼人在威廉公爵的帶領下征服了英國，建立了諾曼王朝，史稱「諾曼征服」，並逐漸形成了系統的封建法律體系。

在亨利一世、亨利二世時期，英國法律得到進一步完善，建立了專門從事民事處理、刑事案件分析的公民訴訟法庭。到了亨利三世時期，又建立了三個重要的司法機關：財務法院、普通民眾訴訟法院、御座法院。

至此，英國法律體系正式確立。

英國法律體系有兩個重要原則：

一、公平原則，顧名思義，追求法律面前人人平等。

二、遵循先例原則，是指原先法院判處過的案例結果對於之後的案例判決有約束性，法院不知道如何判處時，可以遵循先前判處的結果。

小知識

亨利一世：（西元一○六八年～西元一一三五年），英格蘭諾曼王朝國王。他在位期間對法律的貢獻主要表現在巡迴審判制度，中央政府派出巡迴審判官，到全國各地去巡迴審案，一方面為了加強中央集權，另一方面也是出於利益考量（法庭罰金是王室收入的來源之一）。

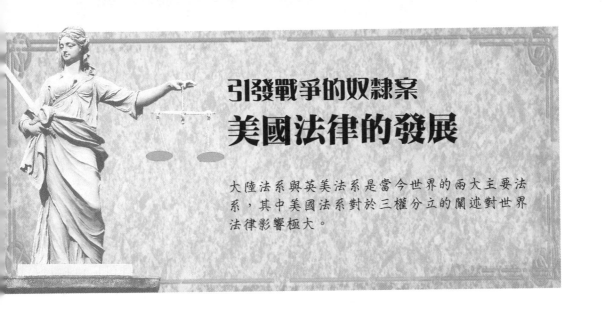

大陸法系與英美法系是當今世界的兩大主要法系，其中美國法系對於三權分立的闡述對世界法律影響極大。

　　美國南北方曾經為奴隸制的廢除與否有過一段激烈爭執的時期，爭執不下的雙方最終達成了一個協議，叫做《密蘇里協定》，約定密蘇里州做為自由州，納入聯邦，在密蘇里北部邊界以北，奴隸制是非法的，邊界以南任何地區都可以蓄養奴隸，奴隸制合法。

　　在這個背景下，發生了一起引發戰爭的法律案件。

　　案件的主角叫做德雷德・斯科特，他出生於維吉尼亞州，從小就和他的父母一樣被賣給白人當作奴隸。

　　西元一八三〇年，德雷德・斯科特跟隨他的主人到了密蘇里州，密蘇里州當時是允許奴隸制的，但是後來德雷德・斯科特的主人出現了財政方面的危機，德雷德・斯科特就被像貨物一樣被賣給了一位軍隊的外科醫生，並且跟隨這個外科醫生到了伊利諾州，在這裡奴隸制是被禁止的。

　　西元一八四二年，德雷德・斯科特跟隨主人回到了聖路易斯市，回到該市不久他的主人就去世了，主人的太太將德雷德・斯科特一家

包括他的妻子和三個孩子租給其他人當奴隸。

德雷德‧斯科特是一個有想法的奴隸，他不願意一輩子失去自由成為別人的附屬品，他試圖用金錢向主人的太太贖回自由，但是被主人的太太拒絕了，主人的太太跟他說：「你就像我屋子裡的桌椅一樣，我沒有聽說過桌椅還能擁有自己的自由。」

西元一八四六年，仍幻想得到自由的德雷德‧斯科特向本地法院提起訴訟，他申請重獲自由的理由是：雖然他現在在聖路易士市，但他西元一八三四年～一八三八年之間曾經在伊利諾州生活過，是伊利諾州的州民，按照伊利諾州的法律，他是自由之身。

一年之後，聖路易斯市的法院做出判決：德雷德‧斯科特敗訴。

約翰‧杜倫巴爾的名畫常遭誤解為《獨立宣言》簽署人的群像，但實為五人小組上呈大會其成果。

雖然他沒有獲得真正的自由，但他獲得了一次重新審判的機會。這次重新審判中他還是沒能得到自由。

德雷德・斯科特不服，上訴到聯邦最高法院。負責這次審判的法官是支持奴隸制的，因此德雷德・斯科特被判決為其主人的私人財產，法官在判決書中寫道：「美國的法律如果因為一個美國公民曾經帶著他的財產進入到美國某個特定領域，而這個人又沒有犯罪，就剝奪他的財產，這是不正當的法律程序。」

這個案子的判決結果加重了當時南北方之間的緊張氣氛，也成了壓垮駱駝的最後一根稻草，美國內戰由此爆發。

法學講堂

在西方各國的法律史中，美國法律的歷史最短，從西元一六〇七年英國在北美建立詹姆士城開始算起，距今不過四百多年。

美國法律的發展經歷了三個時期：殖民地時期的法律（西元一六〇七年～一七七六年）、法律發展時期（西元一七七六年～一八六五年）及十九世紀後的發展時期（西元一八六五年～至今）。

在殖民地時期的初期，雖然北美處於英國統治之下，但由於國情不同，英國法律在北美並沒有佔據重要位置，在當地發揮作用的還是原始的民間法。當殖民者和殖民地原住民相互融合之後的十八世紀，英國法對北美的影響就日漸明顯，這個時期出現了熟悉英國法的律師階層。

在美國法律發展的第二個階段，美國制訂了迄今為止仍在生效的憲法，確立了聯邦制和其他政治制度。《獨立宣言》就是在這一階段出現的，這個對於美國有重大影響的法律著作，帶有明顯的古典自然法學派的基本原理，

比如天賦人權、社會契約等。

　　美國法律發展的第三個階段中爆發了南北戰爭。當戰爭結束後，美國法律進入到全新的階段，它擺脫了英國法的制約，逐步形成屬於美國的法律特點。美國的法院也逐漸減少對英國案例的先例遵循，即便在不得已採用時也會盡量將之賦予上美國特色。

小知識

詹姆士・麥迪遜：（西元一七五一年～西元一八三六年），美國第四任總統，也是美國憲法的奠基人，因為人權主張和三權分立學說被稱為美國的「憲法之父」。他和傑弗遜共同創建了民主、共和黨，美國從此開始進入兩黨政治時代。

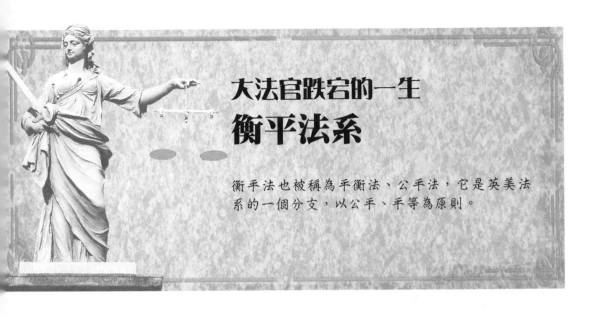

大法官跌宕的一生
衡平法系

衡平法也被稱為平衡法、公平法，它是英美法系的一個分支，以公平、平等為原則。

在英國實行衡平法期間，出現一位才能出色的主教、政治家、大法官，他叫湯瑪斯·沃爾西。

湯瑪斯·沃爾西在亨利七世時期得到了國王的賞識，掌管著國印和國王的私人印章，可以說他操縱了英國各個重要部門。

他在司法領域的貢獻卓越。首先，對王室來說，他加強了王室法庭的權力；對民眾而言，他主張對待窮人和富人採取同樣的司法方針。其次，由於當時社會環境複雜，審判程序冗長，不能有效解決社會出現的各種案情，於是，湯瑪斯·沃爾西在司法方面進行了改革，建立了大法官法院，它是一個專門處理民事訴訟的衡平法院。

雖然湯瑪斯·沃爾西在推動司法的改革中做出了巨大貢獻，但由於他本人的性格和做法，並不得民心。他是天主教會的高級教士，經常對英國教會實行高壓統治，使天主教會成為維護封建統治的工具。他唯利是圖，是天主教會中最貪婪的一個，同時他領取的俸祿也最多。據統計，他的年收入達到三萬五千英鎊，相當於王室全部收入的四分

樞機主教湯瑪斯・沃爾西。

之一，在他的鼎盛時期，他的財富僅次於國王，位居全國第二位。

貪婪奢華這一系列的性格特點，都不足以成為湯瑪斯・沃爾西日後徹底倒臺的依據，真正使他垮臺的，是他在處理國王亨利八世離婚案上的失敗。

當時，英格蘭的王后凱薩琳沒有生育能力，恰好在這個時候，亨利八世愛上了自己的女官安妮・波林，打算以婚姻無效為理由與他的王后離婚，來迎娶安妮・波林。他把這件離婚案交給了湯瑪斯・沃爾西去辦，沃爾西將離婚案上訴羅馬教廷，此時羅馬教皇聽命於羅馬帝國國王，而羅馬帝國國王是英格蘭王后的姪子，他堅決反對亨利八世離婚的請求。羅馬教皇為了討好羅馬皇帝，也向湯瑪斯・沃爾西表態要徹底否決離婚案。

亨利八世暴怒，湯瑪斯・沃爾西不久之後就被高等法院審判，指控理由是王權侵害罪。一年之後，亨利八世又召開國會，剝奪了他所有的財產和公民權，只保留了大主教的位置。僅僅過了一年，湯瑪斯・沃爾西就鬱鬱而終了。

　　諾曼征服之後，英國出現了許多之前法律沒有界定過的新的社會現象。當時遵循的普通法是以土地為中心的農業社會的法則，無論從內容還是訴訟方式來看，都已經不能適應新的社會經濟關係。

　　在這樣的背景下，以大法官個人審判原則為法律依據的衡平法應運而生。

　　衡平法的發展經歷了三個時期：

　　十二到十四世紀，屬於衡平法形成的時期，其權利和救濟手段主要有：用益權、禁止令、特定履行令。

　　十五世紀到十八世紀，是衡平法的成熟時期，在這一階段，衡平法由衡平法院專門使用，管轄範圍包括：未成年人保護、遺產管理、意外事故、過錯傷人及各種家庭財產協議等。在這個階段的後期，司法制度法撤銷了大法官法院，實現了普通法與衡平法的融合。

　　十九世紀到現在，是現代衡平法發展時期，它所審理的案件基本上還是民事初審和上訴審，陪審團仍舊只發揮顧問性的作用。

　　英國現代衡平法的特點是：確立了「同等權能」和「衡平法優先」原則；法官的權力更大，與普通法的融合更密切。

小知識

亨利七世：（西元一四五七年～西元一五〇九年），英格蘭國王。他在一四八七年創設了星室法庭（因法庭屋頂上空裝飾有星星圖案而得名），主要是懲治王室成員包括不稱職的國王和叛亂的貴族。直到英國資產階級革命爆發，星室法庭才被撤除。

十二表法
大陸法系

大陸法系是相對於英美法系而言。它是指歐洲大陸實行的法律體系,起源於古羅馬帝國。

西元前四九四年的一天,有一支浩浩蕩蕩的隊伍離開羅馬城,往東郊的聖山方向行進。他們之中的一些人邊走邊罵:「早點離開這個破地方,他們以為自己是誰啊?!」「就是,留在這裡幹嘛,在自己的國家還要看別人的眼色!」

這支有武裝的隊伍來自於古羅馬,他們之中的大多數都是古羅馬城中的平民。當時,羅馬已經在塞維阿·圖里烏的改革下,變成了共和制王國。和王政時代不同的一點是,共和制國家中一些富有的平民可以透過金錢攻勢進入到上層社會。但這些平民畢竟是少數群體,而大多數不富有的平民,比如這次出走隊伍中的大多數,雖然名義上是平民,實際上沒有享受到任何法律方面的權益,相反,由於經濟方面的問題,他們的社會地位跟奴隸沒什麼差別。

古羅馬當時的法律、職權還是掌握在貴族手中,不但沒有因為國家制度的變化而緩和貴族和平民之間的矛盾,反而更加激化了。於是,尋求自由和平等的平民相約出城,因此就出現了故事一開始的場面。

古羅馬的貴族和富有平民聽說貧苦平民出走的消息很震驚，立即做出讓步，派出代表來和貧苦平民們談判。這一舉動倒不是說明他們有多民主或者有多想建立真正平等自由的國度，而是當時的奴隸數量不多，農業、手工業、商業還是要依靠廣大的貧苦平民。更逼迫他們做出讓步行為的原因是，當時的古羅馬西北方正受到伊特拉里亞人和高盧人的侵略，一國無兵，比經濟生活的停滯更讓人恐懼。

　　這次談判的結果是貴族和富有平民階級全面讓步，其中最大的讓步來自於對「保民官」的承認。保民官是平民利益的守護者，他們隨時可以接受平民的諮詢，負責維護平民的權益不受侵害。最初保民官只有兩位，隨著平民維權意識的提升，保民官逐漸增加到十位。保民官的地位非常崇高，但凡貴族和富有平民提出不利於貧苦平民的法令

羅馬共和制時期，元老院是實權機關，元老們掌管著國庫的運作和一切的對外事宜。

或決議，保民官可以直接拒絕。當他們說「veto」（拉丁語，意思是「我禁止」），法令就不能生效。現在聯合國使用的否決權，就是從這裡開始的。

雖然有了保民官，但大部分的權力還是掌握在貴族和富有平民手中。經過幾代人的努力，貧苦平民終於爭取到成文法的權力。在此之前，古羅馬的法律一直是民間法，沒有真正成文。法官在判案時往往站在貴族和富有平民那邊（因為他自己也是貴族）。貴族和富有平民被迫制訂和公布了古羅馬第一部成文法。這些條文刻在十二塊銅牌上，史稱「十二銅表法」或「十二表法」。

雖然在保民官和貧苦平民的努力下，古羅馬有了成文法律，但是十二表法從根本上還是維護貴族和富有平民利益的。比如它規定的平民和貴族之間不能通婚，就是對貧苦平民的一種歧視。但它卻是大陸法系的開始。

法學講堂

大陸法系，又稱民法法系。

「大陸」是指歐洲大陸，包括現在歐洲大陸（法國、義大利、德國、荷蘭等）和其他受歐洲大陸國家影響的地區（日本等）。它起源於古羅馬法律，到了十八世紀後，歐洲各國都頒布了屬於自己的法典，形成大陸法系的各個分支。

大陸法系較之其他法系，有幾個特點：

一、大陸法系是直接繼承羅馬法而成，不僅包括體制也包括概念及術語。

二、在法律形式上沒有判例法，判例法也就是先例原則，以法官對於案例的判決做為法律執行的根據。大陸法系只是針對重要部門制訂法則，並輔

助於單行法規，構成完整的法律體系。大陸法系的立法根據是自然法思想和理性主義。

三、實行大陸法系國家的法官沒有立法權。

四、在判案的方法上，大陸法系主要採取演繹法，也就是從普遍結論及一般性原則推導出個別性的結論。

五、大陸法系在司法制度上採用普通法院與行政法院分離的雙軌制。

小知識

塞涅卡：（西元前四年～西元六五年），羅馬政治法律思想家，暴君尼祿的導師。他曾任帝國會計官和元老院元老，後又任掌管司法事務的執政官。

黃帝開創華夏文明
中國法律的起源

中國法律的起源說法有很多，有一種說法認為中國法律起源於上古時代的戰爭。而上古時代最著名的戰爭，無非就是炎黃之戰。

中國人自稱炎黃子孫，是有歷史根源可追溯的。

相傳上古時代，有一個姓姜的部落，他們的首領是炎帝，傳說他的母親在華山遊玩，看到一隻神龍，回到家中就有了身孕，十月懷胎後生下一個聰穎的嬰兒，這個嬰兒就是炎帝。而在離他不遠的部落裡，有一個卓越的首領叫做黃帝。

黃帝部落生活在偏南的地方，主食以穀物為主；炎帝部落居住在偏北地區，主食以小麥為主。本來這兩個部落是可以相安無事的，但最終還是因為食物引發了戰爭。

當時的地形以山地為主，平原很少。但山上有野獸，即便打走野獸一次，牠們也會回來第二次、第三次，並且野獸的繁殖能力也是不容小覷的，人不可能一直在與野獸的爭鬥中生活。因此，不管哪個部落都不去爭奪山上的地，也因為這樣，各個部落的糧食都種植在平原上。

這下，問題就來了。

兩個部落的人都要吃飯，人多地少就成了影響兩個部落之間關係的重大因素。為了爭奪種植糧食的土地，兩個部落就不停地衝突，直到最後爆發大戰。

　　黃帝戰勝炎帝，將兩個部落融合在一起，定居中原地區，變成炎黃部落。他們被視為中華文明的開始，是中國人的祖先，因此中國人也稱自己是炎黃子孫。

　　在炎帝和黃帝的戰爭之後，炎黃部落和蚩尤部落又爆發了戰爭。蚩尤部落是當時畜牧業最發達的，擁有最多的牲畜。牲畜要活下去就必須吃草，而炎黃部落中的稻草是牛最喜歡的食物，每當稻草黃的時候，蚩尤部落的牛就會來吃炎黃部落的稻草。炎黃部落很不滿，按照當時的社會風俗，炎帝和黃帝要求蚩尤部落賠償自己的損失，換來的卻是一頓罵，說炎黃部落都是吃草的畜生。於是戰爭再次爆發。

　　這次的戰爭再次以炎黃部落的勝利告終。在這場戰爭後，他們簽署了戰爭合約，蚩尤向炎黃部落歸順稱臣，華夏王朝由此開始。

黃帝在崆峒山向仙人廣成子問道。

69

　　中國法律的起源歷來就被法學家們激烈爭論，關於起源的觀點大致有這幾種：有說源於黃帝時代，是黃帝創立的；有說源於堯舜時代；也有說源於夏朝，是當時統治者組織人彙編民間法的結果；還有一種說法是「刑起於兵」、「兵刑合一」，這是先秦時期比較流行的關於法律起源的說法。意思是說戰爭和法律是分不開的，最早的軍法實際上就是法律。

　　無論哪種起源，我們都可以總結出中國法律起源的特點：

　　一、法律起源和軍隊、戰爭密不可分，最早關於法律的記載都是關於戰場的，幾乎法律就等於軍法。

　　二、法律源於某個大人物的出現，是由社會上層強者所建立的。他們懷著救國救民於水火的熱忱，撰寫、彙編法律。

　　三、法律主要的表現是禮義和刑罰的一致，「刑」和「禮」同源並生、相輔相成。

　　中國法律起源中也有關於國家和法制的基本關係。總結起來無非三點：人類生而有社會關係，不然如同禽獸；人類社會一開始是凌亂的，是上天派來的聖人將人類從愚昧帶向文明；最早的法律就是聖人對於人生和社會的思考。

小知識

　　管仲：（西元前七二五年～西元前六四五年），春秋時代齊國的政治家、哲學家、軍事家、法學家。他推行了一系列社會變革措施，提出了前所未有的治國理論，即以法治國的主張。同時，他也非常重視「德」對民眾的教化功能。

讓神明決定是否有罪
中國的神權法

神權法是夏、商、西周三個歷史時期的法律指導思想，主要內容是「天命」和「天罰」。

上古時代的一個姜姓的人，因為家養的牛被偷而將鄰居告到首領面前。

姜姓的人對首領皋陶說：「我的牛一直都關在後院裡，平時也沒人來我後院。他家的院子和我家後院就隔了一道矮矮的牆，他只要趁我睡覺的時候偷偷翻牆過來，就能把我的牛牽走。」

鄰居大叫冤枉：「如果我真的翻牆到他家院子裡去了，我為什麼不拿別的東西而非要牽走一頭牛呢？牛不認識我，我牽牛的過程不會很順利的。如果有一點動靜，他們一家人難道不會醒過來嗎？」

皋陶點點頭：「你說得有道理。」他轉而問姜姓的原告：「你有什麼理由說鄰居牽走了你的牛？」

姜姓的人說：「首領，我在他家的垃圾中看到了我死去牛的牛角。」

鄰居反駁道：「牛角都是相似的，你怎麼就能說我家垃圾中的牛角就是你家牛的？」

姜姓的人說：「你家又沒有牛，你怎麼解釋在你家出現的牛角？」

「牛角可能是任何人丟在我家垃圾裡的，也有可能就是真正偷你牛的人丟的。」鄰居說，「我們鄰居這麼久，我怎麼不知道你家什麼時候多出了一頭牛，你家不是一直都沒有牛的嗎？」

雙方爭執不下。

皋陶有一隻神獸叫獬豸，獬豸是一種形似牛羊的獨角動物，是神的使者，但凡有疑難訴訟案件，都可以找獬豸解決。

因為獬豸絕對不會頂觸正義的一方，牠的所作所為都代表著神的旨意。

獬豸被請出來，牠趾高氣揚地在兩個訴訟人之間徘徊緩行。皋陶注意觀察兩個人，他們都有些緊張，尤其丟了牛的人，雙腿已經開始打顫。見此情景，皋陶心裡已經有了答案。但這答案正確與否，他也要看神明如何派獬豸來決斷。

眾人等候良久，只見獬豸用角頂了姜姓原告一下，將他頂得一屁股坐在了地上。

獬豸因其與生俱有辨別是非、公正不阿的本能，自古就被視為神獸。

皋陶將獬豸請回，看著地上的原告說：「現在你可以告訴我們到底是怎麼回事了吧！」

原來，姜姓原告最近和鄰居發生過一次口角，忿忿不平的他想出一個偷牛的辦法試圖整治鄰居，卻沒想到

被獬豸識破，落得個人財兩空。

這個案子傳播開來，獬豸傳達神意的能力被部落的人廣為信服。就這樣，讓神明決定是否有罪的斷案方式也成了皋陶最得意的殺手鐧。而在現代法官的法槌上雕刻的獸頭也是獬豸的形象，獬豸已成為中國幾千年法政文化的顯著特徵。

法學講堂

中國的神權法是夏、商、西周三個歷史時期的法律指導思想，故事中所展現的就是它的主要內容之一「天罰」。

神權法認為神明會決定世間的罪惡懲罰。

神權法起源於夏朝，鼎盛期在殷商。在當時，上至國家大事，下至一個簡單案例是否用刑，都需要用占卜向神明祈禱的方式來決定。中國的甲骨文就是殷商皇帝和他的占卜官向神明懇請的占卜文。

中國的神權法之所以與國外的神權法不同，是因為中國歷史上從未出現過凌駕於皇權之上的教會或教職人員。中國的神權法一直服務於皇權，目的是將皇權神聖化，宣稱皇帝是神明的兒子即「天子」，有權力代表神明行使統治民眾、制訂社會法則等事務。

小知識

皋陶：傳說中上古「五帝」之首少昊的後裔，是東夷部落的首領。古史記載，「皋陶造法律」、「皋陶作刑」，泛而言之，法律、刑法、監獄都是皋陶創設的，皋陶本人也被認為是中國司法制度的鼻祖，被後世稱為「獄神」。

大統一國家的建立

中國秦漢至明清的法律特點

行政和司法合一是中國古代（秦漢到明清）法
治思想最主要的特點。

　　胡亥是秦始皇的小兒子，史稱秦二世，在他統治的時代中，有兩個著名的大臣，一個是趙高，一個是李斯。

　　趙高是李斯的死對頭，確切地說是趙高非常忌憚李斯前朝元老的地位，他一心想把李斯趕下臺，但是李斯並不知情，繼續扮演憂國憂民的重臣角色。他關心國家的政局，不僅在軍事上部署抵禦外敵的兵力，還在內政上積極參與法律的制訂，以維護秦二世的君主專制統治。

　　如果李斯遇到的是一位明君，他一定會協助君主開創一個輝煌的時代，就像當年協助秦始皇一統江山，但不幸的是，聰明一世的他現在輔佐的是秦二世，而秦二世身邊最親近的人是趙高。

　　趙高非常瞭解秦二世，他知道這個皇帝根本不關心國家的安危，對他來說，貪圖享樂是生活的全部，針對皇帝的這個特點，趙高想出一個整治李斯的方法。

　　他假惺惺地告訴李斯，他應該多對皇帝上奏軍情、政情和民生，

並向李斯承諾，只要皇帝一有時間他就會派人通知李斯，可是李斯每次去觀見秦二世的時候都撞到秦二世玩的最高興的時候，多次破壞了秦二世的興致，令他非常討厭再看到李斯，覺得李斯是在暗示自己不應該貪圖享樂。

每當秦二世這樣想的時候，趙高就會在他身邊添油加醋地說李斯跟皇帝作對的原因，是想自己稱王。趙高還無中生有地誣陷，當時正在起義的陳勝吳廣就在李斯兒子擔任郡守的三川郡中，李斯跟起義軍肯定脫不了關係。

秦二世聽了之後非常惱火，就這樣，大量的檢察官、司法官湧入李斯兒子李由家中，掘地三尺搜查他謀反的證據。李斯到此時才終於明白發生了什麼事情，立即向秦二世上奏說「真正要謀反的人是趙高！」可是這時秦二世對趙高已經無比信任，不僅不聽李斯的陳述，還將李斯的奏章拿給趙高看，趙高藉機慫恿秦二世將李斯、李由等人全都關進了大牢。

李斯在大牢裡被多次使用殘酷的私刑，招認了許多原本不屬於他的罪行，後來他想翻供，但趙高派人偽裝成秦二世的使者去審問，李斯只要翻供一次就痛打他一次，直到有一天秦二世派來真正的司法官，李斯已經被打到不敢再翻供了。

最終，一代丞相李斯被判處腰斬之刑。

法學講堂

從趙高陷害李斯的故事中，我們可以看出中國古代（秦漢至明清）司法

制度的主要特點：

一、「法自君出」，專制君主掌握最高的司法權，以君主意志為轉移，幕吏操縱司法。也就是說，在國家的統治階級中，除了皇帝本人，還有一些佔據重要職位的官員可以操縱訴訟案例。

二、禮法結合，儒家學說是古代司法制度的基本原則，許多儒家學說中的重要思想成為法律條例，支撐整個古代司法制度。

三、中國古代歷屆的統治者為了維護司法制度的正常運行，要求自己的司法人員應該按照法律定罪，但是由於法律的條文規定不可能覆蓋社會中各式各樣的犯罪形態，統治階級也允許司法人員進行類推裁判。但由於中國古代社會都是君主專政，所以類推裁判也使得法律條例在某種程度上遭到了破壞。

四、在古代社會中，刑訊逼供被認為是合法的訴訟審判流程，這一制度從周朝就已經有了文字記載，一直沿用到清末。當然，封建專制統治者也同樣發覺到，刑訊逼供也有可能造成社會矛盾的激發及冤案的形成，所以刑訊逼供也受到了一定程度的限制。

五、歷代統治者都致力於將司法關係中的一切因素都納入自己的掌控之中，因此對司法官員的培養和監督也是中國古代司法制度的特點之一。由於嚴密的監控，也形成了發達的司法監察制度。

小知識

韓非子：（約西元前二八一年～西元前二三三年），法家學派代表人物，主張依法治國的原則。自秦以後，中國歷代封建專制主義極權統治的建立，韓非子的學說都頗有影響。著有《孤憤》、《五蠹》、《內外儲》、《說林》、《說難》等書。

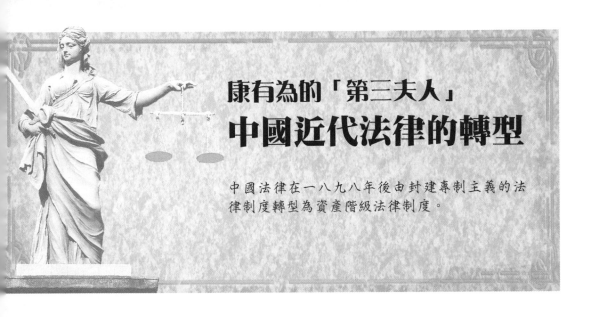

康有為的「第三夫人」
中國近代法律的轉型

中國法律在一八九八年後由封建專制主義的法律制度轉型為資產階級法律制度。

晚清時期，由於變法失敗，改良主義學者康有為被清政府通緝。

在這樣的背景下，康有為來到了美國的非士那。

當時，在美國的華僑空有一腔報國熱情，卻苦於報國無門，康有為的到來讓他們看到了救國的希望。

這天，康有為來到一家種植園，園主是個老華僑，他有十個子女，其中最美麗的叫何金蘭。何金蘭很早之前就聽過康有為的傳奇故事，於是早早就等在會場，準備聆聽大師的救國演講。

康有為在講臺上慷慨激昂地講述他夢想中的大同世界，人們在他的演講中彷彿看到了災難深重的祖國。在演講的最後，康有為講到了男女平等，他說：「同胞們，人生而平等，如果誰侵犯人權，就是侵犯天權……男女雖然性別有異，但權利是一樣的。我們必須解禁變法，實行男女平等！」演講結束後，何金蘭對康有為一見鍾情，而透過和她的暢談，康有為也對這個比自己少了三十多歲的女子產生了情愫。

此時，康有為已經有了兩位妻子，但他聯想到自己要在各國的華

僑中演講，宣傳資產階級法律制度，急需一位懂外語、知書達理的紅顏知己幫助自己，就寫給何金蘭上百封情書，終於讓何金蘭下定決心以身相許。

這段年齡相差懸殊的愛情理所當然地受到了女方家長的反對，何金蘭的父母及兄弟姐妹都沒有想到這個如花似玉的姑娘會愛上一個被清王朝通緝的頭號「罪犯」。何金蘭只對他們說了一句話：「他不是欽犯，他是最偉大的愛國者！他的變法思想、愛國情懷是任何人都無法比擬的！如今他需要我，我必須嫁給他，無論是誰反對，我都要這麼做！」

就這樣，兩人成婚了。

法學講堂

維新變法雖然失敗了，但它仍舊為中國法律的近代轉型提供了理論依據，也為現代憲法的建立做出了巨大貢獻。

這主要表現在：

一、引進依憲治國的觀念。在維新變法之前，長達四千年的中國封建主義社會中法自君出，可以說中國古代有法，也可以說沒有法。在封建社會中，法律只是一種統治工具，對大臣和老百姓有約束，對君王貴族卻沒有約束。康有為主張君主立憲制，提倡權力制衡，宣導議會制度，分解皇帝的集權，提倡地方自治，分解中央集權。

二、首次提出了身分平等觀。

三、受到西方自由主義民權觀的影響，強調公民自治。

這些主張都為後來中國法律的發展奠定了基礎。

沈家本：（西元一八四〇年～西元一九一三年），清末法學家，被譽為「中國近現代法學的奠基人」，是第一個為中國引進西方法律體系的法學泰斗。曾建議廢除凌遲、梟首、戮屍、緣坐、刺字、笞杖等酷刑，並且改革刑律，修訂了《大清現行刑律》以取代《大清律例》，參照西方和日本刑法制訂了《大清新刑律》。

第二章

法律的相關典籍及基本原則

奴隸的命運
《烏爾納姆法典》

《烏爾納姆法典》是世界上第一部成文法典，由古代西亞烏爾第三王朝（約西元前二一一三～西元前二〇〇六年）創始者烏爾納姆頒布的。

西元前二一一二年，烏爾納姆殺死了自己的親弟弟，透過南征北戰，統一了整個美索不達米亞，建立起中央集權的奴隸制王朝——烏爾第三王朝，又稱烏爾帝國。

烏爾第三王朝留下的文字記載寥寥無幾，其中關於法律的文字中記載了兩起性侵案例。

第一起案例發生在奴隸主貴族和女奴之間。這名女奴雖地位低下，但生的貌美如花，是附近十幾個村莊男子心中的一朵花。男主人也一直為自己擁有這個美貌的女奴感到驕傲，在和朋友的聚會中經常要求她服侍左右，斟茶倒酒。

這天，美貌的女奴和往常一樣被主人帶到一個盛大的宴會中，眾人皆對她的美貌讚嘆不已，其中有一位奴隸主貴族更是自始至終都沒將目光從她身上移開。宴會結束後，著迷的奴隸主貴族趁著酒意對女奴的主人說「你把她賣給我吧！價格隨你開！」女奴很不喜歡他，哀

求主人無論如何都要把自己留在身邊。最後，主人拒絕了那個奴隸主貴族。事過不久，奴隸主貴族來到女奴主人家做客，帶來了上好的美酒，故意灌倒女奴主人之後，對女奴實施了性侵行為。

描繪烏爾第三王朝國王與民眾生活的石畫像。

　　另一個案件發生在離這個女奴居住的莊園不遠的地方，莊園女主人是一個風流嫵媚的寡婦，她在一天清晨被人發現和自己的奴隸赤身躺在一起。經過家族長輩盤問及審訊得知，她已和這個奴隸通姦多時。

　　法官在對這兩個案件的判處中採取了完全不同的兩種態度，針對女奴被性侵一案，當時的法官認為，女奴地位低下，對她造成的侵害可以被原諒，因此判處性侵她的奴隸主貴族五西克爾罰金；而針對女奴隸主通姦奴隸一案，法官判處了死刑，死刑不僅包括奴隸，也包括通姦的女奴隸主。面對這個裁決，被性侵的女奴不服，她的主人也為她向法官求情，要求嚴懲奴隸主貴族；第二個案例中的男奴也不服，他稱自己是被女主人引誘，威懾於女主人的地位，不得已才與她通姦。兩個奴隸的訴訟請求都被法官拒絕了，法官堅持自己的裁決無誤，因為他嚴格遵守了烏爾納姆法典。

　　《烏爾納姆法典》是烏爾第三王朝的創始人烏爾納姆下令撰寫的，印刻在三十五塊泥板上，其中的大部分都未能得到妥善保存。

　　根據現有的文獻顯示，這部世界上第一部成文的法典共包括序言和正文二十九條（現在有記載的是二十三條）。其主要內容包括：奴隸制度、婚姻生活、家庭倫理、財產繼承、刑罰等各個方面。

　　這些法律條文和現代相比具有很大的差異性，比如說，允許民眾離婚，但需要繳納白銀給政府，第一次離婚需要向政府支付一米納白銀，第二次離婚需要支付二分之一米納白銀；強暴女奴需要繳納五西克爾罰金；打架鬥毆中，如果打斷了對方的骨頭，需要繳納一米納白銀；做偽證要被罰錢；外國人在烏爾帝國的土地被淹則給予補償；婦女犯通姦罪則要處以死刑，若通姦對象是奴隸，通姦對象也要罰處死刑。

　　《烏爾納姆法典》在西亞地區的法律史上佔有重要地位，對後來兩河流域的國家制訂法律有很大的影響。

小知識

烏爾納姆，又名烏爾・恩戈，生活在約西元前二十世紀末，他統一了兩河流域的南部，集軍事、行政和司法大權於一身。為了統治需要，他用楔形文字寫成了《烏爾納姆法典》，象徵著古代法系進入成文化階段。

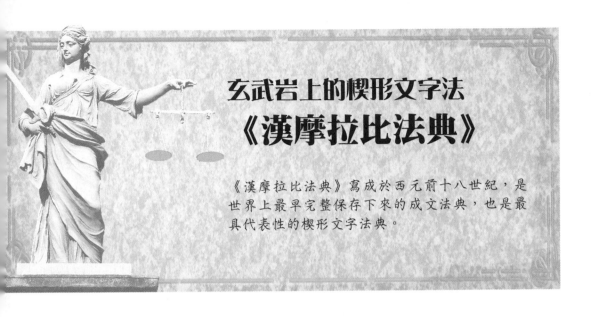

玄武岩上的楔形文字法
《漢摩拉比法典》

《漢摩拉比法典》寫成於西元前十八世紀，是世界上最早完整保存下來的成文法典，也是最具代表性的楔形文字法典。

試想一下，如果你賺了一些錢，蓋了一間別墅，這間別墅是最有名的工匠幫你蓋的，然而不幸的是這間別墅倒塌了，你該如何去追究呢？

讓我們把目光收回到四千多年前：有一個商人賺了一些錢，找了當時最有名的工匠幫自己蓋了一棟房子，就在他搬進新家不久，新房的一面牆突然倒塌了，砸死了他的兒子。悲痛欲絕的商人將工匠告上了法庭，要追究工匠的責任。

這個案件難倒了法官，他不知道該如何判決，是再建一棟房子給商人？還是應該一命償一命？

法官拿捏不準，就將這個案件遞交給了當時的國王漢摩拉比。漢摩拉比思索再三，最後判定工匠的兒子給商人的兒子償命。原因很簡單，因為工匠的過錯導致商人失去了兒子，那麼也應該讓他嘗嘗失去兒子的痛苦。

這個在現代人看來無比野蠻的法律原則在當時卻是漢摩拉比法典

最重要的原則之一：「以牙還牙，以眼還眼」。

這個原則也同樣影響了後世，美國商業鉅子特朗普就用這個原則對付了自己的敵人。

特朗普曾經非常賞識一個年輕的職業高爾夫球手，這個球手非常優秀但是卻不能參加巡迴賽。在他還沒有成名的時候，特朗普慷慨地把自己的豪華球場借給他，這個球場位於弗羅里達州，無論是周邊環境還是球場設備都達到了國際賽的水準。特朗普將這個球場借給年輕球手整整三年，供他練習擊球，年輕球手的技術在這裡得到了迅猛的提升。特朗普的眼光是獨到的，年輕球手在三年後打進了高爾夫巡迴賽，開始變成家喻戶曉的明星。

特朗普心想，自己曾經在他最困難的時候幫助過他，那麼他應該投桃報李，穿上帶有特朗普象徵的服裝參加 PGA（男子職業高爾夫球賽）的各種巡迴賽。特朗普認為這件事對年輕球手來說不是什麼大事，舉手之勞而已，於是他派自己的助手約翰去問球手是否願意。約翰和球手提起這件事的時候，球手大吃一驚，「這屬於代言行為，關於代言，你需要和我的經紀人洽談。」

後來，年輕球手驕傲自滿，不久就被踢出了巡迴賽。明星一夜之間隕落，再也沒有人願意借豪華球場給他使用，他又想起了特朗普，特來徵詢特朗普的意見，希望重新得到使用他球場的機會。

特朗普說：「不好意思，我必須請示我球場的經紀人！你要和他洽談才行。」

《漢摩拉比法典》是古巴倫國王漢摩拉比在位期間下令彙編的法典，原文刻在黑色的玄武岩石柱上，也稱「石柱法」。

玄武岩石柱上端印有一個浮雕，浮雕內容是漢摩拉比站在正義之神面前接受王權的過程。這個浮雕象徵著《漢摩拉比法典》的一個原則，即君權神授。石柱的下端是用楔形文字寫成的法典內容，共有三千五百行，涵蓋兩百八十二條法則，現被巴黎羅浮宮博物館保存。

刻有《漢摩拉比法典》的石柱。

《漢摩拉比法典》由序言、正文、結語三部分組成，其中序言和結語佔全篇幅的五分之一，文字極盡華美。正文包括訴訟程序、竊盜處理、租佃、雇傭、商業高利貸、婚姻、繼承、傷害、債務、奴隸等等。並且將人分為三個等級，有公民權的自由民、無公民權的自由民和奴隸。

《漢摩拉比法典》有兩個重要原則，第一個原則就是故事中提到的「以牙還牙，以眼還眼」，主張「倘人斷他人之骨，則斷其骨」；第二個原則是「讓買方小心提防」，規定了如果買方無理取鬧，就會受到懲罰，而賣方欺詐則不會受到懲處，這個原則初看不合情理，實際上是漢摩拉比為了制止商業行為中的爭鬥，因為買方知道自己沒有無理取鬧的權利，就會將爭鬥降低到最小範圍。

小知識

漢摩拉比：西元前一七九二年～一七五〇年在位，自稱「月神的後裔」，是巴比倫第一王朝的第六代國王，他下令彙編的《漢摩拉比法典》為後世研究古巴比倫國家的法律及社會關係提供了理論依據。

查士丁尼的野心
《民法大全》

《民法大全》又稱《查士丁尼法典》或《國法大全》，完成於西元五三〇年左右，是東羅馬帝國皇帝查士丁尼一世下令撰寫的一部彙編式法典。

西元三九五年，羅馬帝國分裂成東、西兩個國家。

西羅馬在西元四七六年滅亡，僅剩的東羅馬帝國（也叫做拜占庭帝國）看起來欣欣向榮，其實內部分崩離析，教派、黨派之間的衝突不斷，在這個背景下，一代偉大的君主誕生了。

西元四八三年，查士丁尼出生在一個農民家庭，他的叔父是日後拜占庭帝國的國王查士丁一世。查士丁一世的發跡史很具傳奇色彩，他不過是一個目不識丁的農民，卻有能力靠軍隊發跡，一路爬上拜占庭君主的寶座。

查士丁一世對自己的姪子，也就是查士丁尼很看重，從小就注重對他的培養，長大後便讓他輔佐自己處理政務。

在查士丁尼四十四歲時，查士丁一世將王位傳給了他。

拜占庭帝國從此迎來了歷史上最強大的國王。

查士丁尼一登基，就對親友和擁護者說，自己決定為之奮鬥終生

的事業是重建羅馬奴隸制帝國的輝煌，換句話說，就是收復西羅馬帝國。為了這個偉大的目標，他花了二十多年的時間在東征西討上，先後打敗波斯帝國、汪達爾族、哥特人，收復了西羅馬的一部分，使得地中海再次成為拜占庭帝國的內海。

查士丁尼熱衷對外征戰，對內統治也不放鬆。和當時世界上其他國家的國王一樣，他選擇用基督教來鞏固統治，下令將基督教訂為國教，並向老百姓灌輸「君權神授」的思想。他下令三個月內全國人民都必須信仰基督教，所有異教徒都不能在國家機構中擔任職位。不僅如此，他還派皇后的親信出任亞歷山大主教，這個任命激起了當地人民的強烈反對，在皇后的勸阻下，查士丁尼不得已取消了主教的任命，讓原先被放逐的主教回到教派中繼續任職。

為了加強自己中央集權的權力，查士丁尼一生都致力於清理帝國內部的官員腐敗，並且和一些擁有土地產權的元老院貴族做不懈的抗爭。他鼓勵老百姓大力發展工商業經濟，一度讓拜占庭出現空前的繁榮景象。

因為尊崇基督教，查士丁尼在國內大興土木，在首都君士坦丁堡建立富麗堂皇的聖索菲亞教堂。此舉直接激發了民眾的憤怒，再加上長年征戰需要的高額供給，許多地方的民眾紛紛舉起叛亂的大旗，幾乎推翻了查士丁尼的統治。

西元五六五年，查士丁尼去世，拜占庭也隨即走向了衰落。查士丁尼的野心至死也沒能真正實現。

《民法大全》共分為《法典》、《學說匯纂》、《法學階梯》以及《新律》四個部分,並首次提出了公法和私法的定義。

公法是關於拜占庭帝國的政府法律法規,對君權的維護隨處可見,宣稱「沒有任何人比皇帝陛下更高貴和更神聖」、「他的權力來自於上帝」。

私法是指關於民眾個人的法律法規,包含人權、財產權、契約權、婚姻法、民事訴訟等五個部分,充分展現了私有制和商品交換的特點。

《民法大全》奠定了後世法學,尤其是大陸法系民法典的基礎。特別是其中的私法,對近代歐洲各國的立法都產生了極大的影響。

小知識

查士丁尼:(約西元四八三年～西元五六五年),東羅馬帝國皇帝。由於他收復了許多失土,重建聖索菲亞教堂,編纂《民法大全》,功不可沒,因此也被稱為「查士丁尼大帝」。

修行者的奇遇
《摩奴法典》

《摩奴法典》是古代印度婆羅門教的經典，號稱是由印度教的創造之神梵天親自寫成，是維護種姓制度的法典。

　　摩奴是太陽神的兒子，他擁有無邊的法力，傳說他在波濤洶湧的棗樹河邊修行，一修就是一千年。

　　這天，摩奴正在河邊修行，突然有一條小魚游到了他身邊，對他說：「我知道你是一個善良守信的人，就像你看到的這樣，我是一隻渺小的魚，在我的身邊生活著很多兇猛的大魚，牠們日夜不停的欺負我，我已經沒有辦法在這條河裡生存了。如果你救了我，我一定會報答你的！」

　　聽小魚說完，摩奴將牠輕輕地從水中捧出來，放在自己的水罐裡好生餵養。過了一段時間，小魚愈長愈大，罐子裡已經養不下牠了，牠對摩奴說：「好心人，麻煩你幫我放到更大的水裡去吧！」摩奴捧著牠到了一個水塘裡，讓牠自由生活。又過了一段時間，摩奴來看小魚，發現牠已經長成一條大魚了，牠甚至已經不能在水塘裡自由擺尾了。小魚說：「請你把我帶到恆河去吧！我已經不能在這裡生活了。」摩奴又將牠帶到了恆河。

後來，摩奴去看小魚，牠已經長大到不能在恆河生活，牠對摩奴說：「請帶我到大海裡去吧。」摩奴又將牠帶到了大海之中。

在摩奴將要離開的時候，小魚咬住了他的衣角，說：「你多次救了我，現在該是我報答你的時候了，請記住我說的話，並按照我說的話去做。大洪水時代就要來臨了，所有一切都會被淹沒，你現在去造一艘大船，在船頭繫上牢固的纜繩，你一定要記得把所有植物的種子都帶上船。這一切都準備好之後，等我來接你，到時候我的頭上會長出一隻角，你一定會認出我的。」

摩奴按照小魚說的話去做，造了一艘大船並搜集了所有植物的種子。等到洪水來臨的那一天，一切都被淹沒了，只有摩奴的船還漂浮在水面上。

這時，遠遠地游過來一條大魚，牠的身體像山一樣大，頭上長了一隻角，游到摩奴的船前，示意他將船上的纜繩繫在自己的角上。

大魚開始拉著大船奮力地向前游，一直拉了好多年。

毗濕奴和吉祥天女坐臥在巨蛇舍沙的身上，從毗濕奴肚臍生長出來的蓮花則誕生了梵天。

牠將船拉到雪山腳下，對摩奴說：「我是梵天，宇宙中最至高無上的神明，因為你的善良和虔誠，我化成魚的模樣，將你從浩劫中解救出來，並且傳授你智慧。從此以後，世間的一切

生物，包括天神阿修羅和凡人，甚至動物和植物，都由你來創造。你今後會面臨更艱難的修行，但是你的神通也會愈來愈大，擁有著世間最至高無上的智慧。」

說完這些，大魚就消失了。

法學講堂

《摩奴法典》序言中寫道，該書是由梵天寫成，由他的後代摩奴傳到人間，具有很濃重的宗教色彩。它宣揚種姓起源的神話，規定不同姓擁有不同的地位、權利和義務，實際上還是統治階級維護自身利益的工具。

《摩奴法典》分為十二卷，共兩千六百八十四條法則，第一卷主要講述創世紀的神話，即故事中闡述的摩奴創世傳說；第二到六卷講述了古印度的婆羅門教徒修行和生活歷程的四個時期：梵行期、家住期、林棲期、遁世期；第七到九卷包括民法、刑法、婚姻制度、繼承法；第十卷是關於種姓的規定；第十一卷是贖罪法；第十二卷是因果報應、轉世輪迴的學說。

從篇幅上看，純粹法律只佔全法典的四分之一。

《摩奴法典》內容豐富，影響了後來緬甸、泰國、爪哇等國的法律制訂。

小知識

梵天：印度教的創世神，智慧神，在泰國，祂也被稱為「四面佛」，是傳說中《摩奴法典》的撰寫人。

平民的抗議
《德拉古法典》

《德拉古法典》是西元前六二一年由司法執政官德拉古制訂的，旨在為了平息民眾對貴族統治的抵制情緒。

在古希臘時期，橄欖樹被認為是一種高貴的植物。

相傳，女神雅典娜和海洋之神波塞冬就誰是雅典城的保護神展開爭論。雅典娜認為憑藉自己的武力和智慧可以為雅典帶來庇護，海神波塞冬則認為雅典三面環海，而祂做為海神，對於沿海城市有不可推卸的責任。

兩人爭執不下，邀請眾神來做裁判，裁決的原則是看誰能給雅典帶來更美好的禮物。

波塞冬動用祂的三叉戟在地上劃出一個裂縫，裂縫裡立即湧出一股清亮的水，但水是鹹的；雅典娜舉起她的標槍在岩石上一插，從岩石的裂縫中緩緩長出一株青色的綠芽，綠芽迅速成長為一棵大樹，這就是世界上第一棵橄欖樹的來源。

在地中海沿岸的溫熱氣候中，到了冬天橄欖樹也不會落葉，即便是枝幹變得乾枯，也會長出新的枝條。這種旺盛的生命力被希臘人認為是雅典娜賜予希臘的禮物。每當祭祀雅典娜的時候，希臘人都會頭

戴橄欖枝編成的花環，抬著牛、羊進入雅典娜的神廟。而古希臘的很多財主都以自己擁有多少橄欖樹做為財富的標準。

本故事涉及到的案例和橄欖樹有關。

在希臘，不允許隨便砍伐橄欖樹，一旦發現有人砍伐橄欖樹，就會被帶到法官面前接受審判，最高的刑罰可能是死刑。

有一個倒楣的平民就在這樣的背景下不小心砍傷了某財主家的橄欖樹。

平民恐懼萬分，跪在財主面前，懇求他不要到法官處告他。財主早就看上了平民的女兒，好不容易碰到這個機會，就斜眼看他說：「想讓我原諒你也行，把你的女兒送給我做情人，我就不告你。」

平民知道財主的為人，怎麼可能把女兒推進火坑裡，儘管害怕，他還是勇敢地和財主一起走上了法庭。

戰場上的智慧女神雅典娜。

法官是財主的好朋友，平民早就知道他會站在財主那一邊，但沒想到財主早就和法官串通好，竟當場判定了平民死刑。

平民百般抗議，並且持續不斷地向更高級的法庭上訴，但財主都用錢買通了關係，在最終的判定中，還是維持最初的審判。

在平民執行死刑之後，財主無恥地將他的女兒綁到自己家中強行佔有，一個可憐平民的抗議就這樣淹沒在了橄欖樹的枝條裂縫中。

法學講堂

在古希臘時期，本來是沒有成文法的，但隨著貴族統治的愈演愈烈，類似故事中的平民抗議也隨之增多，他們向上層統治階級強烈抗議立法成文。在不得已的情況下，當時雅典的最高統治者德拉古下令法學家們彙編一部法典。就這樣，《德拉古法典》誕生了。

雖然立法成功，但平民被剝削的地位並沒有得到本質上的改善。

《德拉古法典》有三個主要特點：

一、它是雅典的第一部成文法典。

二、在刑法方面十分嚴苛，欠債不還者要被賣給債權者當作奴隸，對好吃懶做者最嚴格的懲罰是處以死刑。

三、在本質上維護貴族利益。法典規定，所有當權者的名字要寫在紙條上放置到一個大箱子裡，最終當選的名字由平民抽籤決定，完全把當權者的權力交給命運而不是當權者的能力。

德拉古初衷是為了改善平民和貴族之間的矛盾，並沒有成功，反而使矛盾更加激化。

在西元前六世紀初，平民爆發了武裝起義，貴族被迫開始了梭倫改革。

梭倫：（西元前六三八年～西元前五五九年），古代雅典的政治家、立法者、詩人，「古希臘七賢」之一。他在西元前五九四年出任雅典城邦的第一任執政官，制訂法律，進行改革，史稱「梭倫改革」。

哲學家的愛情合約
《拿破崙法典》

《拿破崙法典》，在廣義上是指拿破崙時期設立的《民法》、《商法》、《民事訴訟法》、《刑法》、《刑事訴訟法》五個法典；狹義上專指其中的《民法》。

尚‧保羅‧沙特和西蒙‧波娃是法國當代最偉大的思想家和哲學家，他們兩人是夫妻也不是夫妻。

一九二九年，經人介紹，沙特認識了波娃。

在那之後的很長時間裡，巴黎的民眾都能看到一對熱戀中的男女在香榭麗舍大道漫步，男的總是微笑著，戴著一副眼鏡，右眼受過傷；女的有著修長的身材。他們談今論古，話題涉及朋友、生活、經濟、政治、法律，可以談的東西太多，他們感覺到對方就是自己一直在尋找、想要共度一生的人。

這兩人就是沙特和波娃。

從愛好及生活習慣上看，沙特和波娃是天生的一對。沙特從十歲起就開始寫小說、詩歌，他經常勸解他遇見的姑娘們，讓她們也進行文學創作，他對她們說，一個人只有在創作中才能避免生活中的遭遇；而波娃在十歲時也創作了一部小說，內容恰好是關於一個少女終日思

考在生活中如何避免他人打擾。

　　誰都能看出沙特和波娃相愛了。但是一個現實的問題擺在了他們面前：結婚。沙特曾經宣稱過自己絕對不可能結婚，因為他不希望平穩、單一的婚姻生活阻礙了他的創作，他一生最嚮往的事情就是周遊列國，盡可能豐富自己的生活經驗以提供創作素材。透過交談，波娃發現她和沙特屬於同一種人，她也愛好自由，並且不希望婚姻束縛住自己。

　　經過深思熟慮，沙特對波娃說：「我們的結合在本質上是純粹的愛。」波娃表示認同。

　　沙特繼續對波娃說：「我認為我們不能用愛情和戀愛關係來限制對方的自由，如果有了其他心愛的人，我們也不要阻止對方尋找激情。」

　　這個看似不負責任的宣言恰好說到了波娃的心坎裡，她也對婚姻和愛情抱有同樣的觀點。兩人想法達成一致後，沙特對波娃說：「妳畢竟是個女孩子，我要給妳一個安心的承諾，我們簽定一份為期兩年的合約吧！」

　　這個愛情合約包括，雙方是彼此生活最親密的伴侶，在相愛的同時保持愛情的自由。他們都可以去愛別的人，但需要將自己「偶遇愛情」的經歷毫無保留地告訴對方。這個協議最初有效性是兩年，但沙特和波娃卻堅持了一輩子。在這過程中，雖然也受過傷，但他們直到生命終了，都將對方視為生活中最重要的伴侶。

　　後來，兩人的愛情契約被法國人廣為效仿。據《費加羅報》統計，

法國約有幾萬對年輕伴侶選擇和對方簽定愛情合約而不是結婚，其中百分之六十為同性戀者。而這些愛情合約被法國政府視為具有法律效力。

法學講堂

《拿破崙法典》寫成於西元一八〇四年，最初名叫《法國民法典》，規定法律面前人人平等，公民具有人身自由和契約自由，私有財產神聖不可侵犯，同時也廢除了封建特權，擺脫了教會的控制。

法典的正文共三篇，第一篇是關於人的法律，主要論述了個人和親屬法；第二篇是物產法，規定房屋、土地、遺產等各種財產的所有及轉讓權；第三篇是繼承夫妻共有財產等所有權的規定。

《拿破崙法典》至今仍在使用，但隨法國經濟、政治、國情等多方面的變化，法典共修改過一百多次。

《拿破崙法典》的原則可以用三點來概括：

一、自由和平等的原則，年滿十八歲後除了結婚外，民眾有能力為自己在民事生活上的行為負責。

二、所有權的原則，它最大限度地保護了公民的財產，尤其值得注意的是農民的私有土地也在此得到了保障。

三、契約自由原則，當事人簽定的契約必須符合雙方的權益，一旦合法成立當事人必須按照約定履行，包括故事中的愛情合約。

《拿破崙法典》是資產階級的第一部法典，對很多國家的立法都產生了深刻的影響，例如比利時、盧森堡，在制訂本國法律時，就是以它為藍本或者參考。

拿破崙・波拿巴：（西元一七六九年～西元一八二一年），
法蘭西第一帝國皇帝。他在位期間多次向外擴張，創造了一
系列的軍事奇蹟，他下令彙編的《民法典》更是資本主義國
家的立法參考。

用生命守護的諾言
《德國民法典》

《德國民法典》是繼《拿破崙法典》後資本主義國家最重要的法典，它是自由資本主義時期向壟斷資本主義時期過渡的產物。

西元一八七〇年，法國為了和普魯士王國爭奪歐洲大陸霸權，發動了一場戰爭，史稱「普法戰爭」。在戰爭的過程中普魯士的士兵們遭受到了極大的損失。

威廉將軍帶領一小支部隊準備穿越山谷和大部隊會合，正要出山谷時不幸遭遇了敵軍的主力部隊。

敵眾我寡，這場戰打得異常艱難，幾乎全軍覆沒。

威廉將軍看著身邊逐漸倒下的士兵們，心裡比誰都要難受。他從來都不把這些跟著自己出生入死的屬下們當作升官發財的工具，他比誰都知道，沒有人願意上戰場，沒有人願意離鄉背井，他一直將士兵們當作最親的人。

沒有什麼比看著親人倒下更痛苦。

忠誠的士兵們將身體當作箭牌，為威廉將軍開出一條血路。當威廉將軍衝出重圍時，身邊的士兵不過幾十人，當時天色已晚。

整整一天，不僅沒有吃任何東西，還在和敵人的戰鬥中耗盡了體

力。所有衝出重圍的人都累極了，其中也包括威廉將軍。

此時正處於冬天，天氣冷到連人呵出的氣都會凝成冰霧。大家三三兩兩擠在一團取暖，威廉將軍抬手摸摸自己的胸口，再拿下來時，手心一團血紅色。在白天的戰鬥中，誰都沒有發現他負了傷。

天寒地凍。這個時候絕對不能睡著，一旦睡著，可能就會被凍死，再也醒不過來。威廉將軍打起精神，給困頓的士兵們打氣，讓他們保持清醒，等天一亮，他們再行軍半日就能和大部隊會合了。

因為怕敵軍追來，眾人在黑暗中都不敢大聲說話，只是輕聲鼓勵著自己的同伴。

不知道過了多久，一直坐在岩石上替大家放哨的威廉將軍突然向後仰去，眾人大吃一驚，很快回過神來，衝到將軍身邊，這才發現他的血已經滲出戰衣。

眾人做了一個艱難的決定，將自己的棉衣脫下來給將軍做床舖和被褥。在那樣的天氣裡，穿著棉衣都不一定能熬過夜晚的寒冷，脫掉棉衣，幾乎就是和死神簽下了契約。

可是他們發過誓，在戰場上要用自己的生命守護將軍。

透過抽籤的方式，其中一小部分士兵脫下自己的棉衣，舖在將軍的身下和身上，沒有脫掉棉衣的士兵輪流守著將軍，用軍醫身上為數不多的藥替將軍止血。

第二天太陽再次升起的時候，將軍緩緩睜開眼，他身邊圍繞著滿含熱淚的士兵們。他看看自己身上的棉衣，又看看不遠處凍僵的僅著單衣的屍體，瞬間明白發生了什麼事。

「我……」將軍哽咽著，卻說不出一句話。

士兵中有一個年長者說：「將軍，我們都是自願的，您毋須自責。即便是死去的這些兄弟，他們如果知道您醒來，一定也會為自己的犧牲感到欣慰的。我們發誓守護您，就一定會做到。您和其他將軍不一樣，他們即便善待下屬，也是出於軍規，而您是真正把我們當作親人啊……」

這段關於誠信和信守諾言的故事在普魯士士兵們傳開，極大鼓舞了士氣，最終普魯士贏得了戰爭的勝利。

法學講堂

《拿破崙法典》頒布之後，被歐洲各國廣泛引用，有的國家引用其中的細則，有的國家做為立法藍本仿效，有的國家則直接把它當作自己國家的法典。以致於在之後一百年的時間中，都沒有一部法典能與之相抗衡，直到《德國民法典》出現。

《德國民法典》是德意志帝國在一八九六年制訂的民法典，全文共兩千三百八十五條，由五篇組成：總則、債務關係法、物權法、家族法和繼承法。涉及社會生活、財產、物權、家庭、婚姻等各個方面，對當時一些國家的法律影響極大。

《德國民法典》經常被法學家們和《拿破崙法典》放在一起進行比較。其實這兩部法典在立法精神方面有四個顯著不同的特點：

一、法典中對於教會的態度有變化。《拿破崙法典》是一部破舊立新的法典，教會的特權在其中毫無藏身之地；而《德國民法典》雖然遲了百餘年，但仍做不到這一點。

二、對於封建制度。《拿破崙法典》消除封建主一切特權，而《德國民法典》第三篇的「物權法」中，保留了封建制度對於土地所有權的規定。

三、革新性。《拿破崙法典》是眾所周知的「勇敢」的法典，而《德國民法典》在頒布時期已經進入到壟斷資本主義時期，社會及其他國家的法律中早就出現了新的問題及其解決辦法，但《德國民法典》對其視而不見。

四、較之《拿破崙法典》，《德國民法典》更注重一般性法律規定的引入。比如故事中將軍身上展現的「善良、誠實信用、權力不得濫用」就是《德國民法典》的基本原則之一。

小知識

奧托・馮・俾斯麥：（西元一八一五年～西元一八九八年），普魯士帝國第一任總理。一八六二年上任時提出「鐵血政策」，帶領普魯士擊敗法國，使德意志帝國成就了歐洲大陸的霸權。他在位期間，透過立法建立了最早的養老金和醫療保險制度。

中國古代公布法律的先例
子產「鑄刑書」

「鑄刑書」是中國最早的成文法典，是鄭國子產撰寫的，因為將法律條文鑄雕在象徵統治階級權力的金屬鼎上，因而得名。

　　春秋末期，鄭國受到晉、楚兩國在政治和軍事上的壓迫，呈現出民不聊生的社會狀態，加之國內貴族之間相互傾軋，內亂不斷。

　　在這樣的局勢下，出現了一個英雄，他的名字叫子產。

　　子產的父親叫子國，為國捐軀之後，子產繼承了他的爵位。

　　因為子產能力超群，國君很看重，委託他全權處理國政。

　　想要瞭解國情必須到老百姓身邊去。

　　當時鄭國有一個制度，叫做「鄉校制度」，鄉校是老百姓休閒聚會的場所，當時的法律規定，百姓們可以在鄉校自由談論政治。

　　在這一點上，鄉校制度和古希臘古羅馬的民主政治有些相似，但也有很大區別。在古希臘和古羅馬，部分平民除了可以議政也可以參政，擁有選舉權和被選舉權，而鄉校的中國平民只有議政權，即便是這樣，鄉校制度還是被認為侵犯了諸侯的權益。

　　有一次，在子產去鄉校之前，一個諸侯擋住了他的去路：「子產，你也是一個大夫，怎麼能和平民老百姓一起談論政治呢？」他從懷裡

掏出一本請願書，上面密密麻麻寫的都是諸侯們的簽名，他們聯名上書，希望子產把鄭國所有的鄉校都毀了。

子產說：「我們為什麼要毀掉老百姓唯一談論政治的場所呢？現在鄭國的老百姓都喜歡在一天的忙碌之後，來到鄉校休閒聚會，順便談論一下國家法律法規的正確或錯誤，多聽聽百姓的心聲對我們是有好處的。他們喜歡的，認為正確的法規，我們可以繼續推行，他們認為不對的，我們可以考慮修正，這對於整個國家的安定百利而無一害。」

諸侯反駁說：「可是他們談論

清朝金農繪《子產畫像》

更多的是對大王的不滿，是對如你我這樣的貴族的怨恨，長此以往，一定會對我們的統治造成影響的！」

子產不同意他的觀點，「毀掉鄉校很容易，但是堵住悠悠之口卻是一件非常困難的事情。河水積得愈多就愈有決堤的可能性，那個時候誰都阻止不了可能會造成的損害。鄉校就像是疏導河水的通道，我們慢慢梳理，堆積起來的河水就會從這些通道向四面八方流出去，河

水流出的過程中也許會造成微小的傷害，但它卻避免了大的決堤。」

諸侯思索了一下說：「您確實是治國的良才！」

後來，孔子聽到了這些話，評論說：「人們都說子產不仁，聽了這些話之後，我絕對不相信這個評價。」

法學講堂

中國古代的等級制度一向森嚴，子產能夠在這樣環境下開闢言論通道，讓老百姓暢所欲言地談論政治和法律的得失，難能可貴。

子產曾經將鄭國的法律條文鑄在象徵諸侯權位的鼎上，向全社會公布，史稱「鑄刑書」。其主要內容是關於刑罰的，開創了古代公布法律的先河，將「刑不可知，則威不可測」徹底否定，使法律變得公開。

「鑄刑書」的正文中包括三種重要的制度：

一、劃定都郡、設立五家為伍的保甲制度，旨在開發農業資源。

二、創立兵賦以增加國稅，在增加國稅的同時充實軍備資源。

三、將刑罰量化，以鎮壓奸民。

小知識

孔子：（西元前五五二年～西元前四七九年），春秋末期的思想家、教育家，儒家學說的創始人。他的思想對當時的立法有著深遠的影響，主張「為政以德」，認為用道德和禮教治理國家比刑罰更加高尚。

對小偷的懲罰
《法經》

《法經》是中國歷史上第一部完整的封建社會法律，其主要內容是懲治盜賊。

　　小偷，一直以來都是街頭的禍害。戰國時期的李悝曾說：「王者之政，莫急於盜賊。」治理盜賊竟然成為施政者首要考慮的問題，可見戰國初期盜賊的數量有多麼恐怖。

　　因為小偷多，戰國初期負責街道管理的人員往往在執行公務時需要持鞭上崗，如果當場抓到盜賊，這些公職人員可以隨時將他們抓起來進行懲罰。在街道上也經常可以看到有專門的工作人員敲著梆子，高喊類似預防小偷的話。《周易‧繫辭下》所謂「重門擊柝，以待暴客」，說的就這個意思。

　　戰國初期，有個很有名的縣官，他的出名不是治下的縣城有多富饒，而是他破獲了縣城內最大的盜賊團夥，還因此獲得了君王的賞識。

　　這個縣官初到任上，聽說縣城裡的盜賊很多，小販、商戶和普通民眾深受其苦。最誇張的程度竟然到了商販剛剛進了新貨，當天就能被偷走三分之一的貨物。

　　縣官透過各種私訪，終於查出盜賊的首領就是當地幾個慈眉善目、

家有餘財的長者。就是那種街坊鄰居猜破頭也猜不出的老好人角色。

縣官找到這幾個盜賊首領，這些人都很害怕，哀求說自己可以將全部家產獻給官府，只求他能放過自己一家老小的性命。

縣官沒有被鉅額財富打動，他對盜賊首領們說：「我需要的不是錢，而是一方安寧，如果你們可以把手下的盜賊都交給我，我就對你們從輕發落。」

盜亦有道，盜賊首領們堅決反對，出賣下屬的事情他們不願意做。縣官又以利益誘惑道：「如果你們願意配合，你們的子孫可以做我的下屬，我也可以推薦他們去更大的地方發展，走上仕途。」

盜賊首領們雖然有錢，但在封建社會中，商人的地位並不高，能夠進入仕途，改變出身，無疑是他們期盼的。經過深思熟慮之後，盜賊首領們同意了縣官的要求。

盜賊首領們把自己手下的盜賊都請到家中，準備了美酒佳餚。盜賊們不知有詐，一個個喝得七倒八歪。

在他們喝醉後，盜賊首領們將他們的後背塗上紅色油漆，以便縣官追捕。就這樣，縣城的盜賊團夥被一網打盡。

因為縣官的鐵腕政策，在他在任期間，縣城裡再也沒有盜賊出現了。

法學講堂

戰國時期著名改革家李悝所著的《法經》，雖然不是中國歷史上的第一部成文法典，卻是第一部比較有系統、完整的封建主義性質的法典。

《法經》和《十二表法》產生於同一時期，內容共有六篇，包括《盜法》、

《賊法》、《網（囚）法》、《捕法》、《雜法》和《具法》。其中《具法》相當於現代刑法中的總則部分，主要介紹法律制訂的原則及通例；其他五法相當於細則部分，《盜法》是介紹財產受到侵害時如何處理的法律，《賊法》也就是故事中提到的相關人身安全及政局穩定的法律，主要是針對如何懲治盜賊，《囚法》主要內容關於審判和斷獄，《捕法》是講如何追捕罪犯，《雜法》是關於處罰越獄、賭博、貪污、淫亂等行為的法律。

　　《法經》的出現代表著中國法律的立法技術已經逐步走向成熟，使平民及貴族各個階層的行為真正做到「有法可依」。由於其撰寫者深受儒家學說的影響，《法經》也不可避免地帶有儒家學說的色彩，核心思想還是強調「重禮」和「博學」。

小知識

李悝：（西元前四五五年～西元前三九五年），中國戰國初期魏國著名政治家、法學家。《法經》的編訂，是他對法律史的最大貢獻。不僅如此，他還主張廢除世襲貴族特權，提出「食有勞而祿有功，使有能而賞必行，罰必當」。

商鞅變法
《秦律》

秦律是秦朝法律的統稱，商鞅將《法經》變通、改進成適應秦朝的法律條文，可以說《秦律》就是《法經》的延展律法。

　　戰國初期，秦國是一個備受排擠的國家，其他國家都把它當夷狄看待，不允許它參加中原諸侯的聚會。秦國國君秦孝公不甘屈辱，決心振興秦國。他向全國下令：「若有人有辦法讓秦國變得強大，我可以給他高官厚祿，還會封王封地。」

　　當時，在魏國有一個叫公孫鞅的人，他是國相公叔痤的門徒。魏王來看望病重的公叔痤時曾問他：「在你之後，如果我想重用良才，你可有推薦？」公叔痤推薦了公孫鞅，並對魏王說，一旦公孫鞅不為所用，一定要殺了他，防止被其他國君所用。

　　魏惠王認為公叔痤已經病入膏肓，語無倫次，便沒有採納。

　　公叔痤死後，公孫鞅聽說秦孝公在國內發布求賢令，便攜帶李悝的《法經》投奔秦國。

　　到了秦國不久，公孫鞅就透過寵臣景監見到了秦孝公。

　　第一次見面，公孫鞅摸不清秦孝公的想法，就試探著從三皇五帝講起，還沒說完，秦孝公就打起了瞌睡；第二次見面，他又從王道仁

義講起，秦孝公依然沒有什麼興致。

經此兩次之後，公孫鞅見秦孝公變法之意堅決，而且贊成變法強國之說，便再次面見秦孝公，將自己的法家治國理論和盤托出。

這一下立刻獲得了秦孝公的支持，即便當時的貴族保守派強烈反對，秦孝公還是毅然採納了公孫鞅的建議，任命他為左庶長，命他在全國範圍內實行變法。

後來，公孫鞅因在河西之戰中立功獲封於商十五邑，號為「商君」，故稱之為商鞅。

就這樣，商鞅迎來了他在政治生涯中的高峰。為確保變法的順利實施，他不僅需要君主的信任，同樣也需要老百姓的信任。在新法頒布前夕，商鞅命人將一根三丈高的木頭立在城門口，對老百姓們說：「誰能把這根木頭從南門抬到北門，就可以拿到十金的懸賞。」

看熱鬧的人多，行動的人卻沒有，扛根木頭就能得到十金，老百姓不相

明‧馮夢龍《新列國志》中關於商鞅「徙木立信」的插圖。

信官府真的會這麼大方，說不定裡頭有什麼陰謀等著。

看大家都不信，商鞅又將賞金提高到五十金。被官府欺壓慣了的老百姓，幾乎可以肯定這裡頭有陰謀了。

有個乞丐站了出來：「反正我一無所有，試試也無妨。」

他扛起木頭向北門走去，等到了北門，商鞅正拿著五十金等著他。這件事很快便在整個秦國傳開了。伴隨之後新法的頒布，全秦國的老百姓都明白，這下國家確實要動真格的了。

商鞅變法在一定程度上確實肅清了當時的社會風氣，比如太子的老師犯罪，他也同樣不放過，將太子老師的鼻子割掉了。此舉頗有「殺雞儆猴」的意味，惹惱了以太子為首的保守派。秦孝公去世後，繼位的太子誣告迫害商鞅，逼他謀反，最終落了個五馬分屍的結局。

商鞅變法雖然為自己招來了殺身之禍，但他卻使秦國強大了起來。在新法執行的十年中「行之十年，秦民大悅。道不拾遺，山無盜賊，家給人足。民勇於公戰，怯於私鬥，鄉邑大治」。

法學講堂

《秦律》是指西元前三五六年商鞅變法時頒布的法律，它延續了《法經》的六篇內容，同時對《法經》進行擴充，擴充內容包括《田律》、《效律》、《置吏律》、《倉律》、《工律》、《金布律》等。

《秦律》在經濟、賦稅、刑罰、社會風俗等方面都有創新：

一、在經濟方面，「廢井田、開阡陌」，從法律上規定人民可以開闢荒地、將土地私有化，允許土地買賣，這點從根本上動搖了奴隸制國家的生產關係。採取重農抑商政策，因為追求商業而導致全家貧窮者有可能被罰為奴隸。這

些法律政策可以使國家透過土地獲得穩定的稅收，而將農民束縛在土地上也有利於社會安定。

二、在賦稅方面，為了維持國家稅收的統一收入，商鞅統一了斗、桶、權、衡、丈、尺等度量衡，要求人民必須嚴格執行，否則視為違法。

三、在刑法方面，嚴懲私鬥，一旦發現必處以刑罰。而《秦律》中的私鬥不是指百姓之間的打架鬥毆，是指「邑鬥」，也就是為了爭奪土地不同區域的奴隸主進行的大範圍鬥毆。

四、在社會風俗方面，推行一夫一妻小家庭政策，一家如果有兩個以上的兒子卻不分家會被加重戶稅。

小知識

商鞅：（約西元前三九〇年～西元前三三八年），中國戰國時代的政治家，法家學派的代表人物。他的變法使秦國強大起來，但在變法改革過程中制訂了嚴酷的刑法打擊舊貴族、迫害百姓，也招致了普遍的怨恨，最後本人也遭到舊貴族勢力的報復，最終身亡。

孤獨的皇帝
《北齊律》

《北齊律》是三國魏晉南北朝時期立法成就最高的一部法律，對於後世立法特別是《唐律》有著明顯的影響。

　　北齊的皇帝孤獨地坐在正殿裡，此時的他只能感覺到這個金碧輝煌的宮殿緩緩透出的冷意，而他身下的這座龍椅不知道染了多少人的血，其中也包括自己的親弟弟。

　　弟弟從小就比他聰明，深受父皇和大臣們喜愛。如果不是因為弟弟的親生母親地位卑微，而自己的母親是皇后、如今的太后，自己根本就不會得到這個皇位吧！

　　但是，這個弟弟太出色了，出色到即便他登上了王位，接受他的朝拜，他還是不放心，他害怕總有一天大臣們會發現這個高高在上的皇帝不過是個草包，那個俯首稱臣的皇子才應該真正登上龍椅的。那個時候，他該怎麼辦。

　　太后說：「你是我的兒子，只要按照我說的話去做，這個江山就還是你的。」

　　他聽了母親的話，但是沒想到，她要他做的卻是殺掉自己一切可能的對手，包括聰明的弟弟。他想拒絕，可是他太喜歡高高在上的感

覺了，於是鬼迷心竅地按照母親的話去做，在除掉其他敵人後，就只剩弟弟了。

就在這個宮殿裡，他宴請過弟弟兩次，連場景、說話流程都是母親教他的。

第一次宴會的時候，他不停地讓宮女勸弟弟喝酒，當他大醉時，招手將他引上前來：「你是我最疼愛的弟弟，我要你和我共用坐龍椅的榮耀。」

說著，就裝出酒醉的樣子來，拉弟弟到龍椅上來。弟弟是何等聰明的人，屁股還沒靠近龍椅立刻酒醒了。他惶恐地跪到龍椅前：「陛下，臣弟不敢有絲毫不敬。」

在那之後，弟弟就一直對他抱有警惕之心，再和他飲酒，他都能看出弟弟在小心翼翼地防備。母親在這時又想出一個辦法，每天讓皇帝不理朝政，只管荒淫娛樂，又找了一群年輕貌美的男女裸體在大殿上嬉笑娛樂，荒淫之態不堪入目。

這樣過了幾個月，弟弟終於忍不住了，再加上身邊人的慫恿，他終於做出了一個讓自己日後掉腦袋的行為——在皇帝的飯菜裡下了毒。而慫恿他下毒的人正是皇帝在他身邊安插的奸細。

有毒的飯菜順其自然地被皇帝發現，他以大不敬的罪名當場賜死自己最後一個敵人。

可是當他面對空蕩蕩的大殿，心境卻突然變得悲涼。

法學講堂

《北齊律》是武成帝高湛下令編撰的，是一部承上啟下的法典。共有

十二篇內容，分別是名例、禁衛、戶婚、擅興、違制、詐偽、鬥訟、賊盜、捕斷、毀損、廐牧、雜律。

《北齊律》是三國兩晉南北朝時期立法成就最高的一部法律，對後世立法影響極大，如果沒有《北齊律》對於法律的思考，後世的隋唐法律恐怕不會有那麼完善和系統的成就。其中它創新地規定了「重罪十條」，這是後來封建國家廣為引用的「十惡」的起源。

「重罪十條」包括：「一曰謀反，二曰謀大逆，三曰謀叛，四曰惡逆，五曰不道，六曰大不敬，七曰不孝，八曰不睦，九曰不義，十曰內亂。」從內容來看，這十條被分為兩個方面：

一、與皇帝息息相關的罪狀。比如謀反說的就是用各種手段妄圖推翻王朝統治的行為，被視為十惡之首；謀大逆是指破壞或意圖破壞皇室宗親的陵墓、宮殿等；謀叛和謀反不同，謀叛是指背叛國家；大不敬，也就是故事中弟弟犯的罪行，是指侵犯皇帝尊嚴的行為，包括觸犯皇家飲食禁忌等。

二、和家庭倫常有關。不道是指用殘忍手段殺人；不孝顧名思義是指不孝敬父母或直系親屬；不睦是指和鄰居宗親之間無法和睦相處；惡逆是指家庭內部的殺戮；不義是指對直系尊親屬有忤逆言行；內亂是指親族內部有悖人倫的行為，比如近親通姦等。

小知識

高湛：（西元五三七年～西元五六九年），北齊的第四任皇帝。雖然在位期間誅殺功臣、寵信奸佞，但他下令彙編的《北齊律》卻對後世產生巨大影響。

愛情規矩多
《唐律》

《唐律》是唐朝法律的總稱，在中國及東南亞法律史上都有深遠的影響，它以當時周邊封建國家為外延，形成了獨特的中華法系。

　　崔鶯鶯的父親是前朝的相國，在他死後，夫人鄭氏攜小女崔鶯鶯，送丈夫靈柩回河北安平安葬，途中在普救寺暫住。

　　這年，崔鶯鶯已經十九歲了，琴棋書畫、針織女紅無所不能。

　　一日，崔鶯鶯和她的丫鬟紅娘在普救寺外玩耍，遇到了一個叫張生的書生，此人家境貧寒，隻身一人赴京趕考。張生對崔鶯鶯一見鍾情，讚嘆道：「十年不識君王面，始信嬋娟解誤人。」

　　為了多見崔鶯鶯幾面，他也在普救寺住下了。

　　過了幾天，鄭氏為亡夫做法事，當時道場裡沒有一個男人，張生還是硬著頭皮溜了進去，給崔相國上了一炷香，心想，「崔小姐是一介女流，在父親去世之後還是有孝順之心，而自己父母去世多年，自己卻不曾燒過一包紙錢，想來真是慚愧。」因此，對崔鶯鶯的好感更加強烈。

　　張生收買寺內的和尚，從他那裡得知崔鶯鶯每天夜裡都會到花園裡給父親燒香，就在一個月朗風清的夜晚，來到後花園，在角落裡偷

看崔鶯鶯。月下的崔鶯鶯美得像仙子一般，張生忍不住吟詩一首：「月色溶溶夜，花陰寂寂春；如何臨皓魄，不見月中人？」

崔鶯鶯對詩曰：「蘭閨久寂寞，無事度芳春；料得行吟者，應憐長嘆人 。」長此以往，張生也贏得了崔鶯鶯的喜歡，兩個陷入愛情的年輕人在丫鬟紅娘的幫助下夜夜相見，互訴衷腸。

有一個叫孫飛虎的叛軍首領，聽說崔鶯鶯有傾國傾城之貌，就帶著五千士兵將普救寺重重包圍，逼鄭氏三日之內交出女兒。崔鶯鶯雖容貌柔美，但性子剛烈，她對母親說：「女兒寧願一死也不嫁那賊人為妻！」危急之中，鄭氏對普救寺的人說：「誰能救我女兒鶯鶯，我就將鶯鶯嫁給他！」張生恰好有一個結義兄弟是征西大元帥，他接到張生的求助後率領大軍將孫飛虎擊退，解救了普救寺。

德國科隆東方藝術博物館所藏的明朝崇禎年間《西廂記》刻本插圖。

鄭氏在普救寺內舉行了酬謝宴會，當她見到張生，經過談論才知道張生是她家的遠親。按照當時的法律規定，表親之間不能通婚，她給張生一筆豐厚的酬勞，告訴他崔鶯鶯實際上早就許配給了鄭恆，希望張生能另擇佳偶。

鄭氏的這個決定讓張生和崔鶯鶯都非常痛苦，丫鬟紅娘想盡辦法幫他們見面約會。

後來，鄭氏知道了這一切，無奈之下對張生說，「想要娶崔鶯鶯也可以，但必須進京考上功名。」

張生繼續他的趕考之路，後來在殿試中考得狀元，寫信給崔鶯鶯報喜。可是鄭恆卻拿著他的信對崔鶯鶯說張生已經被尚書招為乘龍快婿，鄭氏不得已還是將崔鶯鶯許配給鄭恆。

在成親當日，張生以河中府尹回到崔鶯鶯身邊，鄭恆羞愧難當，含恨自盡，崔鶯鶯和張生有情人終成眷屬。

法學講堂

故事中崔鶯鶯和張生雖然幸福地生活在一起，但《唐律》在戶婚律中規定：如果不服從包辦婚姻，將被處以杖刑一百杖，同時禁止表親通婚，違者將處以杖刑。

《唐律》有律、令、格、式四種法律形式：律主要是處理刑事案件的，也包括民事訴訟；令是國家組織結構方面的規定；格是效率最高的、由皇帝頒布的敕令；式是國家公文。

《唐律》首創的就是四種法律形式，象徵著中國法律制度進入系統化和完整化的程度。

做為中國封建時代最具代表性的法典，《唐律》的主要特點有：

一、以刑為主，諸法合體。在唐律之前的封建法典中主要是以刑法為主，《唐律》第一次將民事、婚姻、繼承以及行政和訴訟等方面的法律合為一體。

二、科條簡要，繁簡適中。唐朝之前的法律都比較繁雜，《唐律》不僅精簡了之前的法律條文，還補充了其他法律的內容，使法律成文更加完善。

三、一準乎禮，而得古今之平。《唐律》取儒家學說的精髓，使禮與法更加緊密地結合在一起，這是《唐律》的顯著特點。它展現了儒家德主刑輔、禮法並用的法律思想，在各方面的犯罪刑罰都有所減輕，在封建法典中被認為是最公平的法典。

《唐律》對後世的刑法有明顯影響，清朝法律幾乎沿用《唐律》，朝鮮、日本、越南等國的法律都是從模仿《唐律》開始的。

小知識

長孫無忌：（約西元五九七年～西元六五九年），唐太宗、唐高宗時的宰相「凌煙閣二十四功臣」之首。他因編撰《唐律》而名垂青史，在法律史和正史中都有不可替代的地位。

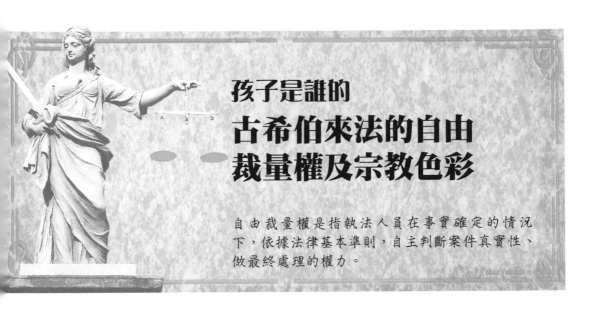

孩子是誰的

古希伯來法的自由
裁量權及宗教色彩

自由裁量權是指執法人員在事實確定的情況下，依據法律基本準則，自主判斷案件真實性、做最終處理的權力。

　　提起所羅門，這位生於西元前一〇〇〇年，逝於西元前九三一年的古代以色列國王，幾乎可以說是無人不知，無人不曉。做為帝國的開創者，他和其他開國君主一樣，以武力見長，在他的軍隊中，不僅有當時最主流的步兵，也有超越時代的戰車兵和騎兵；他更以智慧見長，《聖經》中評判他「神賜給所羅門極大的智慧聰明和廣大的心，如同海沙不可測量。」

　　在所羅門統治時期，國家法律規定凡是出現重大或疑難案件，各級司法人員必須上呈給國王，由國王親自處理。國王具有高度的自由裁量權，這點在「孩子是誰的」一案中就得以呈現。

　　據《列王記上》記載，某日所羅門王端坐在審判席上，堂下跪著兩名婦人，她們兩人的中間放著一個襁褓中嗷嗷待哺的嬰兒。

　　所羅門問：「妳們都說自己是孩子的母親，有什麼證據？」

跪在左邊的婦人說：「尊貴的陛下，這個孩子是我生的，母子連心，我豈能不知道他是不是我的孩子？」

所羅門點點頭，問跪在右邊的婦人：「妳呢？」

右邊的婦人看了一眼孩子，又看了身邊的婦人，對所羅門說：「尊貴的陛下，我和這個婦人在幾日前留宿在一個民居，我和她同日生下孩兒。她睡姿不正確半夜壓死了自己的孩子，但是她不甘心，就把她死去的孩子放到了我的身邊，把我的孩子抱走了。我第二日醒過來，打算給孩子餵奶時，發現孩子已經斷氣。我悲痛交加，仔細檢查孩子身體打算處理後事時才發現這並非是我的孩子，而她懷裡的那個才是我的孩子。」

「妳所說的她懷裡的孩子是否是我們面前的這個孩子？」所羅門指著襁褓中的嬰兒問。

「是。這孩子右臂有個明顯的胎記，是生下來就有的。」跪在右邊的婦人回答。

所羅門派人檢查嬰兒，如右邊婦人所說，孩子右邊有塊青色的胎記。

跪在左邊的婦人這時著急了：「孩子這麼小，我們這幾日又天天在一起，孩子的特徵被她看到也不稀奇。她知道胎記的位置，並不能說明這孩子

所羅門王的判決。

就是她生的。」

所羅門略加思索：「妳們說的都有道理，既然這樣的話，我宣布，將孩子分為兩半，妳們兩人各得一半。」

跪在左邊的婦人沉默不語，右邊的婦人流淚不止，拼命向所羅門叩頭：「陛下，請您饒過這個孩子吧！我雖然很想要回自己的孩子，但不想孩子是沒了性命的。如果陛下果真要把孩子分為兩半，我願意放棄這個孩子，承認自己冒領孩子，甘心承受一切懲罰。」

所羅門站起身來，走到左邊婦人身邊：「妳這奸詐的婦人！不但沒有對自己的孩子盡到照顧的責任，還偷走別人的孩子。妳還有什麼話說！」

跪在左邊的婦人也叩頭說：「冤枉啊，我真的是孩子的母親。」

「冤枉？」所羅門指著右邊的婦人對她怒喝，「世界上有哪個母親願意看著自己的孩子被傷害？妳明明知道我要將孩子分為兩半，卻不動聲色。她寧願骨肉分離，也要顧孩子周全。妳說我該相信誰是孩子的母親！」

左邊的婦人癱作一團，徹底敗訴。眾人皆為所羅門的智慧鼓掌稱讚。

法學講堂

「孩子是誰的」這個故事印證《聖經》中對於所羅門的評價，他是一個富有智慧和謀斷的領導者；但這個故事也從另一個方面告訴我們，在所羅門統治時代，古希伯來地區還是處於人治的階段。

在當時的環境下，這個案子既沒有其他的物證、人證，也沒有高科技，

比如 DNA 檢測等方法來辨別到底誰是孩子的母親。所羅門運用「拿刀將孩子劈成兩半」的方法來威懾涉案者，說明所羅門做為最高司法裁判官具有相當大程度的自由裁量權。如果所羅門沒有先斬後奏的權力，他也就發揮不出震懾犯罪者的作用了。

《古希伯來法》除了裁判官有自由裁量權之外，也具有強烈的宗教色彩。在關於所羅門的記載中，對於耶和華的虔誠隨處可見，甚至他為人稱讚的智慧，他也認為是耶和華所賜。因為最高領袖對於上帝的崇拜，當時的裁判官也全部都是敬畏上帝的祭司，更加強了《古希伯來法》的宗教色彩。

《古希伯來法》是古代東方法系中最具影響力的法學之一，並藉由《聖經》對西方法律學有著深遠的影響，其中某些法律條文甚至成為西方法律文明的一部分。

小知識

所羅門：（西元前一〇〇〇年～西元前九三一年）生活在距今三千多年前的以色列君主，被認為是司法正義的守護神，在他宮殿中，有一面牆後來被稱為「哭牆」，上面曾記載各式各樣的法律故事，本故事就是其中之一。

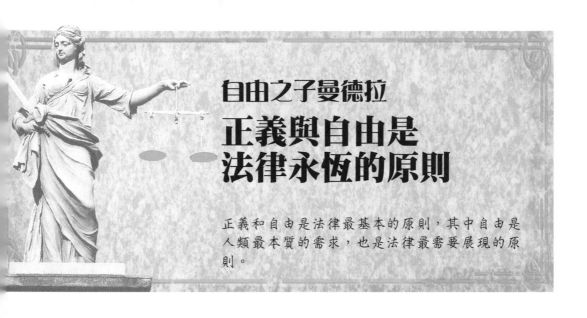

自由之子曼德拉
正義與自由是
法律永恆的原則

正義和自由是法律最基本的原則，其中自由是
人類最本質的需求，也是法律最需要展現的原
則。

　　西元一九八二年，曼德拉被轉移到波爾斯摩爾監獄，這裡和上一
個監獄不同的是他可以在這裡開闢一片菜園。在這裡，他種植了很多
種植物。

　　這天清晨，他正在菜園裡種菜，一個白人獄警走了過來，用嘲笑
的口吻對他說：「你一直都想推翻白人的統治，可是看看你現在這個
樣子，還不是白人的階下囚！」

　　曼德拉沒有停下手裡的勞作，頭也沒抬地對他說：「獄警先生，
你除了身上的這身制服，沒有任何值得我尊敬的地方，因為除了這身
制服，我看不出你身上哪裡還有法律正直和自由的影子。」

　　獄警啞口無言，但從此對曼德拉投以了更多的關注，他開始喜歡
和曼德拉交談，從他口中，瞭解了曼德拉為南非推翻種族主義所做出
的努力。

　　曼德拉曾經在西元一九六〇年時，為沙佩韋爾慘案做法庭辯護，

這個慘案是南非政府向五千名示威群眾開槍掃射導致六十九名示威者被打死，其中包括八名婦女和十名兒童。曼德拉在法庭上為示威者辯白，他們最終被無罪釋放，但是法庭上的勝利不等於生活中的全面勝利，在政府的高壓政策下，示威群眾被迫停止一切行動，示威者的首領也被迫離開到其他國家尋求庇護，只有曼德拉聲稱自己絕對不離開南非，他說：「我不會離開南非，也不會向政府自首，只有透過艱險、犧牲和戰鬥行動才能贏得自由。抗爭是我的生命。我將繼續為自由而抗爭，直至生命的終結。」

在這之後的西元一九六一年，他領導群眾進行罷工運動，多次參與自由運動，因為他的這些活躍行為，在西元一九六二年被捕入獄，開始了他長達二十七年的監獄生活。

在來到波爾斯摩爾監獄之前，他被關在一個暗無天日的小黑房裡，每天關押時間長達二十三個小時，剩下的一個小時是每天上午和下午各半小時的休息活動時間。曼德拉的關押房裡沒有光線，沒有書寫物品，他甚至不能與人交流。

在瞭解了曼德拉的這些經歷後，白人獄警對他的態度一百八十度大轉彎，他敬佩這個和自己膚色不同的抗爭家，他們也建立了深厚的友誼，直到曼德拉後來出獄成了南非的總統，他們還是保持來往，暢談對自由的理解。

法學講堂

在人類一切活動中，秩序是必要的前提，沒有秩序社會就不能正常運轉，

而在一個平等的社會中，秩序就等同於法律，表現為正義和自由，踐踏自由和正義的法律都應該被認為是邪惡的法律。

正義在法律中通常被用為集體行為而不用於個體，如法學家們經常說到的正義戰爭、正義審判等。

正義可以理解為兩種涵義，一種涵義是權利、身分、機會、形式等方面的平等，這種平等是對集體中的人的要求，民眾必須履行義務才能享有權利；另一種平等的涵義是指狀態、條件、結果、手段等方面的平等，主要考慮經濟利益和物質手段。這兩種平等之間有可能無法同時實現，法律主要致力於後者，也就是說，在政治和信仰方面無法達到平等時，法律起碼要保障民眾在基本生存方面保持平等。

法律的另一個基本原則是自由，自由可以分為積極自由和消極自由，但自由並不意味著可以為所欲為，自由總是建立在對所有成員的約束上，這種約束就叫做法律。

自由在法律中也可以用權利來表達，權利可分為基本權利和非基本權利，前者包括人身安全、基本物質保障、信仰和參政的自由；後者是建立在前者基礎上的，故事中的曼德拉就是在追求南非民眾基本權利的基礎上，致力於保障他們的非基本權利也就是發展權。

小知識

納爾遜・羅利拉拉・曼德拉：（西元一九一八年七月十八日～西元二〇一三年十二月五日），曾於西元一九九四年至一九九九年間擔任南非總統。在任職總統前，他積極領導反種族隔離運動，被判在牢中服刑了二十七年。他在西元一九九三年獲得諾貝爾和平獎，在二〇〇四年，被選為最偉大的南非人。

紐倫堡大審判

法律的公理性原則與政策性原則

法律的公理性原則是從社會關係的本質中產生的，政策性原則是從一個國家的法律政策中產生的。

　　第二次世界大戰結束後，關於如何處置法西斯戰犯這一問題，在受害國內部引起了激烈的爭論，有的國家代表主張活埋，有的主張不經審判就處決。但當時有很多德國軍官和士兵並不認為自己是在犯罪，他們堅持自己只是做為一個公民，履行保家衛國的義務。在這種情況下，建立法庭，進行公開、公平、公正審判的主張贏得大多數人的認同。

　　美國大法官傑克遜在這時提出建立國際法庭的提議，提議很快被通過，歷史上第一個國際法庭宣布誕生。但是國際法庭的設置地點還是被同盟國廣為爭論。傑克遜認為，法庭要建立在德國的某個城市，因為法庭的所在地必須在精神上和法西斯戰犯所建立的德意志第三帝國緊密關聯，但類似柏林這樣的大城市又不太適合建立法庭，因為這些司法機構在戰火中已被摧毀大半。

經過同盟國的討論，紐倫堡被確立為法庭的設立點，因為這裡是德國納粹黨的大本營，而對德國法律來說，紐倫堡更代表了法律的泣血史，就是在這裡，希特勒宣布了臭名昭著的「種族法」，這部法律剝奪了德國猶太人的公民權，開啟了猶太人被慘無人道殺戮的大門。在納粹黨的根據地對他們進行宣判是再合適不過的，比較幸運的是，在戰火連天之後，紐倫堡的一個法庭未遭到戰火的侵襲，是當時德國僅存的法律設施之一。

　　西元一九四五年十一月，國際法庭開始審訊。四位戰勝國的法官坐在審判席上。前蘇聯的法官制服是褐色的，美國、法國和英國的法官制服是黑色長袍。厚重的灰色窗簾遮住紐倫堡深秋的天空。

　　二十一位納粹戰犯坐在被告席上，他們之中包括前納粹元帥赫爾曼‧戈林、希特勒副手魯道夫‧赫斯、希特勒的秘書馬丁‧波曼及納粹外長里賓特洛甫。旁聽席上坐滿了聽眾，兩百多名記者奮筆疾書記錄審判過程，整個法庭的氣氛被美國法官傑克遜描述為「憂鬱的莊嚴」。

　　全世界都在看著這場跨越國家、種族的審判。

　　審訊接受了九十四名證人的出庭作證，收到了一百四十三名證人的書面證言。最終審判其中的十二人絞刑、兩人無期徒刑、兩人二十年監禁、一人十五年監禁、一人十年監禁、三人無罪釋放，同時包括

紐倫堡審判中（從左向右）的戈林、赫斯、里賓特洛甫、凱特爾，後排：鄧尼茨、雷德爾、席臘赫、紹克爾。

德國政治領袖集團也在這次審判中被宣判為犯罪組織。

法學講堂

　　法律原則按照產生的基礎不同可以劃分為公理性和政策性原則。

　　公理性原則是基於社會關係的本質，是被各個國家廣泛承認並奉為法律的公理，是嚴格意義上的法律原則，比如說各國法律中都有「公民不能從不正當行為中獲利」及「法律面前人人平等」的基本原則規定。而美國憲法中規定的分權原則和人權原則、各國民法中的誠實信用原則、行政法中的合法性原則、訴訟法的司法獨立原則等就是公理性原則的具體原則展現；故事中涉及到的罪刑法定原則也是公理性原則在具體原則的展現。

　　政策性原則是一個國家或民族出於自身法律、政策、條例性質而制訂的原則，它具有針對性、民族性和時代性。針對性是指各國法律的政策性原則都是針對統治階層制訂的，是為了維護本國統治階級利益的；民族性是指各國法律的政策性原則具有各國或各民族的特點，每個國家都有其獨特的原則規定；時代性是指各國法律的政策性原則需要與時俱進，與各國當下實行的法律條文保持一致。

小知識

羅伯特・H・傑克遜：（西元一八九二年～西元一九五四年），美國政治家、法學家。西元一九四一年～一九五四年擔任美國最高法院大法官，在紐倫堡審判中擔任美國的總檢察官，他對法律史最大的貢獻是提出國際法庭的概念，主要工作內容是為國際法庭提供法律基礎。

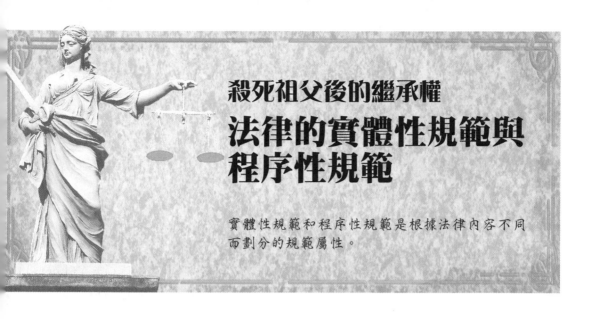

殺死祖父後的繼承權
法律的實體性規範與程序性規範

實體性規範和程序性規範是根據法律內容不同而劃分的規範屬性。

西元一八八二年，紐約，帕爾默因下毒謀殺祖父被捕入獄。

當時，法學界對他最大的爭執卻不在他的謀殺行為上，而聚焦到他的繼承權上。

在被殺之前，祖父曾經遇到一個心儀的女郎，老人家晚年遭遇桃花運全家人都感到高興，只有帕爾默除外。

帕爾默擔心祖父和心儀的女郎結婚，那樣的話，他很有可能將留給自己的鉅額遺產分給女郎，甚至全部都給女郎。在利益的驅動下，帕爾默終於狠下心來，在祖父的飲食中加了劇毒。

很快東窗事發，帕爾默被法庭判處監禁。

這樣一來，難題就來了：做出這樣行為的帕爾默，是不是還有繼承權呢？法官一時之間也難以做出抉擇。

帕爾默的姑姑們說：「既然帕爾默殺害了祖父，就不應該再有繼承權。」

帕爾默的律師辯稱說：「遺囑是帕爾默的祖父死前訂下的，是有法律效力的。既然在這份遺囑中，帕爾默被認為具有繼承遺產的權利，那麼就應該按照遺囑條文來。更何況，現行法律中並沒有殺害繼承人就不能繼承遺產的明文規定，如果法官一意孤行，將帕爾默的繼承權取消，那麼他就是漠視法律，擅自以自己的道德標準來修改法律。」

　　審理這個案件的法官之一格雷法官支持帕爾默律師的看法，他認為，如果帕爾默的祖父早知道自己會被孫子殺死，可能會修改遺囑；也可能他太愛孫子，即便知道自己會死在他的手中，還是願意把遺產給孫子。既然法庭的建立是在法律基礎之上的，就要做到有法可依，按照遺囑法來審判這個案子。

　　另一個負責本案的法官厄爾不同意這樣的看法，他對眾人說：「法律的規範有兩個，根據程序性規範判定，帕爾默應該享有繼承權；但是如果從實體性規範出發，帕爾默就不可能再繼承遺產。換句話說，我們不應該盯著死的法律條文不放，而是應該去體會立法者的意願。難道立法者希望一個殺人犯去繼承遺產嗎？如果人人得以效仿，那麼這個社會還有穩定可言嗎？」

　　厄爾法官最後又引用了一個古老的法律原則來佐證自己的觀點──任何人不能從自己的過錯中獲利。他的觀點得到四位法官的認同，而格雷法官的觀點只得到了一位法官的認同。

　　最後，帕爾默被紐約州最高法院判決剝奪繼承權。

　　實體性規範是指涉及實體法問題（實體性權利和義務等）的原則規範，比如憲法、民法、刑法等法律中的大多數規範；程序性規範是指涉及程序法（訴訟法）問題的原則，如訴訟法規定的無罪推定原則、非法證據排除原則、「一事不再理」等原則都是程序性規則的涵蓋範圍。

　　廣泛意義上，程序性規範首次出現在西元一三五四年，愛德華三世頒布的法典中規定，「未經法律的正當程序進行答辯，對任何財產及身分的擁有者一律不准剝奪其土地或住所。」

　　實體性法律規範主要被法、德等國家主要採用，講究法律制訂時的依據理由；故事中法官提到的「立法者的意願」就是指這個方面。

　　程序性法律規範在英美法系的國家中大多使用的是講究司法程序，保障法律的正義得以實施。在英國，法律的最低程序要求就是它行政法中的自然正義原則；在美國，最受尊崇的是正當程序，即從程序上牽制政權，保護公民基本權利。

小知識

沃倫・厄爾・伯格：（西元一九〇七年～西元一九九五年），美國律師，曾任美國第十五任首席大法官，尼克森彈劾案件的主持人。在任職期間，他推進美國對墮胎、死刑、宗教機構和學校種族隔離等問題的立法改革，並使法院的設備、員工、管理都有所增加和提升。西元一九八八年，榮獲總統自由獎章。

米蘭達警告

西方法律的
正當程序原則

米蘭達權利，是指犯罪嫌疑人在接受審問時有
權保持沉默和拒絕回答問題。

在現代影視劇中，員警在審訊犯人前經常說到的一句話是「你有權保持沉默，你所說的一切都有可能成為呈堂證供。」而在各類美劇中，嫌疑人被捕後的第一句話往往是「在我的律師到達之前，我不想說任何話。」員警的這個警告或嫌疑人的應對反應都來自於西元一九六三年的米蘭達一案。

西元一九六三年三月三日，一個在美國亞利桑那州鳳凰城工作的女孩下班回家，獨自走在深夜的小路上，一輛汽車突然停在她身邊，車內的男子伸出手將她拉到車裡，在車內對她實施了強暴行為。

事發不久，被強姦的少女認出了犯案的汽車向警方報了案。

警方很快抓捕了車主米蘭達，對他進行連夜審問。警方的目的只有一個，就是得到米蘭達的供詞。據當時參與審訊的警員回憶，在那個晚上，警方的各式人馬輪流上陣，有的唱白臉，有的扮黑臉，採用各種手段逼迫米蘭達承認他強姦了少女。天快亮的時候，米蘭達終於

忍受不了警方的車輪戰，對自己的罪行供認不諱。就這樣，米蘭達被判有罪，入獄二十到三十年。

每個人都以為這個案件結束了，但在若干年後，這個案件被重新翻了出來，負責翻案的是米蘭達的姪子大衛。

大衛說那個時代對米蘭達這樣的審判很常見，因為米蘭達是墨西哥人，那個時候的鳳凰城種族隔離制度非常嚴重，西班牙和墨西哥裔的美國人住在湯瑪斯路的南側，白人居民住在路的北側。那時候對路北的人，審訊往往是謹慎而周到的，對路南的人則簡單粗暴。在對米蘭達的審訊中，法官並沒有告訴米蘭達他可以在律師不在場的情況下拒絕回答警方的問題。

米蘭達在翻案時回憶起那個晚上：「從頭天晚上到第二天凌晨，他們不讓我睡覺。我一下班就被他們抓走了，他們對我說，『那天你開著車，把少女拖進車內，一手擰著她的胳膊，一手捂住她的嘴，將她捆綁了起來，實施了強暴。』警方認定我就是那個實施強暴的人。」

「他只是想出獄。」大衛這麼說起他的叔叔。別人都認為沒有可能，但是厄爾改變了他的命運。

厄爾法官是幫米蘭達洗脫罪名的人，他在重審米蘭達一案時，發現米蘭達的供詞都來自於警方的威嚇。

後來，在他的努力下，美國員警的權力不斷被削弱，尤其是在供詞方面。員警在對嫌疑犯詢問前必須提醒他們有權保持沉默，而這個提醒在日後被稱為「米蘭達警告」。

　　米蘭達警告也叫做「米蘭達權利」或「米蘭達規則」，它的內容包括：「你有權保持沉默，如果你不保持沉默，你所說的話就會變成呈堂證供。」「你有權在接受審訊時請律師在旁諮詢，如果你付不起律師費，可以申請法院免費律師。」

　　米蘭達警告是西方正常法律程序原則的內容之一，廣義的正常法律程序原則是指包括公正、公平、公開原則的程序性基本原則；狹義的正當程序原則僅僅是指美國法律中的正當法律程序原則，和英國法律中的自由正義原則。

　　正當法律程序原則起源於英國，迄今為止這個原則已經存在了三個世紀，它主要包括：任何人不應該成為自己案件的法官；要說明理由；任何人在受到懲罰前，法庭應該給他提供正當公正的聽證程序，也就是故事中說到的米蘭達警告。

　　正當法律程序原則在法律史上有著重要的價值：

　　一、展現在反對自證其罪原則，任何機關單位都不能強迫任何人拿自己取得的口供做為自己犯罪的證據，這個原則也成為聯合國司法準則之一。

　　二、在刑事訴訟程序中確立了審訊的定義。

　　三、給了犯罪嫌疑人防禦能力，最起碼，犯罪嫌疑人不會做出對自己不利的行為，說出對自己不利的話，他們有權在專業人士也就是律師的指導下決定自己的所作所言。

小知識

哈樂德・Ｊ・伯爾曼：（西元一九一八年～西元二〇〇七年），世界知名的比較法學家、國際法學家、法史學家，著有《法律與革命——西方法律傳統的形成》、《法律與革命——新教改革對西方法律傳統的影響》、《法律與宗教》等，對正常法律程序原則發揮了很好的指導作用。

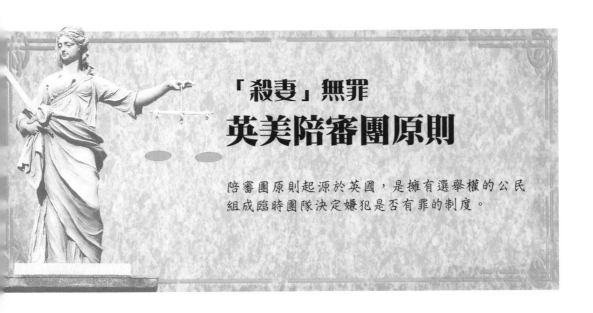

「殺妻」無罪
英美陪審團原則

陪審團原則起源於英國，是擁有選舉權的公民組成臨時團隊決定嫌犯是否有罪的制度。

辛普森是美國的著名球星，在成名之後，他愛上了一個白人女服務生妮可‧布朗，就和自己的黑人妻子離婚，娶了這個白人女孩。

婚後的十四年間，兩人的關係不斷出現裂痕，妮可懷疑辛普森在外面有情人，並且多次打電話報警說辛普森對她拳打腳踢。

西元一九九四年深夜，人們在辛普森的住宅前發現一男一女兩具屍體，女死者是妮可，男死者是和她在一家餐館工作的服務生郎‧高曼，兩人渾身傷痕，死因是被利器割斷喉嚨。

這天凌晨，四名員警到了辛普森的住宅，在後院發現汽車上染有血跡，還發現一隻染有血跡的手套和其他證據。

案發之後，辛普森在酒店裡接到了警方打來的電話，得知了妻子的死訊。當時員警發現辛普森的手上有傷，辛普森說傷口是他聽到噩耗過於激動將手打向鏡子而受的傷。

經過審訊，員警將辛普森列為頭號嫌犯，五天後員警決定逮捕辛普森，卻發現他早已離家出走，直升機巡邏隊全面出動，將正在逃亡

的辛普森逮捕。

辛普森案件正式開庭，CNN 統計資料顯示大約有一億四千萬美國人收看了這次審判，辛普森在律師的建議下全場保持沉默。

檢方指控辛普森出於嫉妒和佔有慾謀殺妻子，被害者死亡時間是在晚上十點左右，辛普森聲稱他在睡覺，卻沒有證人為他作證。

辯方認為辛普森是一個沒有犯罪紀錄的守法公民，如果他要殺死妻子，最有可能是用槍枝而不是匕首，妮可很有可能是被黑手黨殺害的，因為她有吸毒的歷史。如果她不能及時支付毒品費用很有可能就被黑手黨滅口，而且最近兩年，郎・高曼打工的餐廳裡曾經有四名工作人員被謀殺或神秘失蹤。

在這個案件中，最沒有信服力的一點是檢方的證據，唯一能拿出手的證據是在殺人現場發現了辛普森的血樣，可是由於警官攜帶他的血樣在案發現場逗留了三個多小時，使得這一證據也變成了間接證據。且檢方在庭審的過程中展示出來的證據漏洞百出，使陪審團無法相信辛普森就是殺人兇手。

六個月後，辛普森案宣布裁決結果：無罪，當庭釋放。

法學講堂

陪審團原則起源於英國，是指法庭從符合陪審要求的民眾中選出幾位組成「臨時裁判委員會」，決定嫌犯是否有罪的陪同審判制度。

英美法律規定，每個公民都有擔任陪審員的義務，但在實際操作中陪審團成員要求必須年滿二十一歲、長年在本土居住、通曉英語、聽力無障礙、無前科。

在有陪審團的法庭上，法官不是案件審判的最終決定者，他僅僅充當了主持人的角色，罪名是否成立的裁定權力由陪審團來決定。

陪審團最初設立的初衷是為了防止法官專斷獨行，而陪審團之所以是臨時的，也是為了防止陪審團成員長期擔任同一角色而變成政府利益的代言人。

陪審團成員的確定是有正常流程的，基本上每一個法院都會有陪審團成員的名單，在開庭之前法官會從這些名單中抽出一部分做為候選名單，候選名單交給控訴雙方來做挑選。控訴雙方可以彈劾候選人，但必須有正當的理由，比方說故事中辛普森會認為白人做為陪審團成員會有種族歧視的傾向。如果控訴雙方不滿意某個候選人，他們也可以無理由拒絕，無理由拒絕的權利每方各有三次。

陪審團成員必須是不懂法律的人，在每次庭審之後，法官都要替陪審團做法律知識講解。

但是陪審團也有它致命的弱點：

一、陪審團成員有可能會被賄賂或恐嚇。辛普森的案件中為了保持陪審團的公正性，法官甚至下令將陪審團成員隔離兩百六十六天。

二、陪審團成員都是法盲，文化程度不高。

從政治民主的角度出發，陪審團制度在一定時期內還會繼續存在下去。

小知識

約翰尼‧柯克倫：（西元一九三七年～西元二〇〇五年），美國著名的黑人律師明星，辛普森案件「夢幻律師隊」的領軍人物。在為辛普森的辯護中，他打出的「種族牌」也讓陪審團大為傾心。他曾為麥可‧傑克森等演藝界名人打過不少官司。

總統也失業
三權分立原則

三權分立原則是資本主義國家法律的重要原則，指的是法律規定國家的立法、行政、司法三種權力各自獨立，相互制衡。

西元一九七二年六月十七日的晚上，水門大廈的保安和夜班值班人員交接完工作準備離開時，抬頭看了一眼這個美國民主黨的總部。而就這一眼，讓他最終把總統拉下了臺。

他看到漆黑的辦公室裡有幾個手電筒的光柱在閃。在這個時候，辦公室絕對不可能有人辦公，莫非是非法入侵？

盡職的保安愈想愈不對勁，和同伴一起往樓上跑，將幾個戴著醫用外科手套、形跡可疑、非法入侵的男子當場抓住，並且報了警。

員警趕到，對幾個男子進行了審訊，其中一個男子自稱是前中央情報局的雇員，他是尼克森總統連任委員會安全方面的負責人，他們這次是總統尼克森派來在民主黨總部安裝竊聽設備的。

這個消息在第二天成了各大報紙的頭條，正在度假的尼克森看到這個消息暗叫不妙：在自己的競爭對手總部安裝竊聽設備，總不見得是件光彩的事，這下真的是凶多吉少了。

當天，尼克森緊急返回華盛頓，在白宮和幾個親密助手商量對策。

助手們讓尼克森堅決否認自己參與過這次策劃。

尼克森照做了，在之後的大選中取得了壓倒性的勝利。

連任之後，尼克森的好運像是用盡了一般。媒體抓著他的水門事件不放，連他的助手曾毀掉證據掩蓋事實真相的事都被翻了出來。

西元一九七三年，美國參議院成立專門調查小組，在搜集證據中，尼克森利用自己的行政特權拒絕交出證據。一年後，聯邦大陪審團以妨礙司法自由指控了七個人，包括尼克森的兩個最親密的助手。在這次審判中，白宮法律顧問迪安被揪了出來，尼克森看時機不對，準備棄車保帥。

迪安可不是任人宰割的角色，他得知尼克森要放棄自己後，主動向法官交代了眾多內幕，想讓法官從輕發落。

尼克森向公眾發表聲明，聲稱自己跟水門事件毫無關聯。但隨後

美國民主黨全國總部當時所在地水門大廈。

檢方得知白宮有個關於水門事件的錄音帶，尼克森在錄音中向助手交代掩蓋事實真相。

尼克森以行政特權為理由拒絕交出錄音帶。三星期後，法官以「三權分立、總統也要受到司法限制」為由再次向尼克森索要錄音帶。

尼克森惱羞成怒，下令免除水門事件的調查小組負責人的檢察官職位，這一決定惹惱了民眾。在輿論的推波助瀾下，白宮不得已交出錄音帶，尼克森指示他的助手，讓中央情報局阻撓聯邦調查局調查水門事件的錄音震驚了整個美國。

國會有彈劾總統的權力，面對隨時可能會爆發的彈劾，尼克森在西元一九七四年八月八日晚上，向全美人民宣布，辭去總統職位。

法學講堂

三權分立原則最初是由孟德斯鳩提出的，指的是國家的行政、司法、立法三種權力分別由不同的職能部門掌控，相互之間發生聯繫、相互制衡，但又都獨立行使權力。施行三權分立原則具有代表性的國家主要是美國和英國。

美國憲法規定，為了保障公民自由和限制政府的權力，國家的行政、司法、立法三種權力必須分開，由國家最高領袖──美國總統行使行政權，司法權屬於最高法院及其下屬的各級法院，立法權屬於由參、眾兩院組成的合眾國國會。不過，即便是三權分立最成功的美國，在如何真正劃分三種權力之間的界限也是存在爭議的。

英國和美國不同，它的議會分為上、下議會。上議會也叫貴族院，由英國王室、貴族、大法官等權貴組成，貴族院是英國最主要的司法機構，因此院長常常是由大法官兼任。下議院也叫平民院，行使立法權、財政權和行政監督權。他們負責將提案呈交給上議院，上議院行使審核提案權力，如果上

議院不同意提案，則該提案要在一年會才能生效；財政法案不受一年限制，只能被壓制一個月。

　　基本上英國也是三權分立國家，但由於歷史原因，英國沒有明確的憲法，因此立法權在英國實際上是高於行政權及司法權的。也就是說議會通過的任何法案都是最高法案，不受任何憲法章程規範。因此，英國可以被認為是兩權分立。

　　除了英國和美國外，法國的雙首長制度也屬於三權分立制度。

小知識

理查・米爾豪斯・尼克森：（西元一九一三年～西元一九九四年），是美國史上唯一當過兩屆總統與兩屆副總統的人，也是唯一於在位期間，以辭職的方式離開總統職位的美國總統。他的墓誌銘充滿了人們對他的尊敬：「歷史所能賦予的最高榮譽是和平締造者」。

法不外乎人情
中國的「德主刑輔」原則

德主刑輔原則是指，統治階級在實行嚴厲刑罰的同時，更加注重以德服人的治國理念。

明朝的亞蘊，在明清時代非常出名，尤其是在監獄界。

他是明朝萬曆年間增城縣的獄卒，在他從事獄卒這一職業中兢兢業業，從未犯過一次差錯。和別的獄卒不同，他從不仰仗自己手裡的權勢來百般欺侮罪犯，相反，他經常在自己能力所及範圍之內盡可能幫助罪犯，連監獄裡那些十惡不赦的罪犯都低頭謙卑地叫他一聲「亞爺」。

那年，亞蘊已經年事已高，拿他自己的話來說，見閻王的時間不長了。臨近除夕的這一天，他在監獄四處查看，和罪犯們親熱地交談。這些人在別人眼中是不可救藥的，可是在亞蘊看來，除了部分真正窮凶極惡的人，其餘的都是可親的老百姓，只不過他們的言論、行為不符合當時統治者訂下的法律而已。他願意把這些人當作朋友，聽聽他們的心裡話。

走到監獄的中央，亞蘊聽到一陣淒涼的哭聲。他走到哭泣的罪犯

身邊，問他：「有人欺負你了嗎？」

罪犯說：「不是的，我只是想到除夕將至。其他人都是和家人聚在一起，享受全家團圓的幸福。我們的家中也有老人、妻子、孩子，卻不能在普天同慶的日子和家人團聚，我正是想到這一點才忍不住痛哭流涕的。」

聽他這麼一說，其餘的罪犯也唏噓不已，一時間監獄裡哭聲震天。

亞蘊思索了片刻，對罪犯們說：「我可以在除夕當天放你們回家和親人團聚，但我們約定好，你們要在大年初二集體回來，不許逃獄。」

聽到這話，不僅亞蘊的同事，連罪犯們都被驚嚇到了，監獄裡安靜得連呼吸聲都能聽到。

亞蘊解釋說：「我決定私放你們回家和親人團聚，這已經是犯罪了。如果你們回來了，我罪不至死；哪怕你們有一個人沒有回來，我都是死罪。但是我年事已高，即便沒有發生這件事情，再活些日子也是我的壽命終點。反正總歸一死，我有什麼好怕的。只要能讓你們跟家人短暫團聚，傾訴相思之苦，回來之後好好表現，爭取早日出去，我也就盡到獄卒的義務了。」

罪犯們無不垂淚。

大年初二這天，出去回家過除夕的罪犯全回來了。

亞蘊看著重新回歸的罪犯們，坐地羽化成仙。

法學講堂

亞蘧的行為雖然觸犯了當時的法律，但他在封建主義專政社會裡勇於用道德感化罪犯的行為卻流芳百世。

德主刑輔原則起源於中國古代最偉大的思想家、儒學的創始人孔子，他在兩千多年前的春秋戰國時期就提出了「寬猛相濟」的理念。其中「猛」是指法制，「寬」則包含了德治的內涵。他認為用「寬」治國，老百姓就會怠慢當權者；而用「猛」治國，老百姓就會恐懼於苛政。因此，治國的最佳法則就是「寬猛相濟」。在「猛」和「寬」之間，孔子還是更注重「寬」的。他提出：「道之以政，齊之以刑，民免而無恥；道之以德，齊之以禮，有恥且格。」即是說用政法來治理國家，再同樣地給予刑法，老百姓就只會為了避免刑法而變得沒有廉恥心；如果用道德引導百姓，再同樣地用禮法教導他們，他們就會變得有羞恥心、有歸順心。孔子的這些思想為後來「德主刑輔」的法律原則奠定了理論基礎。

到了西漢，統治階級汲取秦朝因刑罰過重而滅亡的教訓，發覺到如果想要國家長治久安，不僅要採取刑法以矯正錯誤行徑，更需要用德治懷柔地對待百姓。就這樣，以德治國的方針就被歸入國法的綱領中。西漢的思想家賈誼說過：「夫禮者禁於將然之前，而法者禁於已然之後。」翻譯成白話文來說，即「禮」是將不可控的行為控制在犯罪之前，而「法」是在人們犯罪之後進行懲處。

將可能的犯罪扼殺在萌芽中，是當權者最想看到的。在這種背景下，學者董仲舒正式提出「德主刑輔」的治國原則，勸誡掌權的皇帝以仁愛之心制訂法律、對待百姓。

董仲舒畫像。

獄神：中國歷史上主要有三位獄神，分別是皋陶、蕭何、亞瑣。到了唐朝，進入牢獄就要先祭獄神，連皇帝進入也不能例外。明朝開始，獄神廟改奉蕭何為獄神。明萬曆年間亞瑣成神後，各地監獄以其為獄神。

上篇 法律學概論

第三章

法律的組成部分及影響司法的因素

一半的傘
法官

法官是司法的執行者，往往被視為是超越狹隘
自身權益的人，常常是由最博學、法律經驗最
豐富的人擔當。

　　江南的雨季綿長，人們只要出門，雨傘就是必須攜帶的擋雨工具。

　　這天，吳明偉要出遠門去親戚家，臨近出門前妻子千叮嚀萬囑咐，讓他記得帶上雨傘，以防回來的路上無處避雨。

　　吳明偉帶著雨傘出門了，走了一段路後覺得口渴，就走到小河邊，雨傘放在腳邊，彎下身體捧水喝，順便洗了臉。

　　當他再直起身來，腳邊的雨傘卻不見了。他往四周看，發現一個人剛從河邊走開，手裡正拿著他的雨傘。

　　他追了上去：「兄弟，你拿錯傘了吧！」

　　那個人冷冷看他一眼：「這本來就是我的傘，什麼拿錯！」

　　兩人在路邊為這把傘爭執起來，他們都稱自己是傘的主人，最後甚至要大打出手。其他的路人見狀，便把兩人送到法官面前。

　　法官審訊半天，最後說：「既然你們都說自己是傘的主人，那麼就把傘分成兩半，你們各拿一半回家去吧！這傘會告訴我，誰是它真正的主人。」

傘會告訴法官誰是自己的主人？看來這個法官也不是那麼公正啊！眼看著一把傘就這麼沒了，吳明偉唉聲嘆氣地回到家，他的妻子見到半把傘大吃一驚：「你的傘怎麼變成一半了？」

　　而那個人回到家，他的兒子驚奇地說：「爸爸，你在哪兒拿到的半把雨傘？」

　　吳明偉和那個偷傘的人都不知道，法官早就派了調查員跟在他們身後，將這一切都記錄在案，回去呈現給法官做為呈堂證供了。

　　第二天，法官再次提審二人，讓他們帶著各自的半把傘到法庭聽判。偷傘人完全不相信法官的那些話，還得意洋洋地以為法官不會拿自己怎麼樣。

　　法官當庭宣讀調查員記錄下來的他們回家後的言行，誰是傘真正的主人不言而喻。

　　為懲罰偷傘人的貪戀和不勞而獲，法官判決偷傘人賠償吳明偉五把新雨傘的錢。

法學講堂

　　法官是法律中最重要的因素之一，他們是司法權的執行者。其基本職責是依法合議或獨立審判案件，根據對案件審理以補充法律遺漏部分。

　　在英美法系的國家中，法官還承擔著傳承和創造法律的重任，因此，專業和博學是成為法官的首要條件。

　　在西方國家中，法官往往來自於律師，因為想要成為法官，就必須有深厚的法律專業知識，以及廣闊的社會關係和人脈。哈佛大學司法程序專家查菲說過，「在一個普通法國家裡，想要看看一個未來法官的行為準則，首先

要看看他的圖書館藏書，再看看他事務所裡委託人的名單。」

同時，法官的年齡也被限制，一般是中年人和老年人，一個在律師界從業年齡不超過十五年的人很難成為法官。

事實上，高等法院的法官很少有五十歲以下的，上訴法院法官很少有五十五歲以下的，而上訴法院的高級法官年齡則很少低於六十歲。

英國「商法之父」——大法官威廉·曼斯費爾德。

小知識

約翰·馬歇爾：（西元一七五五年～西元一八三五年），美國政治家、法學家，美國最高法院第四任首席大法官。在任期間對於審判馬伯里訴麥迪森案，奠定了美國法律中司法審查權的基礎。他在任期間，同時豐富了美國憲法中關於商業的條款。

辦公室的「羅曼」史
律師

律師是指取得從業資格證書，接受委託為當事人提供法律服務的從業人員。

二十世紀八〇年代的美國曾經發生過一個性騷擾案例，審核時間歷時七年，最後以被騷擾者敗訴、槍殺法官釀成兩條人命的悲劇而告終。

這個時期的美國，性騷擾案件是非常常見的，而且勝訴率非常高，但卡洛琳一案卻最終敗訴並釀成悲劇，其主要原因在於本案的律師曾被替換。

卡洛琳是一個非常美麗的銀行女職員，她和她已婚的上司羅斯朝夕相對並最終頻繁約會，每週總要相聚兩三次。但這場羅曼史來得快去得也快，半年之後兩人就因為羅斯不肯為卡洛琳加薪而出現不和。這種不和甚至開始影響到了工作，最終卡洛琳被迫離開了銀行並和羅斯分了手。

卡洛琳的心情沮喪至極，因為她不僅僅失去了一份待遇優厚的工作，還因為在和羅斯的關係中她付出了很多，現在什麼都沒有了。羅斯卻依舊利用他副董事長的身分頻繁和其他女人約會，卡洛琳決定藉

助法律討回公道。

　　這個曠世持久的訴訟案件經歷一波三折。

　　第一個波折來自於唐納利——她的第一任律師，他認為卡洛琳有很大的勝訴機會，在和卡洛琳第一次見面時，唐納利闡述了對這個案例的看法以及準備向對方發起攻擊的關鍵點：「這個案例的本質在於：同工異酬、性別歧視以及性騷擾。」卡洛琳認同他的觀點，那時候她還不知道這會是一場漫長的馬拉松式的訴訟，更不知道這場訴訟會帶來什麼樣的嚴重結果。後來，由於卡洛琳急於結案，和唐納利意見不合，導致雙方合作解約。

　　第二個波折來自於李普曼——她的第二任律師，在和這個律師的合作中，卡洛琳幾乎傾家蕩產。她對李普曼寄予厚望，在她看來，這個收費很高的律師一定會給她帶來好的結果，但預審中，她敗訴了。這個結果對卡洛琳的打擊很大，再加上銀行方面的律師咄咄逼人，卡洛琳決定放棄所有的律師，自己為自己辯護。

　　第三個波折來自於她自己。在最後一場庭審中，這時距離她第一次狀告銀行和羅斯，已經過去七年之久了，當年的純真少女早就不在，取而代之的是一個囉嗦、憤世嫉俗的中年女人。卡洛琳面對經驗豐富的銀行律師節節敗退，在審問羅斯時，她能問出的問題也不過就是「你曾經說我乳房很美，是吧」這樣的蠢問題。

　　她的窘迫被一個人看在眼裡，那就是她六十多歲的老父親。她父親曾經是個員警，當天就帶著槍枝槍殺了判定羅斯及銀行無罪的法官，然後自盡。

在這個案例中，原本勝訴率很高的卡洛琳之所以敗訴，有幾個方面的原因值得思考：中國有句古話叫「臨陣換將，兵家大忌！」卡洛琳做為原告，主動或被迫放棄律師，完全是錯誤的；在訴訟中，卡洛琳不相信律師，無法和律師緊密合作，而按照一般原則來講，相信律師，把自己完全託付給律師，是勝訴的影響因素之一；訴訟講究的是法律原則而不是願望，卡洛琳希望法律能夠公正的對待她卻無法給出證據，這是她敗訴的最大原因；在訴訟過程中，銀行曾經主動提出庭外和解，願意支付三十萬美元做為賠償，卡洛琳未能審時度勢，根據情況的變化改變戰術。

律師制度可以追溯到古羅馬時代，在西元前五一○年，法律就規定「訴訟必須根據法官的告示，按法定方法，尋找辯護人。」西元五世紀末，辯護人經過學習，演變成專職律師。

十六世紀的律師畫像。

在一個正常的法律程序中，應該是律師接受委託，然後在法庭上為委託人辯護，提供法律服務，維持社會公平和伸張正義。英國在《人民約法》一書中明確主張被告人應有權辯護或請別人協助辯護；《美國憲法修正案》第六條規定，在一切刑事訴訟中，被告人有權由律師協助其辯護；法國《刑事訴訟法典》規定法庭上的辯護全由律師壟斷；日本在《代言人規則》也最早闡述了律師的概念。

亨利‧布魯姆：（西元一七七八年～西元一八六八年），英國律師，輝格黨政治家和改革家，大法官兼上院議長，同時也是著名的演說家，他主持多次重大法律改革，並於西元一八二五年帶頭創辦倫敦大學——英國第一所非教派的高等教育機構。

月光下的殺人案
辯護詞

辯護詞是指被告或被告的辯護者，針對法院的起訴書或公訴意見書為自己提出的反駁和辯解。

　　林肯是美國第十六任總統，在未成為總統前，他曾經當過一段時間的律師。他在「月光下殺人案」中的辯護詞一直被法律學引為經典。

　　西元一八五七年，林肯朋友的兒子小阿姆斯壯被別人指控蓄意謀殺，並且因為證據確鑿，已經被法院判決有罪。出於對朋友的道義，林肯在法院查詢了所有的卷宗，又到事發地點進行實地考察之後，認為所有的證據都是假的。他決定為小阿姆斯壯提出上訴，並以小阿姆斯壯律師的身分為其出庭辯護。

　　事實上，這個「月光下殺人案」的主要證據來自於一個叫做艾倫的證人，他將右手放在聖經上信誓旦旦地對陪審團說，他在十月十八日夜裡十一點看到小阿姆斯壯和梅茨克鬥毆，當時皓月當空，將大地照的一片雪亮，他看得很清楚，小阿姆斯壯用手槍擊斃了梅茨克。

　　按照美國法律規定，在法官審判前，辯護律師可以就證人口中的疑點和證人進行對質。

　　林肯於是問艾倫：「你確定你看到的兇手在這個場所內？」

艾倫點點頭，說自己確認。

林肯說：「那麼請你將他指出來。」

艾倫指向小阿姆斯壯。

林肯又問：「根據你的供詞，你當時在二、三十米外的草堆旁，而小阿姆斯壯在大樹下，那麼遠的距離，你能看清是他嗎？」

艾倫說：「我能看清，因為當時的月亮很亮。」

林肯又追問：「你是看到了他的衣著，還是看清了他的臉？」

艾倫說：「看清的是臉，當時月光很清楚地照亮了他的臉。」

「那麼，當時的時間確定是夜裡十一點？」林肯問。

「完全可以肯定。」艾倫說，「我當時看了一眼手錶，時間是十一點十五分。」

林肯微笑道：「再給你一次機會，你確定你所說的都是事實。」

艾倫表示自己確認。

林肯點點頭，指著艾倫對法庭上的眾人說：「我不得不遺憾地告訴大家，儘管這個人勇於對著聖經發誓，但他還是個不折不扣的騙子。」

林肯拿出美國的曆書展示給眾人看，曆書上明明白白地寫著，十月十八日，也就是案發當晚的十點五十七分，月亮已經完全下山，看不到一點月光了。這個鐵一般的事實已經證明了艾倫的謊言。

接下來，林肯做出了激動人心的辯護：「證人發誓說他在案發當晚的十一點看到了被告小阿姆斯壯的臉，但當時月亮已經完全下山了，哪裡來的月光？即便證人說他可能稍微記錯了時間，是十一點前看到

的兇殺案。這個證詞已經不成立，因為草堆在樹的西面，月光是從西邊照射過來的，如果小阿姆斯壯面對大樹，月光可以照亮他的臉，但是證人就只能看到他的腦後勺；如果小阿姆斯壯背對大樹，月光只能照到他的腦後勺，證人又怎麼看清他的臉呢？」

艾倫節節退敗，最終承認自己是被人用錢引誘，專門來陷害小阿姆斯壯的。

法學講堂

在法院審判過程中，被告或被告的律師有權利在法庭上為自己辯護，他們為自己辯護的言論就是辯護詞。

辯護詞是即興演出的，如果照本宣科，不僅法庭上不允許，也不符合法律的程序設計，更不適應法庭上千變萬化的形勢。因為所有的資料、所有的證據只有當庭對證後才知道能不能用，沒有開庭，一切都是未知數。

辯護律師需要在發表辯護詞時，擁有敏銳的邏輯性及動態的思維，否則根本不可能說服法官或陪審團傾聽自己的觀點；也需要注意自己的措詞和語氣，有的庭審氛圍是嚴肅的，律師的辯護詞就必須也是莊重的，有的庭審氛圍可能比較輕鬆，那麼律師在發表辯護詞時也可以適當調節氣氛；在戲劇表演中，臺詞和表情密不可分，在庭審過程中也是一樣，律師發表辯護演說時，也要注意自己的表情和與法官的表情溝通，如果法官和陪審團都是點頭，那麼辯護就是有價值的，如果他們一臉茫然，恐怕律師就需要從頭簡單解釋一遍。

辯護詞也是基於大量資料考察之上的，如果故事中的林肯在開庭前沒有透過大量的考察，他也不會發現證人語句中的錯誤，更不會有後面那麼精彩的辯護詞出現。

小知識

亞伯拉罕‧林肯：（西元一八〇九年～西元
一八六五年），美國首位被暗殺的總統。他對法律
的貢獻是將廢除奴隸制度寫進共和黨的綱領中，並
提出「民有、民治、民享」的口號。

謀殺現場的釣魚線

推理

法律領域的推理是指在證據、法律和事實的基礎上，運用科學的分析方法，對法律使用提出正當理由的邏輯思維活動。

　　蘇芳梅和她的老公李天雷在大學期間就是一對讓人羨慕的佳偶，郎才女貌，對生活更有共同的追求，誰都沒有想到竟然會鬧到離婚的地步。

　　蘇芳梅是一個成功的律師，從小家境富裕，她本人也是成熟大方，很有魄力。她的老公李天雷畢業後開了家車行，錢賺的愈來愈多，也就成了一些年輕美眉的夢中情人，但他對妻子十分忠誠，拒絕了很多美眉的求愛。

　　原本這應該是一對幸福的夫妻，但自從他們買了別墅，李天雷的母親跟著搬進來之後，一切都變了。

　　婆媳關係特別不融洽，蘇芳梅和婆婆經常是兩天一小吵，三天一大吵，連帶著對李天雷也是冷言冷語。李天雷雖然是個孝順的兒子，母親搬進來也是他極力主張的，但他從來沒有想過要和妻子離婚。

　　這天，蘇芳梅和李天雷因為婆婆問題大吵一架後，開車離家出走，幾個小時後，李天雷被發現因為一氧化碳中毒死在自家車庫中。

法官對這個家庭的成員開展審訊。

婆婆說：「李天雷是開車行的，他對修車流程比誰都熟悉，他每次在車庫修理自己的愛車時，總要叮囑家人和保母不要關上車庫門，否則有可能會一氧化碳中毒。李天雷在被發現死亡的時候，車庫門是關上的，肯定是蘇芳梅幹的，她看我不順眼，總想要和李天雷離婚。」

蘇芳梅說：「我和李天雷吵完架就開車離開家了，根本沒有注意到車庫門是不是關著的，但車庫門肯定不是我關的。」

他家的保母說：「我當時在車庫外，車庫門肯定也不是我關的，當時我正在幹活，也沒注意到是誰關的車庫門，但是在他們兩人吵架時，蘇芳梅曾經接了通電話，稱自己會在半個小時內和電話那頭的人會面。」

就在眾人爭論的時候，負責偵查現場的員警呈交了一份證據，法官在看到這份證據後，判定蘇芳梅有罪。

員警在車庫門上發現了一小截斷裂的釣魚線，而同樣材質的釣魚線在蘇芳梅的車內也被發現了。警方經過比對推斷出蘇芳梅利用釣魚線在自己離開之後遠端關上了車庫門。警方同時調取了蘇芳梅的通話紀錄，保母提到的蘇芳梅接的電話是她的情夫的。在經過警方的審訊後，情夫也證實了警方的觀點，他供認蘇芳梅透露過自己有辦法幹掉李天雷，然後賣掉別墅和他遠走高飛。

法學講堂

根據推理方法不同，法律推理可以分為實質推理和形式推理兩大類。

實質推理是指司法人員在面對兩個或兩個以上互相矛盾的前提時，依託

辨證思維從中選出最佳結論的推理法。

形式推理又有三種表達形式：

一、三段論，是指根據兩個簡單判斷，推論出一個簡單結論的推理過程，比如說「他是公司領導」、「領導應該在工作中發揮帶頭作用」這兩個簡單的判斷前提，可以得出一個判斷結論，即「他應該在工作中發揮帶頭作用」。故事中釣魚線成為重要的證據，也是基於此推理。

二、假言推理，是以條件為前提的推理過程，比如說「如果想要實現民主進程，就要尊重法律；我們要實現民主進程，必須遵從法律」。

三、選言推理，分為相容的選言推理和不相容的選言推理兩種，也是針對法律及事實兩種前提而言的。

小知識

克拉倫斯・蘇厄德・丹諾：（西元一八五七年～西元一九三八年），美國律師，在六十多年的從業生涯中挽救了一百零七個絞索已經套上脖頸的生命。他曾為李奧波德與勒伯案等大案件做辯護律師而聞名，被認為是美國最偉大的民權律師。

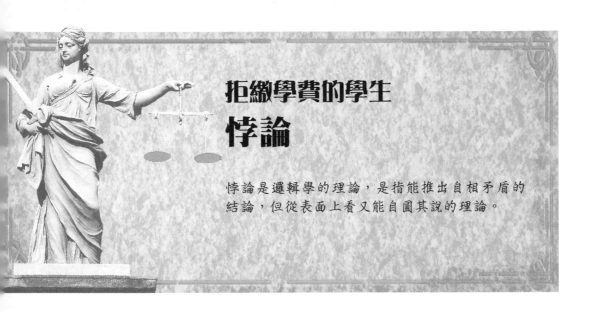

拒繳學費的學生
悖論

悖論是邏輯學的理論，是指能推出自相矛盾的
結論，但從表面上看又能自圓其說的理論。

普羅泰戈拉是西元前五世紀古希臘著名的哲學家和法學家，他曾經為徒利城編訂過一部法典。

普羅泰戈拉對神明很不恭敬，他在自己的著作《論神》中寫道：「至於神，我沒有把握說祂們存在或者祂們不存在，也不敢說祂們是什麼樣子；因為有許多事物妨礙了我們確切的知識，例如問題的晦澀與人生的短促。」他最出名的學說是──「人是萬物的尺度，是存在的事物存在的尺度，也是不存在的事物不存在的尺度」。他的學說被認為是懷疑主義的起源，他認為每個人都是萬物的尺度，當人們發生分歧時，根據各自環境、尺度不同，世界根本沒有對錯之分。

普羅泰戈拉收弟子教人打官司之前都要和弟子簽一個合約，這個合約規定，學生先繳一半的學費，等到才能具備，能幫人出庭打官司並且在第一次訴訟中取得成功，再繳另外一半的學費。

普羅泰戈拉的學生中有一個人很聰明，普羅泰戈拉也很喜歡他。在經過一段時間的學習後，普羅泰戈拉對學生說：「你已經具備了一

個職業法律人的才能,在你畢業前,把另外一半的學費支付給老師吧!」學生說:「尊敬的老師,我覺得我還沒有出師,所以我不能支付那一半學費給你。」

這樣反覆幾次之後,普羅泰戈拉受不了了。於是,這個學生接到的第一個訴訟案例,是自己的老師控告他不繳學費。

開庭之前,普羅泰戈拉對他的朋友說:「這個官司我贏定了!如果法官支持我的訴訟,他就要付錢給我;如果法官支持他的訴訟,那他就贏了他人生的第一場官司,按照合約的規定,他出師了,他同樣要付我錢!」

學生則對他的朋友說:「我的老師聰明一世,卻糊塗一時,這個官司無論如何他都贏不了。如果我勝訴,法官會判決我不用繳學費;而如果我敗訴了,根據合約規定,我要贏得第一次訴訟案例才付學費。」

這師生二人的說法都成立,但是他們的結論卻完全相反,法官開庭後也難以決斷,這就是歷史上著名的「普羅泰戈拉悖論」,也稱為「半費訴訟」。

法學講堂

這個故事告訴了我們悖論在法律中的作用,它做為一種特殊的思維方式,為一些法律人在辯護時提供了辯論的工具。

當人們對某件事情或某些概念認識不清或瞭解不夠深刻的時候,悖論就會產生。悖論的形成原因複雜多樣,如果想對其做深入的研究,就要依託數學、邏輯學、語義學等理論學科。

悖論最經典的理論有：羅素悖論、說謊者悖論、康托悖論等。主要表現形式有：看起來肯定錯了，但實際上是對的；看起來肯定是對了，但實際上是錯的；推理表面看起來是無法推翻的，但在邏輯上卻是自相矛盾。故事中的學費訴訟問題即是第三種。

悖論在法律中主要展現在法律解釋和成文法之間的矛盾。

為了解決法律解釋障礙的悖論，就需要強調證據的重要性。沒有永遠的好人，也沒有永遠的壞人，在一個案件上，一個人可能是對的，在另一個案件上，他也可能是錯的。在證據沒有出現前，沒有好人、壞人之分，證據支持誰，誰就是法律層面上的好人。但有時法官也會造成冤假錯案，證據支持的好人也有可能是事實上的壞人，這又是法律的另一個悖論。

小知識

恩斯特・拉貝爾：（西元一八七四年～西元一九五五年），德國二十世紀法學史上重要的人物之一，一生著作無數，研究領域涉及民法、法學史、比較法、國際司法和國際法。後人將他的論文集結成冊，出版了《拉貝爾論文集》。

指紋指證殺人犯
證據

證據，是指審判過程中證明案件真實性的依據，司法的全部訴訟行為其實都是在搜集和證明證據真實性的過程。

西元一九〇五年，倫敦街頭的平靜被一場命案打破。

死者是一家油漆商店的店主和他的妻子。店主是被球棒擊破後腦勺流血過多而死的，他的妻子是被水果刀捅死的。

屍體被發現的時候，油漆商店裡已經是一片狼籍，不僅血流成河，店內的保險箱也被洗劫一空，帳本也散落滿地。

警方迅速加入調查，在蘇格蘭指紋研究所的幫助下，警方在帳本和保險箱上獲取了嫌疑犯的指紋證據。這個指紋和警局已經掌握到的八千多個指紋都不同，一時間警方也沒辦法確認誰是殺人兇手。

據案發現場的送奶工亨利和他的助手舉報，在屍體被發現的當天凌晨，他們發現有兩個鬼鬼祟祟的人匆匆忙忙離開油漆商店。根據他們的描述，警方拼湊出嫌疑人畫像，正是有偷竊前科的斯特羅申兄弟。

負責這個案件偵破工作的是警官查理斯，他是蘇格蘭指紋研究所的領軍人物。在抓捕到斯特羅申兄弟後，查理斯用印泥將他們的指紋印下來，和之前取到的指紋相比對，發現這兩個人的指紋和做為證據

的指紋非常相似。於是，斯特羅申兄弟被指證入室謀殺。

在本案的審判過程中，指認是必不可少的環節。可是當斯特羅申兄弟和二十多個路人站在一起時，亨利和助手卻完全沒辦法將他們指認出來。

沒有人證的情況下，指紋就成了唯一的證據。

但斯特羅申兄弟的律師向法官提出控訴：「用指紋做為唯一證據並不科學，因為斯特羅申兄弟的指紋只是和保險箱及帳單上的指紋相似而已，並不完全相同，人的指紋總有相似之處，而且指紋鑑定以目前的技術來說並不是萬無一失的準確。」

有鑑於此次案件有陪審團做裁決，法官也不好發表言論，他只是提示陪審團說：「我承認斯特羅申兄弟的指紋和做為證據的指紋有相似之處，但是僅有指紋做為證據時，我們應該採取謹慎的態度。」

陪審團同意考慮法官的看法，但他們最終還是以「指紋相似、有犯罪前科」為由判定斯特羅申兄弟犯了謀殺罪，應處以絞刑。當時法律採取的是「一裁終審」制度，這兩個兄弟沒有上訴的權利，就這樣在同年五月被陪審團送上了絞刑架。

義大利畫家安東尼奧・皮薩內洛所畫的絞刑圖。

在現代法律規定中，根據內容不同證據可以被分為七類：書證、物證、視聽資料、證人證言、當事人的陳述、鑑定結論、勘驗筆錄和現場筆錄。

　　在刑事案件中，證據的收集尤其重要，它是司法機構認定案件性質的第一步。故事中保險箱被盜空，主人的被殺基本上就可以被判定為謀殺。員警、法院、檢察院都有收集證據的義務，他們應當主動收集證據，以查明案情、維護社會穩定及安寧。司法機關在收集證據中，任何個人和機構都不得阻撓，即便是總統也不行（水門事件中尼克森總統就因為阻撓司法機關收集證據而引起民眾不滿）。

　　在對證據收集完畢後，司法機關必須對證據做妥善保存，以防止證據遭到破壞而妨礙司法公正。刑事案件中的證據保全包括對被告人的詢問和證人的取證需要筆錄和視訊紀錄；對人身檢查、扣押物證等都需要做視訊紀錄。證據保全是訴訟法中規定的重要程序之一。

　　在對證據收集、保全之後，法官需要對證據做出判斷，以確定最終判決。

小知識

　　喬治·威廉·弗里德里希·黑格爾：（西元一七七〇年～西元一八三一年），德國思想史上一位著名的唯心主義，也是對西方法律思想史有異常深遠影響的思想家。法哲學方面的代表作是《法哲學原理》。

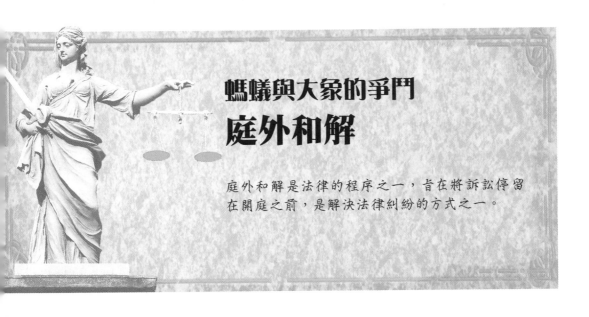

螞蟻與大象的爭鬥
庭外和解

庭外和解是法律的程序之一，旨在將訴訟停留在開庭之前，是解決法律糾紛的方式之一。

誰說螞蟻不能鬥過大象，西元二〇〇九年，一家來自中國江蘇常州市的小公司就打敗了包括沃爾瑪（Wal-Mart）、百思買（Best Buy）等十三家商業巨頭。

近年來，由於 GPS、智慧手機等車載電子設備的快速發展，如何將電子產品安全又穩定地固定在車輛上，成為了各大企業競相攻克的一個難題。

中國江蘇常州市亞細亞吸能電子科技有限公司的董事長楊全國，懷著破釜沉舟的心態將自己的房產抵押變現，組建了一個研發團隊，於西元二〇〇八年開發出新一代吸能軟座支架技術，這個技術全面解決了電子產品在車輛上固定的難題。它採取能量吸取技術，即便汽車在緊急轉彎、刹車、輕度相撞等情況下，依舊可以保持電子產品穩定不移，並且在安全上也改善了傳統支架帶來的缺陷。

楊全國是一個很有遠見的商人，他在瞭解到美國等地法院明令禁止使用傳統支架後，就帶著自己的產品到了歐美市場，市佔率一路飄紅。歐美商人的法律意識較強，楊全國也不甘人後，在打開銷量的同

時迅速申請專利，先後獲得十項中國外觀設計專利、五項實用新穎專利和兩項美國外觀設計專利、一項國際 PCT 專利。

即便楊全國已經在法律上先行一步，但歐美市場上還是出現了大量的仿製品，這些仿製品還大模大樣地在沃爾瑪、百思買等大型超市貨架上出售，仿製品的品質低下，因此價格也低的驚人，它們直接衝擊了亞細亞公司的銷售總額，在短短幾個月內，亞細亞的銷售額從二十萬美元跌到了三萬美元。

楊全國帶領自己的技術人員對這些商品進行了調查，原來這些仿製品都是美國一家公司委託小工廠製作的，他們在原物料上偷工減料，將亞細亞產品底座中的鋼珠替換成了普通的石子，僅僅這一項，兩種產品的成本就相差懸殊。

一年後，楊全國對公司董事們說：「我們將要打一場『螞蟻』對抗『大象』的戰鬥，我們可能要花掉鉅額的訴訟費和律師費，而且後果是未知的，儘管如此，我們還是要為自己，為中國的其他企業，在美國的維權道路上開闢出一條血道。」

董事們同意楊全國的觀點，在西元二○○九年七月，銷售仿製品的超市被亞細亞公司告上法庭。訴訟過程持續了半年之久，亞細亞公司所持有的各國專利證明成為案件審理的鐵證，面對證據和輿論的壓力，「大象」們不得不向這隻小「螞蟻」低頭，沃爾瑪等超市請求庭外和解，並且承諾，從和解之日起，只銷售亞細亞公司獲得專利技術的產品。

截至西元二○一○年底，亞細亞公司來自沃爾瑪等企業的訂單已超過六百萬美元，且後續訂單連綿不絕。

一般來說，庭外和解的內容是需要保密的，比如故事中，公眾不知道沃爾瑪等商業巨頭和亞細亞公司達成協定的具體內容，也不知道是否存在金錢賠償。

庭外和解解決的案例大多數是民事訴訟和商業訴訟，這種新型的模式在美國被廣為推崇，因為它最大限度地節省了時間、花費，減輕了法院的審判壓力，並且有效促成當事雙方矛盾的真正化解。

說庭外和解減輕了法院的審判壓力是因為它有效分流了案件，使得案件除了面對法官審判之外，也有了其他的解決方式。畢竟司法做為法律手段，不可能解決所有的問題。社會上各式各樣的利益衝突還是需要其他機制來解決。而不管什麼類型的案件，一旦走上法庭，都要經歷一系列的法律程序。案件能夠庭外和解，就能把法官從繁瑣的細小案例中解脫出來。

另一方面，當案例走上法庭，當事雙方的真正意圖可能會被掩蓋，將雙方推上對立面，只剩下法律認為的公正與否和利益得當與否。如果當時雙方願意和平地庭外和解，某種程度上也可以避免新的矛盾產生，使雙方重歸於好，實現新合作的可能性。

小知識

理查・艾倫・波斯納：（西元一九三九年～），美國聯邦上訴法院法官，曾任芝加哥大學法學院教授。他將簡明經濟理論和與經濟效率有關的市場經濟原理，應用於法律制度和法學理論研究，為法律經濟學的研究奠定了理論基礎。

倒楣的貝克
上訴制度

上訴制度推翻了「一裁終局」的審判制度，給
被錯誤定罪的人上訴翻案的機會。

　　一天下午，貝克從樓道裡走出來，一個素不相識的女人擋住了他
的去路，大叫說：「你這個騙子！你還想往哪裡走！」並且要求貝克
還她丟失的戒指。

　　貝克不耐煩地走到員警面前，對員警說有個陌生女人纏著他，可
是讓他意外的是，那個女人也跟了上來，說貝克曾經詐騙還偷走了她
的東西，雙方爭執不下，員警將兩人帶回了警局。

　　這個女人指控貝克：「有一天我去花展，這個男人叫住了我，問
我是不是埃韋頓夫人，我說不是，他就跟我道歉，說這花展根本不值
得一看，他本人有一個花園，光打理花園的花匠就有六名之多，我當
時也跟他說我家裡也有不少菊花，他就問能不能讓他看看。第二天，
他到我家裡時，說自己是伯爵，每年有十八萬英鎊的收入，並且邀請
我乘坐他的快艇去他的莊園。因為他的莊園比較高級，我必須置辦一
些優雅的服裝。他開了一張四十英鎊的支票給我，讓我用這些錢買衣
服，但是當他走後，我發現我的戒指丟了。我去銀行兌換支票，銀行

工作人員說根本沒有這個人，我才知道上當了。上天垂憐，今天終於讓我找到這個騙子了！」

員警立即立案，後來又找到二十二名單身婦女，她們都說貝克詐騙了她們，詐騙手法和上面那個女人說的相似，為防止認錯，員警從街上找來二十個男人讓他們和貝克站在一起，讓來報案的婦女們指認，毫無意外，她們都指認了貝克。

貝克發誓他從來沒有跟這些女士見過面，況且他在挪威有一個銅礦，收入可觀，根本不需要去做這些詐騙的勾當，他的秘書也為他力言，說貝克是一個不缺錢的人。警方略做調查，發現貝克在他之前下榻的酒店欠了六百英鎊的帳，而且借了秘書的錢也沒還，甚至對女人他是來者不拒的，這些情況被員警認為貝克是一個有犯罪動機的人。

第二天，警局收到了一封匿名信，說有一個叫史密斯的人曾被判過五年監禁，手法和貝克相同，後來他被釋放，從此就失蹤了。匿名信的作者認為貝克就是史密斯。警局找來當時抓捕史密斯的同仁，他們也辨認說貝克和史密斯就是同一個人，長得完全一樣。

貝克一直為自己辯白，史密斯作案的時候他一直在南美，根本不可能在英國作案；而且那些婦女說作案人脖子上有塊傷疤，自己是根本沒有的；逮捕史密斯的員警說史密斯做過割禮，而自己也沒有。但是當時的法官根本不聽他的辯白，執意將他關入監獄，更過分的是，他們將原來史密斯的囚號給了貝克，還在前面加了個字母 V，表示有前科。

貝克為了律師費傾家蕩產，但這還不是他厄運的結束，幾年後，

當他從監獄裡出來時，又有一個少婦跑來說他詐騙，貝克又一次被捕。

這次的法官對案件存在懷疑，他將貝克轉移，等到自己考證完案宗後再做裁決。

十天後，某警局的值班員警報告說他們抓到了一個詐騙犯，這個詐騙犯被帶到法官面前時，所有人都呆住了，他和貝克長得幾乎一模一樣，曾經指認過貝克的婦女被叫來，也都傻了眼，原來貝克只不過是蒙受冤屈的代罪羔羊。

這個冤案引起了當時民眾的強烈譴責。

法學講堂

英國是世界上最早建立司法體系的國家，在它漫長的立法歷史中，錯案叢生，為了彌補錯案中的法律空白，法律條文中第一次出現了「上訴制度」，它推翻了「一裁終局」的審判制度，給被錯誤定罪的人上訴翻案的機會。

英國的法院體系由郡法院、高等法院、民事上訴法院和上議院四級法院所組成，民眾如果對初級法院的一審判決不服，可以到高等法院提起上訴，如果還是不服，可以到民事上訴法院上訴，若還是不服，可以向上議院提出上訴。通常，英國的民事訴訟是「三審終審」制，只有上議院做出的裁定不可以被推翻。

西元一九九九年，英國民事上訴制度又進行了新的改革，這個改革可以歸納為三個方面：

一、上訴許可制度，當事人提出上訴必須經過原裁決法院審查，通過審查方可上訴，目前德國、日本、巴西等國家都實行這個制度。

二、上訴審案件管理。

三、上訴審審理範圍的限制。

傑里米‧邊沁：（西元一七四八年～西元
一八三二年），英國資產階級法理學家和理論學
家、功利主義理論創始人。創辦和主編《威斯敏
斯特評論》，主要著作有《道德與立法原理》、
《監禁所》、《司法證據原理》、《議會改革計
畫》、《憲法法典》等。

芝加哥七君子
政治審判

政治審判是帶有政治色彩的審判，是以國家政黨利益為主要考慮因素的審判。

霍夫曼出生於西元一九三六年，在布蘭戴斯大學，獲得心理學學士學位，他的導師是一個馬克思主義者，受導師影響，他也成為一個馬克思主義者，多次領導學生對社會不公平現象進行示威遊行，後來他還成為了「學生爭取民主社會」（SDS）組織的東岸分部領導人。

西元一九六七年六月的某天，SDS的領導成員聚集在密西根州的一個小鎮上開會，突然有三個打扮奇怪的人闖了進來，他們掀翻會議桌椅，對所有的領導成員發表演講：「你們都是國家的知識份子，為什麼不去當個醫生或者老師這樣的中產階級？你們滿腦子盡想著組織學生遊行，其實你們最應該做的是解放你們自己！你們應該燒掉、扔掉個人財產！它才是人類最大的敵人！」

這些人的滑稽演說讓代表們目瞪口呆，但卻讓霍夫曼茅塞頓開，他真正意識到社會需要一次深入靈魂的改革。他想改變這個世界，而且他相信，在改變世界的征途中，媒體的力量是最重要的。因為對民眾來講，媒體沒有報導過的事情就等同於沒有發生過，現代社會的變

革應該出現在電視上，而不是學生示威、黑人暴動和工廠停業上。

霍夫曼的想法得到了 SDS 另一位領導人的認同，他們兩人向證券交易所裡忙到四腳朝天的股票經紀人拋灑紙幣，並且當眾點燃了一張紙幣，這些行為透過電視訊道轉播給了全國的觀眾，他們成了美國家喻戶曉的明星。

西元一九六七年，他們又有了一個更宏偉的計畫，租用一架飛機將一卡車的小雛菊灑向五角大樓，展示反戰意願。霍夫曼在報紙上登廣告租飛機，可是他沒有想到的是，答應租他飛機的是 FBI，結果可想而知，飛機沒有來。霍夫曼面對一卡車的小雛菊束手無策，不得已他把小雛菊運到五角大樓門口，分發給路過的民眾。

霍夫曼後來成立了一個組織──「異皮士」，他們的宗旨是把迷幻藥和革命聯繫在一起，做一個有嬉皮士精神的革命者，他們宣稱要向全美的民眾發放迷幻藥，並且在自來水系統中添加迷幻藥，他們還要當場表演性交，並準備和阻止他們的員警決一死戰。

這些宣言惹惱了當局，美國法院下令抓捕霍夫曼等七位領導人。對他們的審判在西元一九六九年九月二十四日正式開始，這場審判宣布七人有罪，每人判處五年監禁外加五千美元罰金。

法學講堂

政治審判起源於古羅馬，當時最主要的政治矛盾是來自於皇帝和元老院直接的衝突，皇帝為了更有效地監督元老院，削弱元老院及各級官員的權力，創立了政治審判。

政治審判制度在美國被發揚光大，它與歐洲法律之間最大的差異在於：

英國的國王查理一世在西元
一六四九年一月四日被審判就是一
次典型的政治審判。

在歐洲的政治審判中，可以動用一切法律條款，但在美國，政治法院只有剝奪犯人原來公職和未來不能再擔任該公職的權力。因為在美國的法律中，政治審判的被告者只是侵犯了三權分立的原則，它只懲處那些因瀆職犯罪的人，不把它當作解決重大社會弊端問題的解決方法。

對美國的司法制度而言，政治審判等同於政府一般的管理方法。美國政治手段具有它獨特的特點：它不使用死刑，美國人認為死刑等同於謀殺，但是暗地裡的死刑就是另外一回事了。比如故事中的霍夫曼在西元一九八九年被發現死在家中，法醫在他身體中發現了一百五十片苯巴比妥，他的朋友們都懷疑他死因可疑。美國人認為剝奪犯有政治罪的人的權利才是對他最公正的審判。

政治審判的最大考慮因素是國家利益，任何危害國家利益的敵人都應該受到審判，無論是某些不發達國家的死刑，還是美國的剝奪公職，都是出於對國家利益的最大考慮。

小知識

約翰・奧斯丁：（西元一七九○年～西元一八五九年），十九世紀英國分析法學的首創者，著名的資產階級法理學家。他將功利主義與實證主義相結合，創立了分析實證主義法學，並將法理學從倫理學中獨立出來，使法學，尤其是法理學成為一門獨立的學科。主要著作是《法理學大綱》、《法理學講義》（或稱為《實在法哲學》）等。

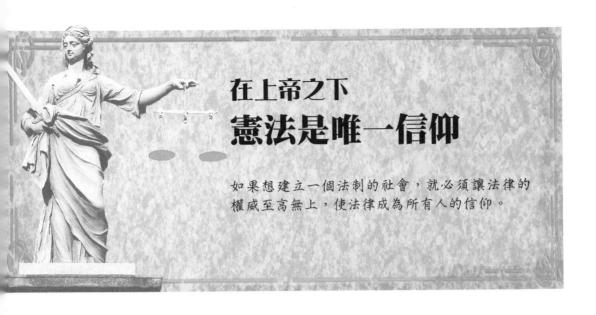

在上帝之下
憲法是唯一信仰

如果想建立一個法制的社會，就必須讓法律的權威至高無上，使法律成為所有人的信仰。

　　西元二〇〇四年三月二十四日，一些美國人自發性地跑到美國聯邦最高法院門前，集體背誦效忠誓詞，因為當天美國聯邦最高法院將要對一起涉及效忠誓詞的案件進行開庭審判。

　　效忠誓詞在美國被認為是愛國主義教育的一種方法，美國公立學校的學生每天早晨上課之前都要背誦效忠誓詞，它的內容是：「我宣誓效忠國旗和它所代表的美利堅合眾國。這個國家在上帝之下，統一而不可分割，人人享有自由和正義的權利。」不管對學生還是教育者，這種背誦行為都被認為是天經地義的，但沉默卻被邁克爾·紐道爾打破了。

　　邁克爾說：「有一天我聽到女兒背誦效忠誓詞，在聽到『在上帝之下』時，我突然有了一個疑問，美國憲法規定不能確立國教，為什麼我們的效忠誓詞裡會有上帝的字眼出現？並且我們的教育者要求孩子們每天在國旗下，右手放在左邊胸口，宣誓效忠？」

　　邁克爾同時指出：在西元一八九二年，效忠誓詞最初出現的時候，

並沒有「在上帝之下」這句話，這是美國國會在西元一九五四年對效忠誓詞經過修改時加入的。邁克爾認為這次效忠誓詞的修改違背了國會不准確立國教的條款，於是提出了訴訟，以女兒的名義狀告女兒所在的學區。

對於邁克爾的訴訟請求，美國民眾產生了激烈的討論，有一種說法是「西元一九五四年，美國政府出於對前蘇聯這樣的無神論國家的抵觸，把『在上帝之下』這句話加入效忠誓詞並得到了國會的一致通過，這在當時是具有進步意義的，它可以探查到人們是否是無神論者。」還有一種說法是涉及到邁克爾本身的，他們認為「邁克爾的訴訟本身就不成立，因為邁克爾已經和妻子離婚，他女兒的監護權在妻子手中，是否以女兒的名義狀告女兒所在學區需要經過母親的同意，邁克爾沒有資格。」

邁克爾說：「這並不是我女兒一個人的教育問題，而是全美學生面臨的社會信仰選擇問題，打個比方說，我女兒今年只有九歲，她不知道效忠誓詞到底是在說什麼，她只是想取悅老師和同學，因為別的同學也這麼做，我擔心這樣的教育會使政府達到了社會信仰統一的目的，卻使孩子失去了宗教選擇的權利。」

聯邦第九巡迴上訴法庭支持了邁克爾的訴訟，判決指出：邁克爾有資格提出訴訟，反對干涉他女兒宗教選擇的教育做法，而西元一九五四年對於效忠誓詞的修改，違反了憲法「不准確立國教」的原則，學校要求學生背誦效忠誓詞也違反了憲法規定。

但當學校提起上訴，聯邦最高法院最後判決：邁克爾敗訴。最高

法院法官認為，「在上帝之下」的詞句是要結合當時的社會意義來講的，在現代社會中，它並沒有強烈支持人們信仰或尊崇某一宗教，它只不過是禮儀上的宗教提醒，告訴人們，效忠誓詞是嚴肅而神聖的。民意調查也顯示，大多數美國人還是希望效忠誓詞保留「在上帝之下」的詞句，這並不影響憲法的神聖地位。

法學講堂

美國的法學家伯爾曼曾經說過一句話「法律必須被信仰，否則將形同虛設。」有人引申他的話論證建立法制社會的必要條件，就是首先要建立法律的權威性，使法律而不是某一宗教成為人們的社會信仰。因此，法律和宗教誰更為崇高就成了法學家們研究的重點問題之一。

在很早之前，無論是大陸法系還是英美法系都起源於古羅馬和古希臘，在那個時期，宗教和法律是混為一談的，由於全民信教，宗教滲透在司法之中，甚至凌駕在法律之上。西塞羅對法律的解釋是「法是上帝貫徹始終的意志，上帝的理性依靠強制或者約束支配一切事物。為此，上帝把剛才讚美過的那個法賦予人類。」

美國獨立宣言對這個觀點進行了引申闡述，它認為上帝、民眾和政府的關係是：上帝創人，人創政府，上帝並不直接保障人的權利，它將創造政府保障人的權利的能力給了人，因此，政府的正當權力來自於人民。

在美國憲法中，唯一一處提到上帝的地方是在制訂憲法時間的表述中：「本憲法於我主紀年一千七百又八十七年，美利堅合眾國獨立後第十二年的九月十七日，在制憲會議上由出席各州一致同意而制訂。」雖然美國國會規定不准設立國教，但當時的憲法制訂者還是用這樣一個不引人注目的方法偷偷記錄下了他們對上帝的信仰，事實上也是違背了法律高於宗教信仰的原則。

小知識

約瑟夫・柯勒：（西元一八四九年～西元一九一九年），德國法學家，新黑格爾主義法學派首創人。曾任法官多年，長期主編《法哲學和社會哲學雜誌》。主要著作有《法學導論》和《法哲學》等。

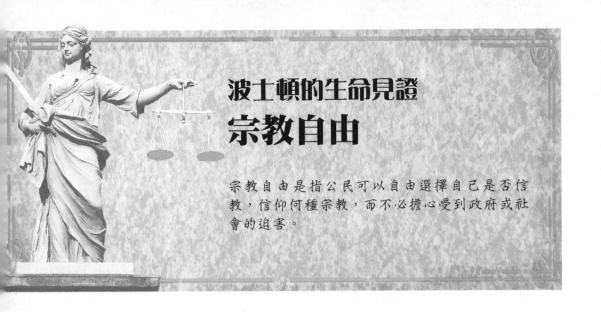

波士頓的生命見證
宗教自由

宗教自由是指公民可以自由選擇自己是否信教，信仰何種宗教，而不必擔心受到政府或社會的迫害。

　　西元一六五○年，朋友會的創始人福克斯因傳道被逮捕入獄，等待法官本尼特的受審。

　　朋友會是根據約翰福音十五章十三～十五節之經訓而得名的，耶穌在約翰福音十五章十三～十五節之經訓中說：「人為朋友捨命，人的愛心沒有比這個大的。你們若遵行我所吩咐的，就是我的朋友了。以後我不再稱你們為僕人，因僕人不知道主人所做的事，我乃稱你們為朋友。」

　　福克斯在創立朋友會的初衷並不是要建立一個新的宗教，而是他看不慣當時宗教界的腐敗和混亂。當時英國國教內部非常腐敗，很多上帝的旨意被曲解，民眾早就表示了強烈的不滿。在這樣的背景下，福克斯呼籲人們要根據基督的教義為人處世，人們要時刻謹記上帝的指示，而不是被社會階級等級束縛住行為準則。

　　朋友會得到了大眾教徒的追隨，並很快引起了英國當局的不滿，法官本尼特下令逮捕其創始人福克斯。

雖然宗教裁判的目的是純正的，但是，站在歷史的立場，不能不說宗教裁判是一個壞制度，使得教會背上了「雙重道德」和「偽善」的罪名。

在法庭上，本尼特警告福克斯：「按照法律規則，非神職人員是不能傳教的。如果你發誓不再隨意傳教，我就可以放你一條生路。」

福克斯不屑地說：「人的生命是由上帝創立的，我提醒你，在上帝面前我們都要保持謙卑之心，維持顫慄的姿勢，等待上帝的教誨。」

本尼特反唇相譏道：「那你從此以後就保持顫慄的姿勢吧。」

這個庭訊故事傳播開來，朋友會的所有成員都自稱自己是「顫慄會的會員」，警戒自己要以謙卑之心堅定不移地追隨上帝，忠於自己選擇宗教的自由。

在顫慄會的發展過程中，也曾湧現出很多和福克斯一樣為宗教自由權利不斷抗爭的人們，其中最著名的是瑪麗·巴雷特·戴爾。

這個顫慄會的忠實教徒曾經勇敢地在麻省進行傳教，而當時的麻省政府要求人民信仰喀爾文派，不允許人民信仰其他教派。因為和政府抗爭，瑪麗‧巴雷特‧戴爾曾多次被麻省政府驅逐出境。但是瑪麗‧巴雷特‧戴爾不肯放棄，在每次被驅逐之後，都設法再次回到麻省，繼續她宗教自由的佈道之路。

最終這個勇敢的女人激怒了麻省政府，在西元一六五七年，她被當局審判為實行絞刑，審批理由和福克斯一樣——非神職人員不得傳教。

法學講堂

宗教自由是一個國家法律必須設立的條文之一，它是對公民信仰問題的保障，它規定人民在宗教問題上可以選擇信仰或不信仰、也可以自由選擇信仰何種宗教，而不用擔心因此受到社會的迫害或歧視。

宗教自由在某種程度上等同於人們自由選擇人生目標，其重要性不言而喻。

最早在世界範圍內提出宗教自由概念的人是美國總統富蘭克林‧德拉諾‧羅斯福，他在西元一九四一年建議聯合國成立的會議上提出了四個自由，其中一個自由就是宗教自由。這個提議後來被聯合國採納。

現代社會的宗教自由原則起源於《世界人權宣言》第十八條：「人人有思想、良心和宗教自由的權利；此項權利包括改變他的宗教或信仰的自由，以及單獨或集體、公開或秘密地以教義、實踐、禮拜和戒律表示他的宗教或信仰的自由」。這個原則已經被世界大多數的國家所引用，做為本國宗教自由原則的法律基礎。

富蘭克林・德拉諾・羅斯福：（西元一八八二年～西元一九四五年），美國第三十二屆總統，同時也是美國歷史上唯一連任四屆的總統。因在第二次世界大戰時期做出的貢獻，被美國民眾評論是美國最偉大的總統之一。他對宗教自由持有開放態度，將宗教自由的法律原則引入《美國權利法案》，並透過聯合國會議推薦給整個世界。

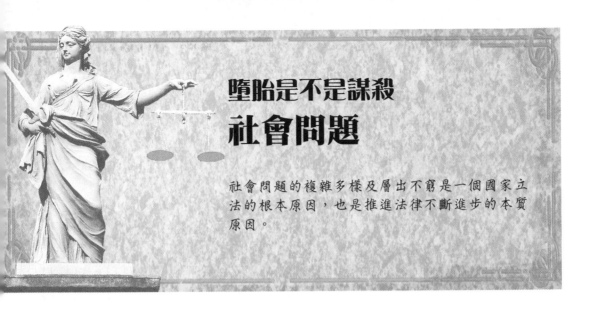

墮胎是不是謀殺
社會問題

社會問題的複雜多樣及層出不窮是一個國家立法的根本原因，也是推進法律不斷進步的本質原因。

　　墮胎，這個在現代社會中不斷被提及的社會問題，在二十世紀七〇年代的美國卻是個禁忌，法律明文規定，婦女懷孕後只能是出於被強暴的原因才能墮胎。

　　西元一九六九年八月，美國德州的女服務生諾瑪·麥科威懷孕想墮胎，朋友建議她謊稱遭到強暴，以合法墮胎，因為德州法律規定被強姦可以合法墮胎。然而，因為沒有警方報告證明其遭到強姦，這個辦法沒有成功。於是，她去了一家地下墮胎診所，發現該診所已經被員警查封。

　　然而，麥科威卻遇到了兩名年輕的女權主義者——琳達·考菲和薩拉·韋丁頓，她們鼓勵她向德克薩斯州反墮胎法發起攻擊。

　　西元一九七〇年，一個化名簡·羅伊的婦女（也就是麥科威）將執行德州禁止墮胎法律的達拉斯縣檢察長亨利·韋德告上法庭。簡·羅伊稱自己被人侵犯後懷了孕，她不想要這個孩子，因為這個孩子帶給她更多的不是成為母親的快樂，而是提醒她曾經那些不愉快經歷的

證物。她相信在美國和她有同樣心理的婦女有很多，因此她代表她們將現行法律的執行官告上法庭，希望法官支持她修改墮胎法案的請求。

這個案件在當時引起了大眾的高度關注，德州法庭宣判支持簡・羅伊的觀點，認為婦女有權利決定胎兒的出生權益，但是拒絕修改州級法律。

控辯雙方對這個判決都不滿意，他們同時提出上訴，將這個案件最終呈遞到了聯邦最高法院。

西元一九七一年十二月十三日，這個舉國矚目的案例第一次在聯邦最高法院開庭。

檢察長韋德一方說：「胎兒也是有生命的，憲法規定人的生命需要被平等對待，受到法律保護。」

簡・羅伊的辯護律師說：「憲法規定了法律必須保護人們的隱私，而墮胎與否是婦女隱私的一部分，法律應該予以保護。另外，憲法應該保護已出生人的權利，而不是連身形都沒有形成的胎兒。」

案件的一審由於當時法院正處於新老更替的階段，並沒有給出最終判決，直到十個月後，聯邦最高法院進行第二次庭審時才有了微妙的變化。

簡・羅伊的辯護律師在第二次庭審中打出溫情牌，說：「雖然墮胎不是什麼好事情，但是憲法是不是應該保護婦女的基本權利，我申請法官允許婦女們自由決定這樣一件關於隱私的事情。對簡・羅伊而言，每一次看到嬰兒，都會讓她想起被強暴的事實，她做不到愛自己的孩子，這對孩子也是不公平的。」

又過了三個月，聯邦最高法院做出最終判決，法官和陪審團一致

支持簡・羅伊一方，判決德州政府修改關於禁止墮胎的法律條文。這個判決書是法官歷經三個月的思考而完成的，它的理由有三：其一，法律應該保護那些不願意生育，正在受到肉體和精神折磨的婦女，而不是法律範圍內尚未包含的胎兒；其二，自由墮胎權屬於個人隱私權範疇；其三，法律對妊娠期不同階段應該區別對待，在胎兒形成的前三個月，墮胎不會對婦女造成傷害，可以允許婦女自由選擇，在三個月時，墮胎風險增大，法律應規範墮胎程序安全，保護孕婦身體健康，最後三個月，法律應該禁止墮胎，因為此時胎兒基本成型，禁止墮胎在這個階段有邏輯學和生物學上的合理性。

這個案例後的數年內，美國四分之一的婦女都曾有墮胎行為。

法學講堂

社會學認為，那些社會關係失調，影響社會大部分成員正常生活，妨礙社會和諧發展的社會現象，統稱為社會問題。它代表的是社會真實狀態和人們期望之間的差距，其複雜多樣及層出不窮往往成為一個國家立法的根本原因，更是推進法律不斷進步的本質原因。

一般認為，社會問題因素分為主觀因素和客觀因素，內容包括：社會現有的共同生活部分發生障礙和影響社會進步的因素產生。故事中墮胎方面的問題屬於前者，是對美國當時婦女生活中出現的一些共性問題產生的障礙。

小知識

尤根・埃利希：（西元一八六二年～西元一九二二年），奧地利法學家，社會學法學派在歐洲的首創人之一。主要著作有《法的自由發現和自由法學》、《法律社會學的基本原理》、《法學邏輯》等。

避免國王的記恨
言論自由

言論自由是指公民可以按照自己的意願自由地發表評論或聽取他人意見的權利，在近些年，它也被引申為公民可以利用視訊、照片、舞蹈等多種形式發布言論。

　　十四世紀的一天，英國的大臣們前來參加議會，每個人心裡都是惴惴不安的。最終，湯瑪斯·薩維奇爵士打破了表面的平靜。

　　「各位同仁，」湯瑪斯·薩維奇爵士說，「我們今天的提案不出意外的話，一定會惹惱陛下，各位有沒有什麼好的建議以避免陛下發怒呢？」

　　他身邊的大臣說：「爵士，您是否還記得幾年前在會議上發生的事情？」

　　湯瑪斯·薩維奇爵士點點頭：「在座各位應該都知道，你說的是湯瑪斯·哈克斯事件吧？」

　　大臣稱是。

　　一些新入朝為官的年輕官員不懂，好奇地問：「湯瑪斯·哈克斯是誰？」

　　大臣詢問地看向湯瑪斯·薩維奇爵士，爵士點點頭：「這也不是

什麼機密事件，但說無妨。」

得到湯瑪斯・薩維奇爵士的首肯，大臣向新人們介紹了湯瑪斯・哈克斯事件的前因後果。

湯瑪斯・哈克斯也是一位政府官員，他在幾年前參加了國王舉辦的議政會議，這次會議的結論將做為立法的初稿。議政會議，就意味著每個人都需要發言，大家小心翼翼的樣子讓急性子的湯瑪斯・哈克斯頗不耐煩，他直截了當地說出國家需要改進的政策。他的見解雖然是大多數人想表達的，但卻惹惱了國王，國王雖然當時沒說什麼，但在一個月後，上議院卻在國王的授意下判處湯瑪斯・哈克斯叛國，幸好有下議院為他求情才免除一死。

湯瑪斯・哈克斯的故事聽得眾大臣臉色慘白，他們求助地望向湯瑪斯・薩維奇爵士，後者表示自己暫無應對措施。

國王緩步走進會議廳，會議主持人宣布會議開始。

湯瑪斯・薩維奇爵士靈機一動，在大家開始討論和提議之前，對國王說：「陛下，我們等會兒要討論一些議案，這些議案還沒有得到大家的一致觀點，所以在商討的過程中可能會出現不同的意見。」

國王點頭表示認同。

湯瑪斯・薩維奇爵士繼續說：「如果商討的意見中，有和您意見不符或者衝撞到您的地方，還請您見諒恕罪。」

國王欣然同意他的請求，正由於湯瑪斯・薩維奇爵士的機智，這次會議才得以在和平的氛圍中圓滿展開。而商討中但凡有侵犯到國王利益的，也因為湯瑪斯・薩維奇爵士的事先聲明而未受到國王的「記恨」。

　　這個故事是「言論自由」理論最早可追溯的來源，它最早不是做為一種人的自然權利被提出，而是在皇室的高壓政策下大臣尋求自保的方法之一。

　　後來，在資產階級啟蒙思想家反對封建專制制度的過程中，它才以口號的形式被提出來，並在西元一七八九年法國的《人權與公民權宣言》中首次以法律條文的形式被確定下來。西元一七九一年，美國憲法修正案第一條也把言論自由列為首要的公民權。

　　言論自由的出現有利於促進民主進程，藉由言論自由，人民可以參與議政進而影響政府決策，甚至言論擴大到一定程度變成統一的社會輿論時，還

威斯敏斯特宮，又稱國會大廈，它是英國國會（包括上議院和下議院）的所在地。此圖是西元一八二一年喬治四世在威斯敏斯特宮加冕禮的情景。

能把政府官員拉下臺；言論自由也有助於當局發現事實真相、提升法律自主性和在統治階級中形成容忍不同意見的氛圍。

但言論自由也必須堅守法律的底線，不能因為可以自由發表觀點就隨意對他人進行毀謗，否則將構成「毀謗罪」。

西方國家盛行的一條「相鄰原則」就是關於言論自由的法律條文，它規定人們在享有自由的同時，應該提高警惕和保持必要的注意，不能用自己能夠預見惡劣結果的行為（或）言論傷害四鄰。

小知識

波特・斯圖爾特：（西元一九一五年～西元一九八五年），曾任美國最高法院大法官。他在耶魯大學的一場演講中提出「第四權理論」，這個理論將新聞從業者的言論自由和普通民眾的言論自由區分開來，具有積極意義。

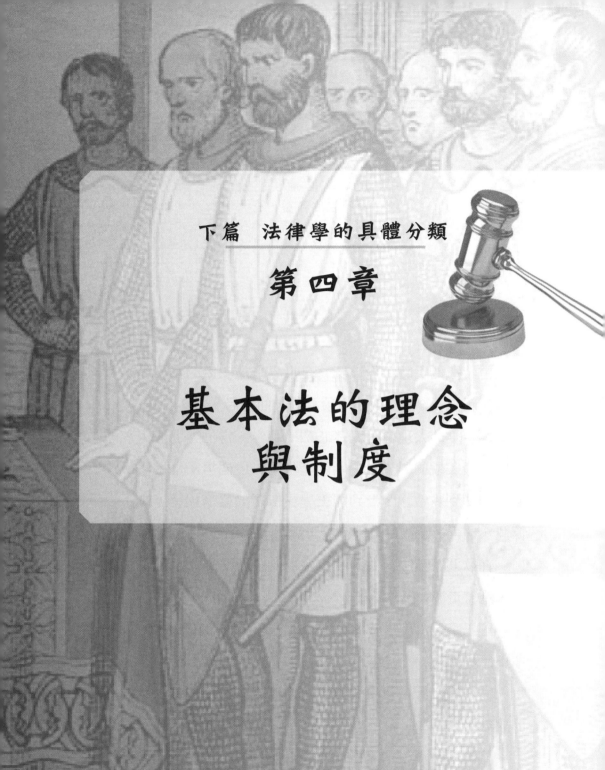

下篇　法律學的具體分類

第四章

基本法的理念與制度

美女引發的戰爭
古希臘的憲法

在古希臘，憲法被認為是法律的一種，亞里斯多德曾將古希臘各城邦的法律分為憲法和普通法律，憲法就是有關城邦組織和權益的法律。

　　古希臘的王后海倫被認為是世界上最美貌的女子，她和國王墨涅依斯相親相愛，是一對讓人羨慕的神仙眷侶。

　　再相愛的人也會有鬼迷心竅的時候。當世界上最美貌的女子遇到世界上最美貌的男子，悲劇就產生了。這個男子是特洛伊的王子帕里斯。他初到古希臘，受到國王墨涅依斯的盛情招待，為了表示自己的慷慨，國王墨涅依斯讓美麗的王后也加入到歡迎隊伍中。

　　在歡迎晚宴上，海倫和特洛伊的王子一見鍾情，當晚就和他私奔了，還帶走了大量的珠寶。

　　國王墨涅依斯知道後暴跳如雷，他下令集結全國兵力攻打特洛伊，把王后搶回來。

　　古希臘人天生浪漫，為了讓這場戰爭師出有名，還編了一個美麗的故事。

　　相傳，在國王珀琉斯和海中女神特提斯的結婚典禮上，「爭吵女神」氣沖沖地跑進來質問國王為什麼沒有邀請她參加婚禮。國王一看

到她就開始頭痛，之所以沒邀請她，就是害怕會發生這樣的事情。只要「爭吵女神」出現的地方，就一定會有爭鬥。「爭吵女神」把一顆刻有「給最美麗的女神」字樣的金蘋果丟到大廳中央就揚長而去了。參加婚禮的女神們都想得到，但蘋果只有一顆。

宙斯想了一個辦法，祂讓女神們去問特洛伊的一個牧羊娃帕里斯。女神們為了得到金蘋果和最美的稱號，都給帕里斯最大的承諾：天后赫拉許諾他成為國王；智慧女神雅典娜承諾他會變成最聰明的人；愛與美的女神阿佛洛狄特發誓她會給他全希臘最美的姑娘做新娘。

這個牧羊娃實際上也是宙斯安排的，他真正的身分是特洛伊的王

《帕里斯的裁判》是畫家魯本斯以近乎現實的寫實傾向來畫帕里斯的古代神話。他用自己的妻子海倫・富曼（Helena Fourment）做為美神阿佛洛狄特的模特兒，背景使用極為常見的風景。

子，遲早會成為一個國王。帕里斯覺得自己夠聰明，他唯一缺的就是一個新娘。於是他將金蘋果給了阿佛洛狄特女神，做為回報，阿佛洛狄特女神將全希臘最美的姑娘——希臘王后海倫許配給他。但海倫是有丈夫的，於是古希臘和特洛伊之間的戰爭就爆發了。

特洛伊雖然是個小國，但是易守難攻。戰爭整整持續了九年，第十年的時候，奧德修斯想出一條妙計，他將戰士們裝到一個巨大的木馬裡，慫恿特洛伊人將木馬運回城中。等到夜深人靜的時候，士兵們從木馬中走出來，將特洛伊城從內部攻破。這場耗時十年的戰爭才宣告結束。

法學講堂

憲法是一個國家的基本法，是一切法律分支的基礎。

對於古希臘的城邦生活來說，國家利益高於一切就是古希臘憲法的最基本原則。

亞里斯多德曾將古希臘各城邦的法律分為憲法和普通法律，他的著作《政治學》就是以對古希臘各城邦憲法的研究為理論基礎的。

他認為，古希臘的憲法就是有關城邦組織和許可權的法律，包括公民資格、公民權利與義務的法律和城邦議事機構、行政機構和法庭的組織、許可權和責任。

古希臘憲法的主要特點有：

一、有濃郁的城邦主義色彩。

二、有顯著的自然法的影響。

三、法律思想和哲學、社會學思想密不可分。

四、古希臘思想家們特別關注政體的法治問題，這是古希臘憲法的重要特點。

亞里斯多德：（西元前三八四年～西元前
三二二年），古希臘偉大的哲學家、思想家。
他是柏拉圖的學生，亞歷山大的老師。在法律
學方面，他提出以中產階級為主體的共和政體
是最穩定的政體。

元老的提議
古羅馬的元首制

元首（Principate）在古羅馬的語言中被翻譯為第一公民，由這位第一公民管理國家的制度就叫做元首制。

　　故事發生在西元前三二年，屋大維率軍逼近埃及城，在這裡他終於見到了自己的老對手、死對頭安東尼。

　　他看著面前這個頭髮凌亂的男人，往事歷歷在目。

　　若干年前，安東尼是凱撒的心腹，也常自稱是凱撒的繼承人。但凱撒喜歡的卻是屋大維，他將自己財產的四分之三都留給屋大維，並且將他視為自己的唯一繼承人。可是安東尼卻殺死凱撒，奪走了原本屬於屋大維的一切，還譏諷地對他說：「年輕人，除了凱撒的名字你以為你還能得到什麼嗎？錢，我花光了。權？難道憑你也想得到嗎？」

　　那時候屋大維什麼話都沒說，只是默默地接受了他的蔑視，將復仇的種子深埋在心裡。

　　想復仇，就得有權勢。屋大維變賣自己的所有財產招兵買馬，他招募的人是凱撒原來的部下，這些人是完全效忠他的。他日夜訓練士兵，終於在西元前四三年七月，得到了一次機會——他趁安東尼出征在外的時候，控制住了羅馬，逼迫元老院任命他為執政官。當時元老院

也想用另一股勢力牽制安東尼，就答應了屋大維的要求。

又過了一年，安東尼征戰到了埃及，在這裡他遇到了美若天仙的埃及女王，並深深被她吸引。很快，安東尼就娶了埃及女王為妻，不久生下了一對可愛的雙胞胎。安東尼太愛埃及女王了，他居然將東方行省的地區贈送給埃及女王和他們的子女當作禮物。

安東尼分裂祖國領土的行為惹怒了元老院，屋大維趁機在國內製造反對安東尼的輿論。最終在社會壓力下，元老院下令剝奪安東尼的權力，派屋大維出兵討伐安東尼和埃及女王。

經過奮戰，就出現了故事剛開始的那一幕。

安東尼認出這個多年前被自己譏諷的年輕人，他依舊趾高氣揚地對屋大維說：「年輕人，既然今天我們遇到了，我要求和你單打獨鬥來決定這場戰爭的勝利權。」

「單打獨鬥？」屋大維笑笑，「你憑什麼呢？如今的你，什麼都沒有，連你的妻子、孩子都連夜乘船離你而去。如今，你想活，我不會給你機會；你想死，辦法多的是。」

安東尼只好拔劍自殺。

屋大維凱旋而歸，在元老院的堅持下，他接受了「奧古斯都」稱號，這是一個比皇帝更光榮的稱號，意味著人民的愛戴。另外，他還接受了「元老院首席公民」（即「元首」）和元帥的榮譽稱號，獨攬古羅馬行政、軍事、司法等大權。

元首這個詞同時也在世界範圍內傳播開來。

這年，屋大維年僅三十六歲。

元首制始於西元前二三年，止於西元三世紀末期。

故事中的屋大維掃除群雄，在古羅馬樹立了他不可動搖的政治地位，由於他很討厭「國王」這個稱號，於是授意元老院創立了「第一公民」即「元首」的稱號。第一公民擁有行政、軍事、司法等大權，因此元首制也被法學家們認為是披著共和制外衣的君主專制制度，而史學家們也通常喜歡用「皇帝」來稱這個時期的羅馬領導人。

羅馬元老院是羅馬帝國共和制的象徵，雖然它並不具備與元首相抗衡的權力，但元首制時期的羅馬帝國首領想通過一個法案時，必須經過元老會的同意。當一個新任皇帝登基時，也必須經過元老會的認可，才算得上是法律認同的羅馬皇帝。

小知識

帕比尼安：（西元一四〇年～西元二一二年），羅馬帝國著名法學家，代表作有三十七卷的《法律問答集》、十九卷的《解答集》和十九卷的《解說書》。他的法律學說對於羅馬帝國影響極深，《學說引證法》中明確規定，在古羅馬五大法學家的意見相左時，以多數為準；不能形成多數時，則以帕比尼安的學說為準；如果帕比尼安未有意見表示，則由執法者自行選擇。

貪婪的裁判官
古羅馬《萬民法》

《萬民法》從字面意義理解，是指各民族共有
的法律，它是羅馬法律體系中比較成熟和發達
的部分，也是後來羅馬基本法的內容。

　　在羅馬的一個城市裡，居住著一個神父，和當時所有的神父一樣，他每天穿得乾乾淨淨的對上帝尊崇至極。事實上，他不但管人們信不信教，就連人們生活起居和包包裡有沒有錢，他都要打聽個一清二楚。

　　有一天，他在酒館裡遇到一個頭腦簡單但是富有的平民，平民那天多喝了幾杯酒，趁著酒意就對眾人說了一句大不敬的話：「我喝的這酒真是美味，即便給耶穌喝都不算次品！」

　　這話本來就是一句醉話，沒有絲毫褻瀆宗教的意思，但說者無心，聽者有意，話傳到神父耳朵裡就壞事了。

　　這個愛打聽的神父知道平民有大量的田地和金銀，就向宗教裁判所的裁判官告密，裁判官也是神父出身，聽到有人褻瀆上帝，立即下令將平民逮捕，想從這個案件中把平民的錢都撈到了自己的口袋裡。

　　裁判官將被逮捕的平民叫到自己面前，問他承不承認自己說過這樣的話，平民說有，但是把當時說話的意圖和出發點都解釋給裁判官聽。

宗教裁判所是中世紀和近代初期天主教的司法機關，前後共經歷約五百年，不僅用來鎮壓異端，並用來迫害阿拉伯人和猶太人。

裁判官聽後大怒：「照你這樣的說法，我們的上帝豈不是就是一個酒徒！和你們這些爛酒鬼一起混在酒館裡？你怎麼能這麼輕描淡寫地說這件事！你不要再糊塗了，這件事我就私下處理了吧！如果依法辦理，你是要被活活燒死在刑柱上的。」

平民嚇壞了，只希望能夠從輕發落，裁判官原本要將他送上火刑柱，突然之間也開了恩，在和神父瓜分了平民的財產後，他象徵性地把平民關了幾天，吩咐他以後每天必須做兩件事，第一件事是早晨到教堂去做彌撒，算是向上帝懺悔；第二件事是裁判官用餐時他必須在旁伺候。每天做完這兩件事他就可以自由活動了。

平民按照裁判官的話去做，有一天早晨，在做彌撒時，他聽到一句話：「你奉獻一個，必將得到百倍回報，並且承受永生。」

平民把這句話牢牢記住，在裁判官用餐時對裁判官說：「我今天早晨做彌撒時聽到一句話，不禁為你和神父的來世感到擔憂。」

裁判官問：「什麼樣的話能讓你為我們擔憂？」

平民回答說：「大人，我聽到的是『你奉獻一個，必將得到百倍回報，並且承受永生。』我每天到你這來，看到修道院裡把你和你的

同事們吃剩的菜湯都倒給聚在外面的窮人，有時候是一大鍋，有時候是兩大鍋，按照主的福音，你們今天施捨了一鍋子的菜湯，來世就會收到一百鍋的菜湯，你們到時候怎麼受得了呀？」

用餐的人都笑了，裁判官卻覺得當頭一棒，他聽懂了平民的話，這個膽大的平民竟然把他們這一班人的貪婪和假慈悲全都揭露出來了。

值得一提的是，一起用餐的人之中也有正義的裁判官，他把平民的諷刺後來寫進自己的筆記中，對法律改革發揮了一定的作用。

法學講堂

古羅馬最初的法律叫做《市民法》，只保護古羅馬中具有公民身分的羅馬市民，對沒有公民身分的拉丁人和外來人口的權益則比較漠視。隨著古羅馬做為國際大都市的角色愈來愈明顯，《市民法》的缺陷就顯露了出來，取而代之的是後來的《萬民法》。而在《市民法》發展成《萬民法》的過程中，如故事中所示，裁判官也發揮了作用。

古羅馬的裁判官由軍伍大會選舉產生，最初全國只設最高裁判官一名（後來增設到兩名），擁有立法權和司法權。每個最高裁判官在上任之初，都會根據自己的經驗彙編出一張告示來，向市民宣布自己的司法主張及市民可以獲得的司法保障。這種告示雖然沒有以法律條文形式寫進法典，卻對實體法律產生著潛移默化的影響。

由於最高裁判官這種宣布告示的方式，和最高裁判官在司法審判過程中，也可以根據事實情況不斷調節市民法的內容，使得每一任最高裁判官在「準法律」的發展中都貢獻了自己的力量，這些告示和對實施法律的調整後來也被做為《萬民法》的立法基礎。

《萬民法》是古羅馬法律體系中的重要組成部分，也是比較成熟和發達

的部分，它有兩種涵義：

一、可以做為各國法律的基礎，適用於各個國家和民族。

二、克服了民族狹隘特點，更滿足社會進步要求。

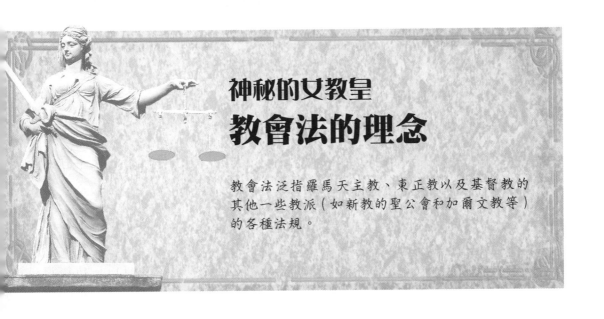

「我一定會下地獄的。」女人躺在床上，修長的手指慢慢劃過男人的臉頰，這個男人如此年輕，眼中充滿的全是對她的愛戀。

女人眷戀著他的眷戀，用雙手捧起他的臉頰：「因為你，我即便下地獄，也是微笑著的。」

誰能想得到，這個柔情蜜意的小女人竟然是當時教廷的教皇瓊‧安格里卡斯。她於西元八一八年生於英國，青年時代在德國讀書時遇到了她的第一任丈夫。他是個修道士，在丈夫身邊的日子，她接觸到了基督教。為了陪伴丈夫到希臘工作，她女扮男裝偽裝成丈夫的隨從，跟著他一起參加教會工作。

數年之後，瓊‧安格里卡斯的丈夫去世了，悲痛欲絕的她覺得將全部精力都放在宗教寄託上也挺好的，就毅然來到基督教的中心——羅馬工作。

瓊‧安格里卡斯在宗教上的造詣明顯高於她的丈夫，僅僅幾年時間，她就在羅馬當上了大學教授，向年輕的學生們傳經佈道。後來，

因為教學上的卓越，她又被提名為羅馬教廷的公證人，認識她的人都親切地叫她約翰（化名）神父。

起初是為了展開工作的方便，後來便是騎虎難下，她始終以男人的姿態出現在民眾面前。隨著聲望的不斷攀升，她迎來了個人生涯的最高峰。在西元八五三年，羅馬教皇列奧四世去世後，她的呼聲愈來愈高，最後經過四個小時的會議討論，她被推舉為新一代的教皇，史稱「約翰八世教皇」。

當選上教皇的瓊‧安格里卡斯又激動又恐懼，激動的是，她已經憑藉自己的努力到了世界權力的最高點，她的才華被世人所認可；恐懼的是，她畢竟是女兒之身，一旦這個身分被別人揭穿，她面臨的可能會是死亡。

但是命運已經將她推到了這個軌道，她只能一步步地往下走。如果她一直兢兢業業，也許她會在教皇的位置上一直到死，但命運偏偏不肯放過她。在她成為教皇的第二年，她遇到了一個二十歲的年輕人，讓他成為自己的私人管家。兩個人在朝夕相處中日久生情，於是就出現了故事開頭的那一幕。

幾個月後，瓊‧安格里卡斯發現自己懷孕了。但是她的工作太忙，一直都沒有時間離開羅馬去秘密流產。

西元八五五年，瓊‧安格里卡斯率領信徒舉行宗教儀式，當大隊人馬簇擁著這位教皇走到聖彼得教堂通向拉特蘭宮途中，教皇突然早產了。她的經歷被教會認為是奇恥大辱，在宗教史中絕口不提。而在她之後的歷任教皇都對從聖彼得教堂通向拉特蘭宮途中的這一段敬而遠之。

　　故事中的女教皇在歷史中並不存在，她只是人們對教會的控訴形象。比如，教會在中世紀全面推廣禁慾和貞潔的思想，但這個思想卻和他們信仰的《聖經》（聖經中的最重要的兩個女人，夏娃和聖母）有巨大的矛盾。故事中女教皇當街生子，很像聖母不得已把孩子生在馬廄，而她意志薄弱很容易被引誘又像夏娃。整個故事充滿了對教會宣揚思想的諷刺。

　　教會法是西方法律體系中的重要組成部分，它的許多概念、原則被後世借鑑和沿用，對各國的基本法影響深遠。

　　教會法體系的憲法中規定最高統治權屬於教皇，但也不能凌駕於法律之上，在中國常見的「朕就是法律」，在西方世界基本上不存在；教會法中的《社團法》也影響了各國憲法的制訂，它主張涉及所有人的事務和法律應該得到每個人的同意。

耶穌在馬廄中降生。

小知識

奧古斯丁：（西元三五四年～西元四三〇年），神學家、哲學家，曾任北非城市希波的主教，故史稱「希波的奧古斯丁」。主要著作：《上帝之城》、《懺悔錄》及五百多篇演講稿、三篇論文及兩百一十八封書信。其中《上帝之城》曾被奉為基督教神學經典，該書對後世基督教神學都有重大影響。

鱷魚的裁決
《日爾曼法》

《日爾曼法》是日爾曼民族侵入羅馬帝國，在建立「蠻族國家」的過程中，將原先氏族部落習慣逐漸成文的法律。

在日爾曼部落中，人們相信鱷魚和神明之間有某種說不清、道不明的聯繫，尤其是在每年春分和秋分這兩天，上帝就會化身為鱷魚，判定人民是否有罪。

於是，在日爾曼部落中，每到春分和秋分，人們都會把無法判定是否有罪的嫌疑犯綁在河邊的木樁上。如果這個人有罪的，到了傍晚，鱷魚就會爬上河岸把他一口吞到肚子裡；如果他是無罪的，鱷魚就不會碰他一下。這種野蠻的審判規則被稱為「鱷魚的裁決」。

這天，輪到霍赫一家愁雲慘霧了。原來，他家的小兒子被鄰居家的女兒狀告強姦，由於證據不足，法官已經判了霍赫家的小兒子無罪，但鄰居一家不服，認為霍赫買通了法官，便請求部落裡的頭目，希望啟用「鱷魚的裁決」，頭目答應了，將在秋分這一天舉行鱷魚裁決。

秋分一天天臨近，霍赫的小兒子忍不住了，他拉著霍赫說：「父親，求你救救我。」

「你強姦了鄰居家的女兒嗎？」霍赫問小兒子。

小兒子回答：「當然沒有，你也知道，她失身的那天晚上我在家裡睡覺，根本沒出過門。」

「那你怕什麼？」霍赫輕描淡寫地說，「如果你是無罪的，鱷魚不會裁決你的，牠代表的是神明的意願。」

小兒子抱頭蹲在地上嚎啕大哭：「說句大不敬的話，如果神明在那一天沒有分身到鱷魚身上，或者說沒有分身到負責裁決我的那隻鱷魚身上，我不就是死定了嗎？」

霍赫鎮定地對小兒子說：「你要相信神明，祂不會冤枉任何一個好人的。」

到了秋分那一天，部落中的人將霍赫家的小兒子綁到木樁上，等著鱷魚前來。但從日出等到日落再等到第二天太陽再次升起，鱷魚都遠遠看著霍赫家的小兒子，一點吃他的意思都沒有。部落頭目宣布霍赫家的小兒子透過了鱷魚的裁決，無罪釋放。

小兒子從木樁上下來，兩腿一軟，癱倒在霍赫的懷裡。等回到家中，他好奇地問父親：「那些鱷魚為什麼不來吃我呢？」

「因為你是無辜的啊！」霍赫眨眨眼睛，並不準備對兒子說出實情。

事情的真相是，霍赫早就買通了負責看守鱷魚裁決的老僧侶，在鱷魚裁決之前將一群豬趕到河裡，鱷魚吃飽了肚子，當然對綁在木樁上的人就沒有興趣了。

法學講堂

古代日爾曼諸部落侵入羅馬帝國後，建立了「蠻族國家」。在文明發展

的進程中，日爾曼諸部落發覺到國不可無法，於是他們將原本氏族中的一些部落習慣引入到蠻族國家中，形成了日爾曼民族的法律。因為部分內容具有氏族部落的野蠻性，被法學家們戲稱為「蠻族法律」。它在某種程度上等同於道德規範，在西元五～十五世紀影響了西歐的大部分國家，對後世的資本主義性質法律也有影響，其中英國受影響最深。

按照日爾曼部落的習慣，人被分為四個等級：貴族、自由人、半自由人和奴隸。日爾曼民族的基本法規定，人民大會是真正的權力機關，由全體自由人組成，決定一切重大問題、進行審判和履行宗教儀式。

後來，隨著封建性質的逐步加強，人民大會的權力不斷被剝削，國家權力最終落到新貴族手中。

小知識

查理：（約西元七四二年～西元八一四年），西歐中世紀著名的軍事統帥。他在任期間，建立了繼羅馬帝國之後歐洲最強大的帝國。他積極參與法律的編撰，改善了司法審判過程中的漏洞，還創建了中央集權的封建制度。

永恆的古城
中世紀的城市法

城市法是中世紀西歐城市發展過程中形成的法律體系，它涉及商業、貿易、徵稅、城市自治及城市居民的法律地位等方面。

西元一七四八年的春天，安德列正在他家田地準備種下新鮮的種子。他用農具用力向地上一挖，農具竟然像被咬住一般，怎麼都拔不出來。

安德列心頭一顫，莫不是自己的祖先在這塊土地下埋了給後人的寶藏？他叫來自己的妻子、兒子、兄弟姐妹們一起來幫忙。

眾人用小匕首等精細工具把農具旁邊的土扒開，一個巨大的金屬箱子出現在大家面前，安德列的農具正嵌在箱蓋上。

大家費力把箱子取出來，打開一看，裡面全是半融化狀態的金銀首飾和古錢幣。

一個稍懂歷史的兄弟想起世代流傳的傳說，他向在場的人講了一個故事——

西元前七九年十月，古羅馬一個酒商的妻子突然胸口絞痛，咳血不止。當時酒商正在龐貝進貨，家裡只剩下女兒索菲，索菲情急之下，叫來自己的未婚夫卡洛。卡洛說他的老家龐貝有個特別有用的止血石，

他可以快去快回取來給未來的丈母娘用。

　　就這樣，酒商的妻子和女兒都向著同一個城市期盼著。索菲日盼夜盼，既盼望未婚夫早日歸來，又盼著母親的胸口痛能早日恢復健康。但是，過了一天又一天，她等來的卻是一個噩耗，在十月的一夜，維蘇威神山突然爆發，血紅的岩漿噴發沖天，瞬間就將龐貝吞噬殆盡。

　　未婚夫從此未歸，母親因為等不到止血石而咳血至死，而父親也失蹤了，索菲傷心欲絕的歌聲從此飄盪在地中海上空。

　　講完這個故事後，稍懂歷史的兄弟說：「我們的祖先後來發現火山爆發過的地方已經長滿茂密的森林，他們砍掉森林後，土地就露出黑黝黝的面貌，非常適合種植莊稼，於是我們世世代代就在這裡定居了。」

　　安德列挖出旁邊財寶的事情很快傳開，很多淘金者慕名而來，同時也吸引了一大批的考古專家。後來，在專業考古者的建議下，義大利政府組織一批人員進行專業挖掘，一夜之間消失的龐貝古城又出現

龐貝城的末日。

在人們面前：火山是在一瞬間爆發的，很多人當時在睡夢中死去。他們的狗還拴在門邊的鍊子上，他們的麵包還在烤箱中烘焙，他們的圖書館裡還擺放著草紙做成的書卷，他們的牆上還被藝術家們塗寫著關於愛情的詩句⋯⋯像是活生生的一般。

法學講堂

　　最早的城市法產生於義大利各個城市，比如九世紀倫巴城市法，十世紀的基羅亞城市法等。當時的城市法主要內容還是各城市的行為道德規範和對羅馬法的發揚和繼承。從十一世紀到十五世紀，城市法得到顯著發展，當時凡是重要的城市都有自己的城市法，各商業城市為了維持共同的利益，結成了城市聯盟，還簽署了城市同盟法。

　　雖然各個城市的城市法不同，但還是具有共同點：

　　一、國王或者封建統治階級承認自己屬地上的城市有自治權利。

　　二、城市取得自治權後由市民代表組成的市議會，行使最高行政權和司法權。

　　三、商人和手工業者為共同利益建立行會，每個行會都有自己的章程，實際上這些章程也具有法律效力，成為城市法的一部分。

小知識

尼可羅・馬基雅弗利：（西元一四六八年～西元一五二七年），義大利著名的政治思想家、外交家、歷史學家和法學家。他所著的《君主論》一書提出了現實主義的政治理論，另一著作《論李維》則提及了共和主義理論。

青草地上的請願
英國《大憲章》

英國大憲章是西元一二一五年英國訂立的憲法，用以限制英王尤其是當時的國王約翰的絕對權力。

　　溫莎堡位於倫敦西北三十公里處的泰晤士河畔，這裡風景優美，草色青青，是全世界、全人類第一部真正意義上的憲法發源地。

　　西元一二一五年六月十五日清晨，當溫莎堡還處於沉睡之中時，幾十個英國貴族帶著佩劍，騎著駿馬，來到城堡前的草地上，他們的目的是為了向專制而粗暴的國王約翰遞交一份請願書，請願書的內容是要求國王保證在今後行使權力中，不得以任何理由侵犯貴族的任何權利，必須遵守法律。

　　這幾十個英國貴族就站立在青草地上，他們的隨從和鐵甲騎兵潛伏在不遠處的樹林裡時刻準備著。這場和國王的談判一旦破滅，他們就準備採用武裝反抗形式。

　　九點左右，國王率領教皇、使節、大主教和一小隊衛士漫不經心地來到草地上，一個貴族代表迎上前去，向國王獻上一小卷羊皮紙。

　　約翰大致看了一眼，上面寫著：「在沒有經得貴族同意時，國王不得隨意收取賦稅」、「未經法官合法裁決和審判，國王不能逮捕、

約翰王簽署《大憲章》。

囚禁任何人，不能剝奪其財產或施加刑罰」……這張羊皮紙上寫了很多諸如此類的不得這樣，不得那樣，約翰都很平靜地看完，但紙上的最後一條讓他皺了眉頭，這一條是「如果國王不遵守以上條例，貴族有權以武裝形式驅逐暴君，全國人民都應該站在正義的貴族一方。」

據當時參加武裝反叛的貴族回憶，國王的表情很肅穆，青草地上的空氣緊張地都要凝固起來了。正當貴族們想要拔出佩劍時，國王竟然點了點頭，將羊皮紙交給他的大法官，然後邁著不失尊嚴的步伐返回了溫莎堡。

四天後，《大憲章》誕生，其主要內容就是來自於那卷貴族交給國王的羊皮紙，全人類歷史上第一部以憲法命名的法律正式誕生。

法學講堂

這次青草地上的請願，促成了一部偉大法律的誕生，在今天的大英博物館裡，這卷羊皮紙仍被妥善保管。

撇開羊皮卷中瑣碎細節不談，我們會發現一個問題，生活在十三世紀的英國貴族們並不懂得法律面前人民自由的重要性，或者說他們也不關心，但

他們卻堅信一個原則，而這個原則又為後世民主自由的法律制度奠定了基礎，這個原則就是「在一個法治國家中，法律是最神聖、最至高無上的，即便國王也不能隨意違反。」

英國《大憲章》是西元一九一二年訂立的英國憲法，用以約束國王的絕對權力，它要求國王及皇室成員尊重法律、尊重司法過程，接受王權受法律限制的事實，它象徵著英國逐漸走上建立憲法政治的道路。

最初的《大憲章》有六十三條，除了限制王權外，也確定了英國公民可以享受到的權利與自由，其中對後世影響最為深遠的是第三十九條，它開創性地提出「人身保護」的概念：「除非經過法官進行法律審判，否則任何公民不應該被拘留或囚禁，或剝奪財產，或放逐，或殺害。」這個法律條文說明，即便是國王，想要傷害一個人，或是審判一個人，也必須尊崇法律程序。

在《大憲章》簽定的幾十年後，英國又簽定了《牛津條例》，確立議會雛形，這兩個法律條例的簽定確定國家大事要交給大議事會討論，國王和貴族之間應該建立有效的合作方式，這兩點在今天的英國憲法中也可以找到它們的身影。

小知識

詹姆士‧哈林頓：（西元一六一一年～西元一六七七年），十七世紀英國資產階級革命時期的政治思想家。早期主張君主立憲制，查理一世被俘後主張共和制。主要著作是《大洋國》（西元一六五六年秋），此書形式上是一部政治小說，實質上是其為英國提出的一部憲法草案。

公民資格的神聖
《美利堅合眾國憲法》

美國憲法是西元一七八七年制訂的，憲法規定美國將成為一個由各個擁有主權的州所組成的聯邦國家，同時設立聯邦政府來維持整個國家正常秩序的運行。

西元二〇〇八年，《紐約時報》的記者對八十六歲高齡的薩爾瓦多裔美國人瑪麗亞・雷耶斯進行了採訪，在之前的總統選舉中，她將自己的選票投給了後來成功當上總統的歐巴馬。

雷耶斯老太太和她的家人們一起住在加州南部加迪納市的一棟被粉刷成褐色的小別墅裡。這個溫馨的小屋有個綠草青青的小院子，記者到達院子時，草坪的綠樹上還掛著總統的競選海報。而在小屋的客廳裡，歐巴馬的照片被擺在最醒目的位置上。

雷耶斯老太太和她的家人們對記者說：「我們之所以將選票投給歐巴馬，是因為全家人都相信這個非裔候選人能夠代表、維護他們的利益。」雷耶斯老太太更是將投出選票認為是她的光榮和公民應盡的義務。

雷耶斯老太太說：「我為自己身為美國人而感到驕傲和自豪，因為獲得美國公民身分的道路實在是太過於曲折和漫長了。」

對於這個話題，雷耶斯老太太的女兒拉米爾茲有一肚子的話要說。

拉米爾茲是西元一九七八年到達美國的，那時候還年輕，同時打了三份工也不覺得苦，每天休息時間不超過六小時，生活過得很苦。可是，也許因為年輕，並不知道自己苦，直到那個時刻的降臨——

那天，她和往常一樣洗完盤子準備回家。正奇怪路上怎麼沒有行人的時候，天空突然綻放出一朵煙火照亮了整片天空，緊接著是第二朵、第三朵……夏天的夜被照得剎那如白晝。

就是那麼一個時刻，她愣在原地，長時間浸泡在洗滌劑和冰水裡的手隱隱作痛。她忽然想起，那天是美國的國慶日，也許中心廣場上一定擠滿了美國人，他們仰望天空，為自己國家的生日高聲歡呼。

她看著天空中綻放的煙火，覺得自己好委屈，終於忍不住哭了起來。那天也是她的生日，而她為了省錢，已經很久沒有回過自己的國家，在自己的家裡為父母盛上一碗飯。也就是在那個時刻，她發誓一定要把自己的父母接到美國，讓他們成為美國人。

雷耶斯老太太在這時拿出獲得美國公民資格的證書，隨證書保存的還有布希總統的一封信，信的內容是：「宏偉而持久的理想世世代代團結起美國人民……其中最偉大的是，每個人都應該獲得平等的機會，每一個人都具有其重要性。歡迎成為美國公民，擁有歡樂、責任和自由。」

記者在最後問雷耶斯老太太：「想念原來的家鄉嗎？」

她回答說：「想。但是家鄉已經沒有記憶了。在美國的這個家裡，有孩子們畢業升學記憶，有孩子們承歡膝下的快樂，我們已經是這個

國家的一部分了。」她接著說：「我每天都在為這個國家祈禱，因為我的十四個外孫、外孫女都在這裡，十二個曾孫、曾孫女也在這裡，我還有一個在伊拉克當兵為國盡忠的曾姪孫。」

法學講堂

《美利堅合眾國憲法》是美國的根本大法，也是美國政治制度的法律基礎。

除聯邦制國家的性質外，它的基本原則是：

一、三權分立的原則。明確要求美國實行立法、行政、司法三權分立，相互制衡為原則的資產階級民主共和政體。立法權屬於美國國會，行政權屬於美國總統，司法權屬於美國聯邦最高法院。

二、憲法至上的原則。美國憲法和國會通過的法律高於其他一切法律，聯邦各級法院如發現其他法律條例和憲法精神相違背，可以判處該法律條例無效。同時憲法還規定法院有權力審查各種法令是否合理，包括總統頒布的法令。

三、人人平等的原則。法律面前人人平等，州州平等，要尊重和承認彼此的存在。

憲法中對選舉投票有明確的規定，年滿十八歲未被剝奪政治權利的美國公民都有選舉權，總統的選舉由全國人民投票選舉產生。

美國憲法從根本上實現了其制訂之初的兩個目的，限制政府的權力（這一點和英國《大憲章》限制皇室的權力有些類似）和保障人民的平等、自由的權利。

當年制憲代表在草案上簽字時所使用的銀製墨水盒。

小知識

湯瑪斯‧傑弗遜：（西元一七四三年～西元
一八二六年），美國第三任總統，《獨立宣言》
起草人，被美國的權威期刊《大西洋月刊》評
為影響美國的一百位人物第三位。他一生從事
政治及法律工作達六十年之久，不愧為偉大的
人物。

攻占巴士底監獄
法國《雅各賓憲法》

法國一七九三年憲法是法國大革命的產物，是法國第一部資產階級性質法律。

法國著名心理學家勒龐在他的著作《烏合之眾》中記載了法國大革命荒唐的一幕——

在法國大革命中，因為巴士底監獄是封建統治者用來關押政治犯的地方，所以，對巴士底監獄的攻佔一直被視為是徹底推翻封建制度的象徵。

但是，讓我們回到西元一七八九年七月十四日，革命者帶領狂熱的民眾炸斷吊橋鐵鍊後，全體人員都衝進這個傳說中殘暴的場所，準備救助那些被封建國王關押的政治犯。

可是，當他們進到巴士底監獄時，所有人都呆住了。

這怎麼可能！巴士底監獄裡沒有政治犯，沒有傳說中貪婪暴躁的看守，只有一個監獄長，四個辦假證的小販、兩個精神病患者和一個性變態者，其中性變態者是他的父母管不住他將他委託給巴士底監獄的監獄長代為照顧的。

監獄長實際上更像一個保母在照顧這些所謂的「犯人」，當革命

者和民眾衝進來時，他正在替一個精神病患者擦鼻涕，還回頭警告革命者說：「你們不要鬧出這麼大的動靜，會嚇到他們的。」

幻想中的解救在哪裡？

革命者問自己，恰好監獄長的態度給了他們發洩的藉口。好吧！既然你警告了我們，那就是你了！請為革命獻身吧！

儘管當時監獄裡只有七名囚犯，巴士底監獄還是被當作是法國封建制度的象徵。

監獄長被殺了。

隨著監獄長最後一口氣的呼出，革命者向狂熱信徒們宣布：「我們的革命勝利啦！」

眾人一片歡呼，又蜂擁衝上街道。他們見到工廠就衝進去宣布工廠停業，讓工人們回家勞作。如果工人拒絕，他們就把工廠主抓來一頓暴打。在他們看來，一定是工廠主平時過於殘暴，才導致工人們恐懼害怕到這個地步。

他們還開始了對貴族的瘋狂殺戮，革命者和狂熱信徒在屍體邊跳舞，為女士們準備長椅，供她們觀看貴族被殺場景；他們走上街頭將精美的建築和雕塑夷為平地，號召人們在上面種植小麥，文化被破壞的慘不忍睹。

在當時，婦女遭到的迫害也比較深。革命者和狂熱信徒們認為性資源也屬於社會公共資源的一部分，他們讓婦女們（這其中不全是性工作者，也包括別人的妻子、女兒）到一個公社中將自己的情況登記在冊以便「公平分配」，如果有婦女不配合，就會被扣上「拒絕參加革命」的罪名而被視為「人民公敵」。

　　但另一方面，婦女的自由權利也被鼓吹得神乎其神。一些婦女運動的人甚至認為蹲著小便是女性地位低下的象徵，他們發明了專門供女性站著排尿的工具。

　　世界上從來沒有哪國的革命像法國大革命那樣，高尚進步的目的卻要以殘忍粗暴的手段來實現。

法學講堂

　　法國一八七五年憲法是法國大革命的產物之一，又稱《雅各賓憲法》。它規定法國實行三權分立政策，國家為議會共和制，國家最高立法機構是立法會議，最高司法機構是執行會議。公民除了享有平等人權外，還享有勞動權、受教育權、獲得社會救濟權，以及對侵犯人權的政府的起義權。雖然這個憲法並沒有被實施，但是其深遠意義影響到了法國後來的立法原則。

　　西元一八四八年，憲法被重新設立，它規定總統是國家的元首，由民眾選舉產生，掌握軍政大權、國家主要官員的任免權。議會為一院制的國民議會，擁有較大權力；公民享有民主自由權。

　　此後，一九五八、一九六〇、一九六二、一九六三、一九七四和一九七六年憲法又被不斷修改，形成法國現行的憲法──《第五共和國憲法》，削弱了議會的力量，擴大了總統權力，使得法國憲法擁有議會制和總統制的特色。它規定法國總統擁有行政權、軍事權、外交權、任命高級官員權、簽署法令權，還擁有解散國民議會、宣布緊急狀態等非常權力。

德尼・狄德羅：（西元一七一三年～西元一七八四年），法國啟蒙思想家、唯物主義哲學家、無神論者和作家，百科全書派的代表。他的最大成就是主編《百科全書，科學、藝術和各專業詳解詞典》（通常稱為《百科全書》）。此書概括了十八世紀啟蒙運動的精神。

抬高一公分

《德意志聯邦共和國
基本法》

《德意志聯邦共和國基本法》是德國的憲法，
它認為良知是最高的準則。

第二次世界大戰後，德國分裂成東德和西德，分別由蘇聯和美英法佔領。東德和西德的人們不允許來回走動，但隨著時間的推移，西德在美英法的統治下逐漸形成蓬勃發展的態勢，愈來愈多的東德人翻過柏林牆來到西德。佔領東德的蘇聯當局下令嚴密看守柏林牆，不准任何人西逃。

故事就發生在柏林牆下。

柏林過境簽章。

那是西元一九八九年的二月，天下起了濛濛細雨，守牆士兵因格·亨里奇警惕地守在柏林牆東柏林這一邊，怕有人趁著雨翻牆到西柏林去。

到了下半夜，因格·

亨里奇看到一個鬼鬼祟祟的身影攀爬到柏林牆上，他毫不猶豫地舉起槍。

就這樣，二十二歲的東德青年克里斯 • 格夫洛伊被因格 • 亨里奇發現西逃，當場槍斃。

因格 • 亨里奇因為這件事還得到了上級的嘉獎。

但誰也沒有想到，幾個月後，柏林牆被推翻了，德國分裂生涯結束，東德和西德又成一家人了。

翻越柏林牆的東德青年克里斯 • 格夫洛伊的家人在此時對因格 • 亨里奇提起上訴，要求追究他的法律責任。

這個案件在當時引起轟動，因格 • 亨里奇的辯護律師說：「他是一名士兵，他的職責就是看守柏林牆，禁止任何人翻越。雖然這樣的行為在現在看起來荒謬，但在當時是具有它特殊的意義的。有人翻牆，他只能執行公務。如果說這種行為有罪，這不是他一個人的罪，而是整個國家、整個民族的罪過，為什麼要全部都算到他一個人頭上？」

聽了辯護律師的話，旁聽的群眾都竊竊私語，他們都認為律師說得對，因格 • 亨里奇只是個軍人，他在執行軍人的職責，就算不對，那也是他的上司當時給他的任務，他別無選擇。

法官希歐多爾 • 賽德爾制止了群眾的私語，他面色沉重地對旁聽席說：「可能我將要說的話，你們聽了之後會認為我在偏袒死者。但是我不得不提醒大家，請注意一個細節：一個軍人槍打不準，是不會受到責罰的。當一個守牆的軍人發現自己的同胞在違反禁令，他在舉起槍的時候，能不能把槍口瞄準位置提高一公分？這不是法律，這是

每個公民都應該承擔的良心義務。」

旁聽席陷入沉默，每個人心中都湧起一陣悲痛，整個法庭一片肅穆。

希歐多爾‧賽德爾法官繼續動情地說：「在這個世界上，除了法律，還有更重要的東西，那就是良知。當法律和良知發生衝突時，我們可不可以選擇聽從內心的聲音，而不是上級死板的命令？尊重生命，是一個放之四海皆準的道理啊！」

聽到法官的這些話，旁聽席上有人開始啜泣，他們想起了自己有同樣遭遇的朋友。而原本一直認為自己無罪的因格‧亨里奇也彷彿受到當頭一棒，他向克里斯‧格夫洛伊的家人深深鞠躬。

最終，士兵亨里奇因蓄意射殺格夫洛伊被判三年半徒刑。

法學講堂

《德意志聯邦共和國基本法》是德意志聯邦共和國的憲法，是德國的根本大法，於西元一九四九年五月二十四日生效。

這是一部充滿人權意味的法律，首先，它規定人的權利不能受到任何國家、機構的威脅和破壞，認為良知是最高的準則，不管因為什麼理由都不能漠視這個準則。其次，它規定聯邦憲法法院和其他法院行使司法權，從機構設置上保障人權不受侵害。

正因為德國聯邦憲法法院是憲法的「監護人」，德國憲法對於聯邦憲法法院的許可權也做了具體的說明，明確聯邦憲法法院具有三方面的職責：保障公共權力良好運行；控制法律條文與憲法保持一致；保障司法判決符合憲法精神。其中，最後一項尤為重要。

古斯塔夫‧拉德布魯赫：（西元一八七八年～西元
一九四九年），德國最偉大的法哲學家和刑法學家
之一。他在西元一九四六年寫就的《法律的不法與
超法律的法》中，提出「拉德布魯赫公式」，常被
用來解決可預測性與正當性之間的衝突。

女神化身的天皇
日本《明治憲法》

《明治憲法》是以《普魯士憲法》為藍本的欽定憲法，是日本明治維新的產物，對進一步推翻日本封建統治有重要意義。

在日本的神話傳說中，宇宙最初只有伊邪那歧和伊邪那美兄妹二人。

一天，兩兄妹站在天空中的浮橋上欣賞地上的風景時，妹妹伊邪那美跟哥哥伊邪那歧撒嬌說：「哥哥，你造個宮殿給我玩吧！」

伊邪那歧說：「妳在天上不是已經有自己的宮殿了嗎？」

「可是我想去地上玩啊！」妹妹伊邪那美繼續撒嬌道。

伊邪那歧對自己這個妹妹是寵愛到了骨子裡的，他揮動自己巨大的長矛，攪動地上的海洋，再提起長矛時，一滴海水從矛頭緩緩滴落，漸漸形成一個島嶼，這個小島就是後來的日本國。

島嶼建成後，寵愛妹妹的伊邪那歧在島上建了一座富麗堂皇的宮殿，供伊邪那美嬉戲玩耍。

又過了一段時間，伊邪那美又覺得寂寞了，她對哥哥說：「為什麼天地之間只有我們兩個人呢？好無聊啊！」

於是，伊邪那歧和伊邪那美一起創造了日本神話中主要的神祇。

其餘的神祇又追隨他們的腳步創造了全日本的民眾。

在伊邪那歧的保護下，伊邪那美慢慢成長，但她受到的寵溺太多，導致脾氣一天比一天大，而在她生氣的時候，她就會躲進大蚌殼裡。這原本不是什麼了不起的事情，其性質充其量就是現代女性和丈夫吵架後躲回娘家去。

但是，伊邪那美是個女神，恰好她掌管的還是光明。每當她任性躲回大蚌殼中，世界就變得一團黑暗。

神祇們焦慮萬分，這個時候，地上已經有了成千上萬的人，他們也是這些神祇的後代。神祇們不能眼睜睜地看著自己的後代陷入不能生活的黑暗中，就想出了一個辦法，只要伊邪那美躲進大蚌殼，他們就在她的大蚌殼外歡天喜地地唱歌、跳舞，伊邪那美不甘寂寞，時間長了就忍不住從大蚌殼中探出頭來。當她一探頭，大力士神就奮力把蚌殼頂住，不再讓她退回去，世界也就因此恢復了光明。

長此以往，這個遊戲伊邪那美也不感興趣了。這時人間已經發展到了封建社會，伊邪那美看著自己間接創造出來的這些小人有模有樣地生活，也忍不住想要參與一下。

於是，她化身日本天皇，降臨人間，將自己的創世經驗和智慧全部傳授給人類。日本也因此呈現出蒸蒸日上的繁榮景象。

法學講堂

日本憲法是日本國的基本法，經歷了《大日本帝國憲法》、《日本國憲法》等演變，最終形成現行的憲法制度。

最初的憲法成文是在西元一八八九年，以《普魯士憲法》為創立藍本的，

日本的明治天皇。

叫《明治憲法》。它是日本明治維新的產物，全文共有七十六條法律條文，分別從天皇、臣民權利和義務、帝國議會、國務大臣及樞密顧問、司法、會計和補則等七個方面對日本國應該遵從的法律原則進行了詳細闡述。

在《明治憲法》中確立了天皇制度，明確天皇居於國家政權的中心，對於軍事、政治等方面擁有絕對的領導權。同時，在規定天皇的絕對權力同時，也默認軍隊享有獨立於內閣之外的軍權，這也是為日本最後走上法西斯道路埋下了伏筆。

日本憲法在西元一九四七年進行了改革，根據這次憲法的改革，天皇的權力被剝削，他變成了國家名義上的主人，扮演「純粹儀式上的角色」（也就是國家的精神領袖）。這次的憲法改革最著名的地方是它的第九條：「放棄發動戰爭的權利」。這也是第二次世界大戰時期日本做為戰敗國向世界的承諾之一。

日本憲法在經過幾次改革後，確立了國家是君主立憲制，元首受人民愛戴但無政治實權，政治體制方面實行三權分立，兩院制國會掌有立法權，裁判所掌有司法權，內閣、地方公共團體及中央省廳掌有行政權。最高國家權力機關為國會。

伊藤博文：（西元一八四一年～西元一九〇九年），
首任日本內閣總理大臣，明治維新元老。他在西元
一九〇〇年創立政友會，自任總裁，開日本兩黨政治
的先河。

被囚禁的皇帝
中國第一部憲法
《欽定憲法大綱》

《欽定憲法大綱》是西元一九〇八年中國清政府頒布的中國歷史上第一部憲法性的典籍，由「君上大權」和「臣民權利義務」兩部分構成。

　　從接到太后召見命令的那一刻起，光緒皇帝開始覺得心神不寧，太后一直居住在頤和園內，此番回宮不知道是發生了什麼事情。

　　光緒皇帝走進慈禧太后的房間：「母后，您召見兒臣，不知有何事吩咐？」

　　慈禧怒道：「我撫養了你二十多年，你現在是不是要聽那些小人的話，要謀害我？」

　　光緒皇帝大驚失色：「兒臣絕不敢有這等忤逆的想法。」

　　慈禧平息怒氣，用緩和的口氣對光緒皇帝說：「我的傻兒子啊，今天你把我從政治的舞臺上趕下去，明天你還能安穩地坐在寶座上嗎？」

　　光緒皇帝像犯錯的孩子一般低頭不語，他知道慈禧太后的話也是有道理的，維新派此時依靠自己，當變法成功後，他們接下來也許要

對付的就是自己。可是，眼前的中國已經不允許他這樣自私地思考問題了。

中國，內有義和團的作亂，外有八國聯軍的侵犯，這個國家如果再不自救就真的走投無路了。譚嗣同他們這些愛國的年輕人想要變法，但手裡沒有實權，所能依靠的，只有一個皇帝而已。

「國家已經到了最危急的時刻。」光緒皇帝說。

「傻兒子，這些情況你以為我不知道嗎？」慈禧說，「但冰凍非

光緒帝一生受到慈禧太后的挾制，未曾掌握實權。

一日之寒，同樣，解凍也不是一朝一夕就能夠做到的。我們首先應該考慮的，是如何先保住自己的位置，然後再為天朝的百姓們謀求更多的權利。」

又是這一套，光緒皇帝心中充滿失望。

國家已經到了生死存亡的緊要關頭，而國家的統治者能想到的，唯有自己的權力不受影響。就因為這樣，他們千方百計地阻撓變法，生怕這些深受資本主義思想影響的年輕人動搖國家根本，將先進思想傳達給國內的老百姓，使他們的統治地位受到威脅。

「兒子，昨天有人來向我告密，說是有人讓他去刺殺榮祿，好把

你給解救出去。」慈禧從座位上站起來，執起光緒皇帝的手，「我囚禁你了嗎？」

「袁世凱這個小人！」光緒皇帝動怒了。

慈禧太后說：「他的確是個小人，但是你有沒有想過，為什麼他原本也支持變法，最終卻背叛了你們？」慈禧太后看著光緒皇帝憤怒的眼睛繼續說道，「他也和母后一樣，明白你們的變法在這個時候不但解救不了中國，還會把國家和所有的貴族都推入深淵。」

話說到這個地步，慈禧太后終於說出了自己的打算：「皇帝，好好休息一段時間，國家的煩心事就交給母后吧！」

就這樣，戊戌變法隨著光緒皇帝的被囚禁宣告結束，這場涉及政治、法律、教育、國民權利等方面的改革僅存在了一百零三天。

法學講堂

清朝末年，伴隨義和團和八國聯軍給政府帶來的壓力，清政府開始派遣大臣走出國門向西方國家學習憲法內容。

慈禧太后聽從端方等五位大臣的意見開始在國內進行改革，想要靠簡單的改良使中國走上富強之路。

西元一九〇六年，慈禧太后以光緒帝的名義下令成立立憲編查館，並在兩年後頒布中國歷史上第一部憲法——《欽定憲法大綱》。

這部由「君上大權」和「臣民權利義務」兩部分組成的憲法共計二十三條內容，對大清皇帝的權力進行了明確規定，憲法認為「君上神聖尊嚴，不可侵犯」、「大清皇帝統治大清帝國萬世一系，永永尊戴」。皇帝有立法權、最終的司法權和軍事權，而臣民必須繳納稅金、服兵役、遵守法律規定。雖然慈禧等掌權者希望能將中國建立成為君主立憲制國家，但實際上卻是和西

方國家有很大差別，是一種偽「君主立憲制」。因為君主的權力被無限放大，議會或國會能發揮監督的作用幾乎沒有，而民眾的平等自由權也是不存在。

　　雖然《欽定憲法大綱》在當時引起立憲派的強烈不滿，但它畢竟第一次將民主的思想引進給中國的民眾，對一直閉關鎖國的中國公民來說是一種翻天覆地的衝擊，從這個角度講，也是具有積極意義的。

小知識

伍廷芳：（西元一八四二年～西元一九二二年），清末民初外交家、法學家、書法家。他是首位取得外國律師資格的華人，也是香港首名華人大律師和首名華人立法局非官守議員。之後回中國從政，是中國近代有名的外交家。

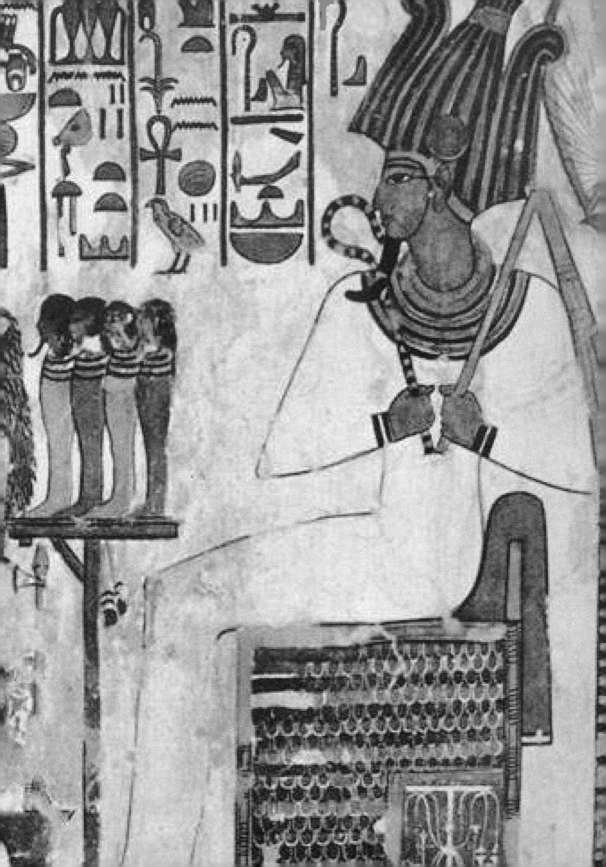

第五章

刑法的理念與制度

法老的詛咒
古埃及的刑罰制度

古埃及刑事法律制度具有奴隸制法律制度的基本性質，不僅種類繁多、犯罪與侵權無區分，更有殘害肢體刑等殘忍手段。

在埃及法老的墓前，有一塊石碑上刻著：「誰打擾了這位法老的安寧，他將受到法老的詛咒。」

卡特對著警告字樣不屑地笑笑，什麼詛咒，他根本不信，這已經是第二次他站在法老墓前了。

上一次他來到這裡是在幾年前，他僅從最外層的墓中帶出了幾件簡單的首飾，還被人給發現了，幸好他疏通關係才讓法官勉強判他罰款了事。而且在這幾年裡，法官一直盯著他，他好不容易做出良民的姿態讓法官對他放心，才有了這次又來盜墓的機會。

卡特來到陵墓中心，他小心翼翼鑿開墓門一角，隨著鑿開部分愈來愈大，卡特的眼睛也愈睜愈大，等到他真正鑽到墓室裡，眼睛都要掉出眼眶了。

天哪，法老的寶物也太多了！包裹著金子的仿真戰車、雕刻著金獅子和怪獸的床舖、數不清的箱子裡裝滿了金銀珠寶，每一顆珍珠都是價值連城。

這下發財了！卡特貪婪地往口袋中裝滿珠寶，只恨自己沒有三頭六臂能夠拿更多的寶貝。

　　當卡特拖著沉重的袋子回到法老墓門口，他的厄運再次降臨了，等待在陵墓門口的是法官和他帶來的士兵們。

　　卡特再一次被捕了。

　　這次，他從陵墓中拿出這麼多的財寶，法官也不知道應該如何判他的罪了，便請教當時的法老。

　　法老只是微微一笑：「留下他的命。」

　　法官疑惑：「為什麼？他的罪早就夠死掉一百次了。」

冥神奧賽里斯與法老。

「是的，但是他的刑罰並不應該由你我來決定。」法老答道，「他打擾了法老的安寧，法老會親自懲罰他的。」

法官按照法老的吩咐，將卡特關押在監獄中，派人嚴加看守，有什麼動靜隨時彙報。

一週過去了，卡特安然無恙，他得意洋洋地向看守人炫耀：「法官早晚得放了我，法老都不認為我是有罪的。」

當天晚上，看守人緊急找到法官，說卡特發瘋了。

法官趕到監獄，卡特已經將自己全身抓出了一道道血痕，他一邊抓著自己一邊大喊：「法老，我知道自己錯了，請你饒恕我吧！」

法官問他：「卡特，你怎麼了。」

卡特說：「好多蟲子，牠們啃噬我的身體，我怎麼抓都抓不掉牠們。我打擾他安寧的法老就在牠們身後站著，法官大人，你救救我，求求法老饒過我吧！我知道自己錯了！」

但法官和看守人什麼都沒有看到。

後來，卡特活活把自己給抓死了，渾身上下幾乎沒有一塊肉是完整的。

法官向法老彙報卡特死亡的慘狀，法老一副「一切皆在意料之中」的表情：「這就是法老的詛咒！」

法學講堂

偷竊在古埃及是一種常見的犯罪，如果一個人偷了他人的財物被抓，必須償還他人三倍以上的賠償；如果偷的是國家的財物，賠償給國家的罰金往往是其偷竊財物的百倍；如果一個人偷竊的是古墓，那麼就會和故事中的盜

墓者一樣，被判死刑了。除了偷竊會被處以極刑外，通姦行為在古埃及也被明令禁止。如果男人通姦會被鞭打，最嚴重的要被閹割；如果女方通姦則會被割掉鼻子。

古埃及刑罰制度以手段殘忍著稱。如果罪犯是十惡不赦的，會被活活挖掉眼睛、割掉舌頭，然後製成活體木乃伊放到金屬棺材中，棺材中同時放了上千隻的食肉聖甲蟲，很多罪犯會被那種痛感活活嚇死。

古埃及也設有監獄，主要用來關押犯罪嫌疑人。

小知識

克婁巴特拉七世：（西元前六九年～西元前三〇年），古埃及托勒密王朝的最後一任女法老，也就是經常被提及的「埃及豔后」。她以自己的美貌和智慧吸引了羅馬帝國的國王，使其為自己效忠。相傳，在屋大維打入古埃及後，她自殺身亡。

午夜的尖叫
日爾曼刑法

日爾曼民族的刑法將犯罪與侵權行為混在一起，統稱為違法行為。和許多古代法律不同，日爾曼刑法不再鼓勵血親復仇，而以賠償金的形式代替。

西元八〇二年的一個午夜，一聲尖叫驚醒了整個村子。

村民們以最快的速度從被窩裡鑽出來，急急忙忙趕到村長家，門剛推開就看到村長躺在客廳的血泊之中，他的妻子則衣冠不整地坐在他的屍體旁大聲尖叫。

隨後到來的法官仔細檢查村長的屍體，死者嚥下最後一口氣的時候一定非常痛苦，不僅手腳被卸了下來，身上還被硬生生捅了十幾刀。

法官問村長太太：「發生了什麼事？」

「我不知道。」可憐的女人已經嚇到連話都說不清楚，「剛才有個男人敲門，我丈夫就開門讓他進來了。他們走到客廳裡，我丈夫不斷低聲請求他的原諒，可是那個男人根本不給我丈夫說話的機會，上來就在他胸口捅了一刀，最後還殘忍地卸了他的手腳，在他疼痛萬分的時候又在他身上補了幾刀。我在裡屋不敢出來，直到他走了才敢走出來，我以為能來得及救我丈夫，卻不料他已經沒氣了。」

旁聽的人群中有當地的治安官，他吩咐下屬說：「你們迅速去村口找兇手，他應該還沒走遠。」

等到天快亮的時候，兇手被抓住。

他站在法官面前卻絲毫沒有緊張的意思。

法官問：「你和村長有什麼深仇大恨，要這麼殺死他？還連夜逃跑。」

「我沒有要逃跑，我是正大光明來報仇的。」兇手說，「殺父之仇不共戴天。他在二十多年前騙我父親財產，還將我父親殺死，我母親當時懷著身孕，躲在內室不敢出聲，一直獨自把我撫養長大，直到前不久才將真相告訴我。」

在當時的日爾曼法律中，為血親復仇是受到法律保護的，如果兇手所說的話屬實，那麼法官根本不能判他有罪。

法官經過盤查，兇手的話是事實。在二十多年前，村長和兇手的父親是結義兄弟，在他們一次生意之後，村長對兇手父親的分帳不滿，爭執之下殺死了兇手的父親。

本來他的行為是受法律保護的，但之前查理大帝剛剛頒布的一個法典卻讓法官為難了。在這個法典中，規定民眾不能對殺害進行復仇，但是可以申請賠償金。也就是確定民眾對於仇殺的態度只能是申請罰金而不能用同樣的態度報仇。

根據該法典規定，法官判殺死村長的兇手有期徒刑二十年，並且對村長太太進行一定金額的賠償。

西元八〇二年，查理大帝頒布《關於巡按使團的敕令》，對於血親復仇問題做了明確規定，百姓之間發生命案一律不許報仇，但可以向施暴者追究鉅額賠償。

在日爾曼最初的刑法中，犯罪種類很少，犯罪和侵權行為也被混為一談，統稱為違法行為。但犯罪和侵權之間也有規定，侵犯個人利益和現代的侵權意義很接近，而侵犯公眾或國家的利益和現在的犯罪涵義類似。但也帶來不少模糊概念，比如，殺人、強姦都被歸為侵權而不是犯罪行為。

在後期發展中，犯罪和刑法的種類變多，變得更複雜。比如，對個人侵權行為被細化為對個人的侵權、對教會的侵權、對國王本人的侵權；而對於犯罪的懲罰方法也愈來愈多。由前期的賠償金制度演變到體罰階段，殺人犯罪視其動機和構成的結果，最高可被判死刑。後來，這些規定也在英國、法國、德國義大利等國家實行。

小知識

約翰・索爾茲伯里：（西元一一一〇年～西元一一八〇年），中世紀的一位政治法律思想家。他在國家和法律觀點上繼承了許多西塞羅的思想。主要著作《論政府原理》，是中世紀第一本研究政治哲學的書。

最後的火刑
教會的刑法

教會中的刑法思想來源於《聖經》中的原罪論故事，在後期主張人人平等，空前重視對犯罪動機的研究。

西元一六○○年二月十七日凌晨，通往羅馬鮮花廣場的道路兩旁擠滿了圍觀的群眾。

在這一天，羅馬宗教裁判所下令對喬爾丹諾‧布魯諾實施火刑。

喬爾丹諾‧布魯諾被押在囚車上，聽到羅馬塔樓上悲壯的鐘聲劃破夜空，心裡並不難過，他知道自己堅持的理論終有一天會被所有人接受。

他十歲起就被家人送到修道院，接受基督教的薰陶，在修道院的圖書館裡，他很快就掌握到了基督教的精髓，而且還因為其聰明才智得到了神父的教職。

然而，接下來發生的事情就印證了「聰明反被聰明誤」的道理，他公然在羅馬教廷的勢力範圍內發表「太陽中心說」的理論，被羅馬教廷視為異端教徒，宗教裁判所判決他是異端份子，被永遠驅逐出教廷。

那時的布魯諾畢竟年輕，對於宗教裁判所的裁決做不到口服心服，

叛逆的他四處遊學，還寫了很多著作，諸如《盛氣猛獸之驅逐》、《論原因、原則和統一》和《論無限宇宙和多重世界》等，並把他的理論推廣到了羅馬的各個地方。

這時，布魯諾乘坐的囚車緩緩到達鮮花廣場，行刑官輕車熟路地將他綁到火刑柱上。宗教裁判所的官員走過來問他：「你有沒有後悔自己的行為？如果你現在反悔，向上帝承認自己的罪過，或許還可以撿回一條命。」

布魯諾嘲諷地笑笑：「你也配談上帝？你對上帝瞭解嗎？」他向還沒全亮的天空看去，堅定地認為宇宙是無限大的，在這不確定的宇宙中，所存在的上帝，與其說祂是萬物的創造者，不如說祂是世界的靈魂。

宗教裁判所的官員討了個沒趣，憤憤離開火刑柱，下令點火。

事實上，在這最後的火刑之前，他已經被宗教裁決所整整折磨八年了，在這八年裡，他不知道對這些教職人員說了多少次：「高加索的冰川，也不會冷卻我心頭的火焰，即使像塞爾維特那樣被燒死也不反悔……為真理而抗爭是人生最大的樂趣。」

義大利百花廣場的喬爾丹諾 · 布魯諾雕像。

火焰漸漸燃燒到布魯諾的身體，他在灼熱中對圍觀的群眾喊道：
「黑暗即將過去，黎明即將來臨，真理終將戰勝邪惡！」

他留給世人的最後一句話：「火，不能征服我，未來的世界會瞭
解我，會知道我的價值！」

不久之後，「日心說」就被人們廣為接受了。

法學講堂

在《聖經》故事中，人類的祖先夏娃在
伊甸園中受到蛇的誘惑，和亞當一起背叛了上
帝，品嚐了善惡果，從此人類就有了最初的罪
孽，而這罪孽也遺傳給了人類的後代。

人生而有罪的理論一直貫穿著基督教的
整個教義，也影響著教會法的成文規定。

教會法將犯罪分為一般犯罪和刑事犯罪，
其中刑事犯罪是專指對教會的侵權行為。

在刑罰原則上，教會法有了很大的進步，
摒棄了中世紀封建刑法中普遍存在的等級制
度，主張在刑罰面前人人平等。這個原則是基
於「上帝面前人人平等」。但在實際司法判定
中，並沒有做到完全的人人平等，神職人員和
普通人員的刑罰還是採取了不同的司法程序。

教會法還主張注重對犯罪的動機進行區
分，如果一個人動機是善的即便做了錯事，也

伊甸園。

是可以被原諒的；還規定兒童、精神病犯罪，需要區別對待；而刑罰是對錯誤行為的糾正，其目的是為了淨化靈魂，要適當地給罪犯改過的機會。後兩種理念被現代刑法廣泛借鑑。

小知識

克洛維：（西元四六六年～西元五一一年），法蘭克王國創立者。西元四九六年，他皈依了基督教，將教會法引入到法蘭克王國中，並按照自己國家實情改進教會法的相關規定，他給了主教極大權力，規定主教有權修改地方裁判官的判決，還有權處分瀆職的法官。

一個小偷的來信
西方近代的
刑法理念轉型

近代西方啟蒙思想家主張法律面前人人平等，刑罰具有一定目的，但要罰當其罪，反對殘酷的刑罰。

　　韋禮安法官在清晨邁進辦公室時，發現辦公桌上有一封信，看完全文之後不禁哭笑不得，但這封信卻讓他改變對刑法的觀點，在之後的立法中提出了「罪刑相適中」的理念。

　　這封信是這樣寫的——

尊敬的法官大人：

　　冒昧寫信給您，是想對現行的刑法條例提出自己的一點意見。您制訂的法律中，規定官員受賄罪的起刑點是一千金，偷竊罪的起刑點是五百金。我想對這個問題提出我的觀點，我不認為受賄罪的起刑點應該高於偷竊罪。

　　首先，從這兩個犯罪行為的勞動成本和勞動量來說，我們偷竊者需要翻牆、開鎖、入室，還要在不影響主人的前提下小心翼翼地操作，

心理壓力極大。如果一旦被發現了，我們還要以百米賽跑的速度逃跑，勞動量也是非常大的。而那些貪官呢，只要在辦公室裡喝喝茶就能得到高額的回報，如果我們每個月要吃五十斤的糧食，他們也只要五斤就夠了吧！

其次，他們是精神貴族，我們呢，在精神上完全沒有地位可言。他們被高額回報養得精神放鬆，身體健康，而我們由於工作壓力問題，幾乎在精神上抬不起頭來，即便我們是自找的，但他們精神狀態也太讓人不滿了點。

他們為了放鬆有聚會，我們也有。但在他們的聚會上，有聽眾，有漂亮姑娘助興，還有連綿不絕的掌聲增加他們的精神享受。就我所知的，我們的市長一面跟我們說著反貪腐的重要性及市政府對於反貪腐採取的措施，另一面背地裡等著他接受的賄賂車輛已經在他家門口等著了。

第三，從長遠角度來講，我們沒有保險，他們卻有維持一生的保險，重點是我們偷竊可能影響到了一個人，他們卻影響到了一群人。

從上述三點來看，他們的工作低投入高回報，對國家影響這麼巨大，而一旦被發現，受到的懲罰只是我們的兩倍，是不是有點太便宜了。

感謝您耐心讀完這封信，祝您工作順利。

一個不敢具名的小偷上。

法學講堂

在中世紀，刑法規定的刑罰殘酷。但在近代，西方刑法界開始考慮，罪行的輕重和刑罰之間是不是應該設立個相對應的原則。

霍布斯要求量刑相當，過重的刑罰不利於淨化犯罪靈魂的目的，對於不同的犯罪要有不同的刑罰方式。洛克認為，刑罰的最終目的是預防犯罪，在一定的限度之內，應該正當、合理使用刑罰。雖然各國法學家描述方式不同，但他們的觀點是一樣的，都是「刑罰內容的人道化和寬大化」。

西方近代的刑法有以下幾個特點：

一、刑法和宗教相分離，啟蒙思想家們根據社會契約論徹底否認了神意是刑罰決定的因素。

二、設立了刑法的絕對地位，主張刑罰的設定應該是由法律規定的，而不是法官一個人的意志，這對於之前的法律不得不說是一種進步。

三、對客觀事實的認定。在中世紀之前，有犯罪思想也是被認為有罪的，近代的法學家們認為，每個人都會有想犯罪的念頭，但沒構成事實都不算犯罪，只要透過教育把人民的犯罪意識扼殺在事實之前即可。

四、刑罰的目的是教育而非肉體懲罰。

五、刑法面前也是人人平等，不管罪犯是上等的官員還是卑微的小偷。

小知識

切薩雷・貝卡利亞：（西元一七三八年～西元一七九四年），義大利法理學家和刑罰改革者，近代資產階級的刑法學鼻祖。他在著作《論犯罪與刑罰》中，呼籲對待罪犯應該人道化，並透過設立法律保障的方式改善監獄的環境。

一便士的罰款
英國刑法

英國刑法的發展伴隨整個英國法律史，英國刑法中並未對犯罪這一概念做統一定義，但在整個英國歷史上，刑罰卻是格外嚴酷。

在英國最高法庭外，有一個修鞋舖。

這天，一個衣冠楚楚、看起來就是成功人士的中年人站到修鞋舖前，恭恭敬敬地問老鞋匠：「您還記得我嗎？」

老鞋匠仔細看看他，搖了搖頭。

中年人激動地說：「老先生，我永遠也忘不了您，如果沒有您，就沒有我現在的成功。」

原來老鞋匠一直有個習慣，每當法庭有案件要審理時，他都會關掉自己的修鞋舖到旁聽席上旁聽。十年前的一天，他看到一個渾身酒氣、衣冠不整、愁雲滿面的年輕人被帶入到法院中，從衣著上來看，這個年輕人是個窮苦家庭的孩子，他犯下的罪行不過就是酗酒鬧事這類的小事。

按照英國法律規定，通常酗酒鬧事的案件只要繳點罰金，就能保釋，也不會留下任何犯罪紀錄。但是有些窮苦家庭出身的孩子，往往沒有保釋金，就只能在監獄裡老老實實待上半年。最重要的是，還會

留下案底，將來找工作什麼的都會受到影響。

老鞋匠不忍心看到一個大好青年因為一點錢的原因而落得這麼悽慘，他對法官說，願意替年輕人交保釋金。

年輕人愣了，法官倒是習以為常。做為老相識，他給老鞋匠謀了個福利，不僅不收他的錢，還跟他說，可以三週之後再來審理這個案件。

法官之所以不驚訝，是因為老鞋匠不是第一次這麼做。他常常拯救那些窮苦人家的孩子，把他們帶回去教育。法官甚至覺得，這個目不識丁的老鞋匠比自己還要懂得國家法律的精髓——法律的目的是救人而非懲罰。

三週後，老鞋匠帶著年輕人來到了法庭，年輕人看起來煥然一新，剪短了頭髮，眼神裡不再是茫然的色彩。

老鞋匠拿出年輕人這三週的表現報告給法官看，他在這三週中無償替社區做服務，幫助老人、孩子，給他們解決生活中的各種問題。他的表現報告上密密麻麻地簽著社區人員的名字，他們都為他作證，在這三週裡，他確實做了很多的好事。

法官欣然撤銷對年輕人的控訴，象徵性地收了他一個便士的罰金，告誡他從此以後不要辜負老鞋匠的期望，回歸社會好好勞動、工作。

年輕人聽從法官和老鞋匠的指教，努力工作為自己打拼出一個未來，他帶著大量的現金來了，想報答老鞋匠。

可是老鞋匠拒絕了他：「孩子，很高興看到你的進步，但是我還是要留在這裡，我將來還會遇到和你一樣情況的孩子，如果能影響你們的人生，哪怕一點點，我都會很欣慰的。」

　　和世界各地早期刑法一樣，在英國早期的刑法中，並未對犯罪這一概念做統一定義。一直到西元一九六七年，英國國會透過的《刑法法案》才將犯罪分為：可逮捕罪，即決罪，只可起訴罪。其中，可逮捕罪指「有法定判決或犯罪者（以前沒有被定罪）將被判處五年刑期的犯罪或任何這類犯罪的未遂犯罪」。

　　英國歷史上的刑罰非常嚴酷，死刑、苦役和肉刑等被廣泛採用。

　　隨著社會的進步，英國刑罰也在逐步改善，如今，英國的刑罰主要包括如下幾種：

　　一、監禁，比較常見的刑罰措施，短則幾天，多則一生。

　　二、緩刑，是對判處兩年以下監禁刑罰的罪犯，同時宣告緩期一至兩年執行的刑罰方法。如果在緩刑期間罪犯又犯罪，則對兩罪合併處理並重罰。

　　三、保護觀察令，十六歲以上犯人如果法庭認為保護觀察對他有好處，或者可以保護其他公民不受他傷害，則可以處罰此令，時間通常是六個月～三年。

　　四、社區服務令，判決被告人以在社區免費服務的方式彌補罪行造成的影響。

　　五、結合令，結合保護觀察令和社區服務令的處罰方法。

　　六、宵禁令，也是社區令的一種，可以規定宵禁的具體時間和地點。

　　七、禁入令，宵禁令的延伸，指不准進入某些場所的法令。

　　八、護理中心令，青少年犯罪後法官可以判決其進入護理中心一段時間，直到糾正錯誤行為。

　　九、監管令，對青少年進行監管。

　　十、行動計畫令，要求青少年遵從監護人的計畫。

　　十一、罰金和沒收財產令。

湯瑪斯・霍布斯：（西元一五八八年～西元一六七九年），英國著名政治理論家，世界數學機械理論的創始人，法律學古典自然學派的代表人物。著作有《論公民》、《論物體》、《論人性》、《論政體》、《利維坦》等。

叛國罪不容恕
美國刑法

美國刑法深受英國刑法的影響，將犯罪按照性質劃分為邪惡的罪與法規禁止的罪，叛國罪就是邪惡的罪之一。

　　西元二○○六年，美國自西元一九五二年指控一位「東京玫瑰」的美國婦女之後，五十年來第一次將叛國罪引入到民眾視野中。

　　一個名叫亞當‧加當的年輕人被美國聯邦大陪審團起訴，罪名是叛國罪，理由是他曾經多次出現在基地的視訊中，公開支持以賓‧拉登為首的恐怖組織。

　　亞當‧加當西元一九七八年出生在美國加利福尼亞州奧蘭治縣的一個猶太家庭，他的父親是一個開設了大型農牧場的搖滾音樂家。亞當‧加當從小跟隨父親信仰基督教，但在他十七歲時卻因為接觸了不同的朋友而改信伊斯蘭教。

　　宗教信仰的改變也帶來了生活方式和為人處世準則的變化，從西元二○○四年開始，亞當‧加當頻繁出現在基地組織的宣傳視訊中。西元二○○四年的十月，在美國總統大選的前一天他出現了基地組織的視訊中，向全美公眾宣布，自己已經加入了基地組織，宣稱將讓美

國的街道被鮮血洗淨。

西元二〇〇五年九月，他再一次出現在基地組織的視訊中，對於九一一事件中駕機撞毀世貿中心的恐怖份子表示嘉獎，認為美國是基地組織「敵人的領土」，同時暗示下一個即將受到恐怖襲擊的城市是洛杉磯和墨爾本。

在西元二〇〇六年九月的視訊中，亞當‧加當更是慫恿美國軍隊裡「沒有信仰的隊伍」加入到「最終會勝利」的軍隊中。

針對亞當‧加當在視訊中的表現，聯邦大陪審團正式起訴亞當‧加當，與此同時，美國聯邦調查局（FBI）將亞當列入恐怖份子的要犯通緝名單，美國務院懸賞一百萬美元緝捕他。

「叛國罪是個非常嚴重的罪名，我們很少動用。」FBI高級官員威利‧休倫說，「美國建國以來也只使用過兩次，這是第二次。第一次是對『東京玫瑰』的指控，並最終赦免了她。但是亞當‧加當代表了美國現在新生的極端主義，在極端的思想指導下，他選擇背叛自己的國家，利用恐怖力量對付自己的國家，這是不可原諒的。」

事實上，這並不是亞當‧加當第一次被FBI通緝，從他第一次在視訊中露面起，他就是FBI的重點關注對象。但是截止西元二〇〇六年將近三年的時間內，FBI都沒能抓捕住他，據可靠情報顯示，他可能一直藏在巴基斯坦。

如果亞當‧加當的抓捕、叛國罪名成立，按照美國法律，他將被判處最低五年、最高死刑的懲處。

　　十九世紀前，美國一直是沿用英國的普通法，直到十九世紀後許多州制訂了各自的成文法，修正了普通法的不足，才建立了美國的刑法體系。

　　和美國其他法律一樣，美國刑法分為聯邦法和州級法律。對國家的犯罪行為（偽造合眾國證券、貨幣的犯罪、海盜和在公海上犯下的重罪、違反國際法的犯罪行為、叛國罪等）由聯邦政府行使立法權；其餘犯罪則由各州政府自行立法決定處罰方法。

　　美國和英國一樣沒有綜合性和象徵性的刑法法典，因此在州級法律中缺少明確的犯罪概念，但聯邦憲法中對犯罪行為做了規定，並根據不同標準對犯罪行為做了不同的分類：

　　一、按犯罪造成的危害程度劃分為重罪和輕罪。

　　二、按法律來源可以將犯罪行為分為普通法的犯罪和制訂法的犯罪。

　　三、按性質劃分，可以將犯罪分為本質邪惡的犯罪和法律禁止的犯罪。前者是指違背人類善良、富有同情心的公德的犯罪行為，指那些即便不用法律條例，用基本社會規則也能判定為犯法的行為，比如背叛祖國。後者是沒有道德審判的犯罪行為，僅僅是法律不允許的行為，比如酒後駕車等。

小知識

朗・L・富勒：（西元一九〇二年～西元一九七八年），哈佛大學法理學教授。他認為道德和法密不可分，在認清法律本質之前，要先會區分道德問題，即什麼是願望的道德，什麼是義務的道德。這個主張影響了後來美國法律中關於犯罪性質的區分。著有《法在探求自己》、《法理學》、《法的道德性》、《法的虛構》和《法的自相矛盾》。

沙漠中的遠端謀殺
法國刑法

法國刑法注重對犯罪結果的剖析,對於犯罪未造成嚴重後果者則不予以重刑追究。

路易、艾爾和肖恩是三個好朋友,但這只是表面上的。

肖恩是路易和艾爾的上司,在他心目中,路易和艾爾是他最值得信任的朋友,殊不知路易和艾爾並不這麼想。

這年,肖恩打算去撒哈拉沙漠探險,在臨走前一天晚上,他把路易和艾爾叫到自己的家中舉行出發前的派對。

派對很成功,賓主盡歡,大家都喝醉了。

肖恩給自己的朋友們展示了自己打算帶去沙漠中的特製水壺,路易和艾爾對這個水壺讚不絕口。

當天晚上,肖恩挽留喝醉了的路易和艾爾住在自己家中。等到了午夜,肖恩的房間中出現了一個鬼鬼祟祟的身影,這個身影雖然踉蹌,但還是堅定地走向肖恩的水壺。

這個人是路易。

路易對肖恩的不滿早就有了,肖恩經常以「為你好、為幫你進步」的理由在公司裡不分場合地對路易進行辱罵,讓路易覺得在公司裡頭

抬不起頭來。但有鑑於和肖恩的私交，他不敢反抗，只能默默忍受。直到聽說肖恩要去撒哈拉沙漠探險，一個想法在他腦海中成形了，他把肖恩水壺中的水全部換成了無色無味的毒藥。

做完這一切，他安心回房間睡覺了。

在他之後，艾爾也進到了肖恩的房間。

沒過多久，肖恩死在撒哈拉沙漠中的消息傳來了。但讓路易驚訝的是，肖恩並不是毒發身亡，而是死於飢渴。

肖恩的親人在收拾肖恩的遺物時，發現肖恩房間的視訊錄影。肖恩是個很沒有安全感的人，他的房間裡長年開著錄影機，以防有人會對自己不利。

在被曝光的視訊錄影中，肖恩出發前的那天晚上，路易和艾爾都進過他的房間，碰過他的水壺。而肖恩的水壺在他死後被送回來，肖恩的親人發現水壺底有個細小的孔，他們因此懷疑，肖恩不是死於自然探險，而是死於謀殺。

司法機關當即決定立案，在對路易和艾爾進行審問後，兩人對自己的罪行供認不諱。原來那天晚上，在路易進入到肖恩房間裡換掉水之後，艾爾也進去了。他用工具在艾爾的水壺底鑽出一個小小的孔，這個孔肉眼幾乎不可見，但會慢慢滲水，他想讓肖恩活活渴死在沙漠裡。正如他所願，肖恩果然在進入沙漠後不久，水壺中的水都漏光了，肖恩沒能堅持到下一個供給站。

根據法國的法律規定，法官判定艾爾犯有謀殺罪，被判無期徒刑；而路易雖然也有殺人動機，但考慮到並沒有直接造成死者死亡後果，被判處鉅額罰金。

法國刑法在刑法領域處於領先地位，因其具有國際法性質，而被譽為「歐洲刑法」。

法國刑法起源於古羅馬法律，在十三世紀人文派思想的影響下，法國刑法擺脫了私人裁判所，開啟了公訴審判的先河。在中世紀，法國刑法又準確區別了公眾犯罪和個人犯罪兩大類。十七世紀末，路易十四又進行了大規模的刑法改革，使訴訟程序基本上得到了統一。西元一七八九年，國民議會又頒布了《人權宣言》，確立「罪行等價主義」等一系列刑法原則，為近代刑法的制度建立奠定了基礎。西元一七九一年，法國第一部刑法典產生，史稱「一七九一年刑法典」，西元一九九四年又對這個法典進行了修改。

法國國王路易十四。

法國現行法典基於一九九四年刑法典基礎上，由刑事立法、刑事條例、配套法律三部分組成，其特點是：

一、只要行為人能夠證明自己的行為出於自己無力避免的誤解，可不承擔刑事責任，這一條也是法國刑法區別於其他刑法的重要特點。

二、法國是近代最早對法人犯罪追究刑事責任的國家。

三、新設了若干罪名，包括反人類罪等。

四、將侵犯人身的犯罪列為第一位，展現了對人權的重視。

五、採取新穎的法典編排方式。

六、對重罪採取嚴厲的統一制裁原則，對輕罪的處罰方式則多種多樣，因人而異。

馬克西米連・佛朗索瓦・馬里・伊西多・德・羅伯斯比爾：（西元一七五八年～西元一七九四年），法國激進資產階級的革命領袖。他自幼受到啟蒙思想家的影響，西元一七九四年五月七日，他在國民公會提交《關於最高主宰崇拜和國家節日法令草案》，展現受盧梭的影響力。

毒梟落網
德國刑法

德國刑法注重教育性，對於毒品犯罪等更有明確的概念規定。

　　西元一九三八年七月二十一日的凌晨，當整個柏林還處於睡夢之中時，哈勒‧基森在自己郊區的別墅中被逮捕。當時，整個別墅剛剛結束了一夜的狂歡，衣冠不整的男男女女橫七豎八地躺了一地，對於突如其來的搜捕毫無防備。

　　三個小時後，哈勒‧基森坐在警察局中，對員警的指控毫不理會，他反問員警：「做菸草生意的人那麼多，為什麼你就偏偏逮捕了我？」

　　負責抓捕他的員警將他的作坊裡生產製造出的菸草扔到他面前說：「別人生產出來的菸草中可沒有海洛因。」

　　面對警方的控訴，哈勒‧基森一言不發，只是對警方表示在律師到來之前他不會對警方說任何一句話。

　　對哈勒‧基森的審判在三天後舉行，警方將他們調查的報告呈現給法官，並要求對哈勒‧基森進行重罰。

　　哈勒‧基森的犯罪事實是毋庸置疑的，早在第一位受害者出現時，警方就對他進行了跟蹤調查，歷時兩年，早就掌握了他犯罪行為的大

量證據，但是如何對他進行處罰卻是法官和旁聽席所有行政官面臨的難題。

哈勒‧基森的律師說：「德國現在施行的法律中並沒有對毒品犯罪有明確的規定，我的當事人已經知道了他行為的嚴重性，希望能用今後的行為來彌補這個錯誤。我們日爾曼民族是寬容善良的民族，我們設立法律的初衷也是為了感化人而不是懲罰人，當一個公民發覺到自己的錯誤所在並且願意用實際行動去改正，那麼法律應該給他一次改過自新的機會。」

哈勒‧基森的這個案例在當時的法律條文中的確沒有明確的量刑規定，將它歸為經濟犯罪還是刑事犯罪法官都沒有明確的法律依據。哈勒‧基森在此時表示願意將非法所得中的一部分捐獻出來做慈善事業，希望能用鉅額的金錢回報社會方式換取法官及整個法庭對自己的重新審判。

經過四個小時的庭審，法官審判哈勒‧基森的犯罪行為對社會造成不良影響，嚴重侵犯他人及社會利益，判處有期徒刑三十年。

哈勒‧基森提起上訴，德意志最高法院推翻了原判決，以鉅額罰金的方式取代了原先法庭做出的監禁處決。

雖然最高法院的判決在當時引起爭議，但這個案例為德國日後刑法改革發揮了推動作用，使毒品犯罪直接被劃分到刑事犯罪中。

法學講堂

德國刑法的設立可追溯到德意志神聖羅馬帝國時期的《加羅林納法典》，

期間經過數次修改，逐步成為具有德國特色的刑事法典。

德國刑法的特點是：

一、加強教育刑法的思想貫徹，在西元一九八二年的刑法中，已經對假釋的條件做了放寬，以前曾經被判無期徒刑的罪犯也有了假釋的權利，這一條例的實施有助於對那些被剝奪終生自由的人改過自新。西元一九八六年又將罪刑累加的規定廢除了。一九九○年又頒布《少年刑法典》，規定未滿十四歲的兒童即便犯了罪，也可以不承擔責任。

二、對經濟領域的刑事犯罪處罰加大，經濟的高速發展，必然帶來了經濟領域的犯罪，德國聯邦經濟刑法改革委員會於西元一九七六年和一九八六年頒布了《經濟犯罪對策法》，規定了經濟犯罪的概念、制裁和程序。

三、對恐怖犯罪、毒品犯罪的處罰加強，西元一九七六年頒布的《反恐怖犯罪法》，一九八六年頒布的《防止恐怖主義法》都是對這一領域犯罪的加強處罰，對於那些加入恐怖組織，組織恐怖團體，進行恐怖行為以及對恐怖活動知情不報的人都處以重罰，一九九二年又加強了對毒品犯罪的處罰力度。

四、對環境的刑法保護也大力加強，同時對企業法人犯罪也有了新規定。

小知識

法蘭茲・封・李斯特：（西元一八五一年～西元一九一九年），德國著名法學家，曾在柏林大學擔任刑法和國際法的教授，也是當時帝國議會的會員。他的一生都致力於刑法學，開設了德國第一門犯罪學課程，並創辦了法學期刊《整體刑事法》雜誌。

平民皇后的審判
日本刑法

日本刑法分為舊刑法和新刑法，舊刑法旨在鞏固天皇制中央集權。

　　在「女神化身的天皇」故事中，我們已經知道了在日本神話中天皇是神明的子嗣，天皇和皇室宗親的神聖地位是不可動搖的，是日本國中最至高無上的存在。因此，任何侵犯皇室家族的行為都被認為是最不可饒恕的罪過，接下來的這個故事就發生在皇室之中。

　　在日本的歷史中，曾經出現過一位特立獨行的天皇，他性格放蕩不羈，崇尚自由，從小就對皇室的規矩束縛不屑一顧，在他成年之後，他更是不顧非議，娶了一位美貌的平民女子為妻。大臣們雖然對這樁門不當，戶不對的婚姻持反對態度，但看到天皇夫婦恩愛有加的模樣，倒也有幾年不對他們橫加指責。

　　中國有句古話「不孝有三，無後為大」，在日本也是一樣。平民皇后在婚後的幾年安分守己，知書達理，大臣們也逐漸接受了她，但是皇后一直沒有懷孕的消息傳出，又讓這種爭議再度在朝野之上被提了出來。

　　雖然特立獨行的天皇在朝野上怒喝他的大臣們：「這只是我的家

事！不需要你們來橫眉豎眼的挑刺！」但皇后始終沒有懷孕也讓他頗為煩惱，日日以酒消愁，終於在一次酒醉後和皇后身邊的女官發生了不正當關係，最要命的是，這個女官竟然懷孕了。

能從一介平民到萬人之上的皇后，平民皇后也是有心機的，在她得知女官懷孕、大臣們建議廢后的消息後，糾集皇室外的勢力殺死了懷孕的女官。

女官被害的事蹟沒有被隱藏多久，天皇和整個朝野都大為吃驚，殘害皇室骨肉在當時的社會來說，是天大的罪行，天皇有心想保住皇后也無能為力。對平民皇后的審判開始了，審判官判決皇后有罪，處以死刑。

就在死刑執行前幾日，被監禁在皇室囚牢裡的皇后被檢查出懷有身孕，審判官們進退兩難，此時如果處死皇后，那他們就犯了跟皇后一樣的罪行——殘害皇室骨肉；如果不處死皇后，那麼皇后之前犯下的罪行又該如何判定？對平民皇后的審訊被移交到當時社會的最高法庭，審判官在徵求天皇、皇室宗親們的意見後，維持了原判，但死刑期限暫緩，待平民皇后產下皇室繼承人後再擇日進行。

法學講堂

明治政府在西元一八八〇年公布了日本的《刑法典》，這部法典由法國人布瓦索納德負責起草，是日本政府向西方學習的象徵之一。它採取了總則和分則的刑法劃分體系，融入了西方資產階級刑法中的「法不溯及既往」、「法無明文不為罪」等基本原則，將犯罪劃分為重罪、輕罪、違警罪，限制了法官的自由裁量權。雖然在頒布不久由於不適合日本國情被反覆修改，但

仍對日本刑法產生了巨大的影響，在日本刑法歷史上被稱為「舊刑法」，它最主要的目的是為了維護天皇統治專政權力。

舊刑法經過反覆修改，在西元一九〇七年最終確認為「日本新刑法」，新刑法共有兩百六十四條內容，主要特點展現在犯罪和刑罰兩個方面：

一、犯罪方面，取消了舊刑法中「法無明文不成罪」的規定，因為社會是在變化中的，不能用固定的法律條文來適用不斷變化的社會環境；廢除舊刑法中犯罪的劃分，將違警罪制訂成《員警犯處罰令》；將舊刑法中不適用日本的用語做了修改，如「數人共犯」改為「共犯」；侵犯皇室威嚴的罪行仍舊是最高犯罪。

二、刑罰方面，將主刑確定為六種：死刑、懲役、監禁、罰金、拘留、罰款；擴大了法官的自由裁量權；首次規定緩刑制度，進一步完善假釋制度。

現代日本實施的刑法制度主要是由新刑法修改而來。

小知識

美濃部達吉：（西元一八七三年～西元一九四八年），日本憲法學家、行政法學家，主張「國家法人說」，認為天皇的權力應該有所限制。這一學說遭到了當時以神學論為主流的法律界的反對，並對他加以非難。主要著作有：《憲法撮要》、《行政法撮要》、《逐條憲法精義》、《日本國憲法原論》等。

司馬遷受刑

中國刑法發展

中國的法律基礎是以刑法為準的，其中刑罰的方法多樣是中國古代刑法的特點。

西元前九九年夏天，李廣的孫子李陵投降匈奴，消息傳來，大漢天子暴怒，朝廷之上無一人敢言。

就在夏初的時候，漢武帝派自己寵妃李夫人的哥哥李廣利率軍討伐匈奴，另派李陵押運物資，李陵率領五千步兵出長安，進匈奴境內，卻不幸和匈奴單于狹路相逢，經過八個晝夜的奮戰，李陵全軍覆沒，他本人向單于投降。

在李陵奮戰的那八天裡，每天都有消息傳回漢武帝的耳朵，那時候他對李陵讚賞有加，滿朝文武也是趨炎附勢，稱讚李陵不愧是李廣的孫子，能夠做到英勇地為國奮戰到最後一刻。但當李陵投降的消息傳回時，面對漢武帝的盛怒，滿朝文武又開始詆毀李陵，說他辱沒將門名譽，犯下叛國罪行。

太史令司馬遷自始至終都沒有發表意見，漢武帝問他：「你怎麼看？」司馬遷對李陵的印象很好，雖然沒有深交過，但他也聽說過李陵為人謙虛、孝敬父母、善待下屬、對朋友講究信義，在國家有難時

也是自告奮勇地急國家之所急。

司馬遷很討厭那些在國難當頭只想到保全自己和家人的大臣，對於他們對李陵落井下石的做法更是深惡痛絕，事實上李陵只是出師不利被俘，哪有那麼大的罪。

司馬遷對漢武帝說：「李陵押運糧草時只帶了五千士兵，他在匈奴和敵軍奮戰八天八夜，殺敵無數，而在救兵遲遲未到，走投無路的情況下，他還是奮勇殺敵。雖然他現在投降了匈奴，但我相信李陵將軍一定是在等一個合適的機會，再回來報答陛下，而不是有意叛國。」

司馬遷的話從兩個方面觸怒了漢武帝，第一個方面是漢武帝私心是希望李陵戰死的，為自己、為漢王朝博得一個美譽；第二個方面漢武帝認為司馬遷為李陵辯護實際上也是在貶低勞師動眾卻戰敗而歸的李夫人的哥哥李廣利，於是下令將司馬遷押入大牢。

行刑官來大牢裡問司馬遷：「陛下判你死刑，有兩種辦法你可以不死，一種是你拿出五十萬的錢來買罪，另一種是受宮刑，你好好考慮清楚。」

司馬遷官小家窮，根本拿不出五十萬的錢，但是他不想死，覺得人總有一死，或重於泰山或輕於鴻毛，如果這樣死去，未免太沒有意義了，況且他答應過父親要完成一部歷史巨作。因此，他選擇了宮刑，而即便在受了宮刑之後，他也忍辱負重，完成了父親沒有完成的事業，寫成傳世巨作《史記》。

法學講堂

一般認為，中國的刑法起源於夏朝法律——《禹刑》。

《禹刑》具體內容已無從考證，但在流傳下來的文獻中可以看到它的身影，在《左傳》中記載：「晉國的叔向在處理案件中，引用古代的法律條文──『《夏書》曰：昏、墨、賊，殺；皋陶之刑也，請從之。』」叔向解釋說昏是指自己做竊取他人美名的壞事，墨是指官員貪得無厭，貪贓枉法，破壞綱紀，賊是指肆無忌憚地殺人。這三種犯罪行為都要被處以死刑。」

　　《禹刑》中已經有了日後封建國家中廣泛應用的以殘害人體為主的「五刑」，即「墨、劓、刖、宮、大辟」。墨刑，是指在罪犯額頭上刻字；劓刑，是指挖掉罪犯的鼻子；刖刑，是指砍掉罪犯的腳；宮刑，是指割掉罪犯的生殖器；大辟，是指死刑。

　　進入封建社會後，「五刑」逐步被改進，漢初的文、景帝將其改革成針對男犯人的「笞、杖、徒、流、死」，針對女犯人的「刑舂、拶刑、杖刑、賜死、宮刑」。

小知識

大禹：（西元前二〇八一年～西元前一九七八年），夏朝的第一位天子，因此後人也稱他為夏禹。他是中國古代傳說時代與堯、舜齊名的賢聖帝王，最卓著的功績，就是歷來被傳頌的治理滔天洪水，又劃定中國國土為九州。

秋前凌遲處死
中國第一部刑法
《大清刑律》

《大清刑律》是中國第一部刑法典,在沿襲歷代王朝的刑法基礎上,向西方學習,引入了西方近代刑法的某些原則。

西元一五一〇年四月,明武宗親自出馬帶領一幫御前侍衛,去「八虎」之王的劉瑾家搜查。

「八虎」是當時皇帝最寵愛的八名太監,以劉瑾為首。在明武宗年少時,劉瑾就是他身邊最親近的人。從皇子到太子到皇帝,劉瑾一直陪伴在明武宗身邊,對他盡心盡力。他頗通文史,善於察言觀色,深受明武宗的喜愛,在明武宗登基為帝之後,數次提拔他,最終爬上司禮監掌印太監的寶座。

也正因為這份信任,才讓明武宗不相信其他人的告密,即便告密的人掌握著劉瑾的十七大罪狀,他還是要來劉瑾家親自搜一搜。

劉瑾看到皇帝親自出馬,也大吃一驚,他瞭解這個皇帝,他知道對於告密者的話,也許明武宗不願意相信,但他還是相信了。

御前侍衛搜查滿院,有點掘地三尺的意味,不久就從劉瑾的內室

中發現了印璽、玉帶等禁止百姓和官員私自擁有的禁物，而在劉瑾經常使用的扇子中也發現了私藏的匕首。

明武宗把這些罪證砸到跪在地上的劉瑾面前怒喝道：「你告訴朕，你還缺什麼？要這樣對朕！」

劉瑾低頭，回想起自己的一生，明武宗可以說是他一手帶大的，他知道這個自己百般照料的孩子會在將來給自己榮華富貴，只要把未來的皇帝照顧好了，權勢與富貴唾手可得。他也確實得到了他想要的一切，但是，有了一點點的權力就會想要更多，有了一件珍寶就會想要天下千萬件珍寶，他和自己的七個徒弟在橫行跋扈的路上走得太遠了，遠到他最後想自己登基做皇帝。

當年八月，劉瑾因謀反罪被處以凌遲，也就是千刀萬剮，共行刑三天。在當時的社會來說，一般死刑犯是要等秋天的霜降之後才行刑，

「秋後問斬」說的就是這個規矩，但是明武宗恨劉瑾，不等秋天霜降到來就下令行刑。

凌遲之刑是由兩個劊子手執行，從腳開始割，一共要割一千刀，也就是說劊子手要維持犯人在一千刀前不斷氣。由於劉瑾罪惡滔天，明武宗宣布要割他三千六百刀，活活割滿三天。第一天割完，劊子手怕劉瑾斷氣，給他喝了一點粥，第二天繼續

明武宗朝服像。

割。據說在割到三千三百五十七刀時，劉瑾就忍不住疼痛死去了，由於未割滿皇帝規定的三天和三千六百刀，劊子手也受到了處罰。當時受他魚肉的百姓都競相到法場觀看全程，並搶購劊子手割下來的肉吃到肚子裡以洩憤。

法學講堂

　　西元一九一一年一月二十五日，清朝政府頒布了《大清刑律》，這是中國歷史上第一部專門的刑法典。

　　《大清刑律》由總則和分則兩部分組成，總則規定了犯罪概念、刑罰程序的內容，分則則描述了三十六種罪行。

　　這一刑法主要沿襲明朝刑法，但也有所創新：

　　一、拋棄了以往朝代中「諸法合體」的編撰方式，將罪名和刑罰等刑法範圍內的法律條文獨立出來，成為一部純粹的刑法典。

　　二、在法典成文結構上，摒棄了之前法律條文中的表現形式，改為西方法典呈現方式，分為總則和分則兩部分。

　　三、將新的刑罰分為主刑和從刑兩種，主刑包括死刑、無期徒刑、有期徒刑、拘留罰金等，從刑只有剝奪公民權和沒收財產兩種。

　　四、沿用笞、杖、徒、流、死五種法定刑罰，其中死刑除了絞刑外，還有凌遲、梟首、戮屍等殘酷刑罰，對於謀反、侵犯皇權這樣的犯罪行為，通常都是採用凌遲、梟首、戮屍等刑罰。

　　五、引入了一些近代西方刑法的原則，這些原則是《大清刑律》最具改革性的方面，比如「法律無正條者，不問何種行為不為罪」，同時引入了過失殺人、故意殺人、正當防衛等現代刑法的理念。

張之洞：（西元一八三七年～西元一九〇九年），
與曾國藩、李鴻章、左宗棠並稱晚清「四大名臣」。
他主張向西方法律學習，提出參照西方法律，設立
「通商律例」，以做為處理外國人在中國發生糾紛
的法律依據；建議培養大量法律人才，實現依法治
國。

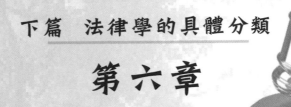

第六章

婚姻家庭法的理念與制度

妻子的背叛
羅馬婚姻制度

羅馬實行一夫一妻的家長制家庭制度，妻子在婚後完全由丈夫支配，在發現妻子不忠時，丈夫有權將她殺死。

戰爭終於結束了。

這場歷時十年的戰爭曾經漫長的像看不到盡頭，當結束的這一天真正到來的時候，查理彷彿在夢中一般。

離家愈來愈近，查理的心裡卻有一種莫名其妙的不安席捲了他的全身，而這種不安的預感在他推開門進入臥室時得到了答案。

他美麗的妻子，是他在戰場上殺敵時唯一支撐他活下去的理由，但此刻正和一個男人糾纏在床上，做著對不起他的事情。

忘情的妻子看到他從外面進來，一下子愣住了，她知道站在門口的男人是她丈夫，但是相隔了十年的歲月，她都已經想不起他的眉眼了，她甚至以為他早就在戰場上為國捐軀了。

身邊的男人問她：「他是誰？」

她推開他，輕聲說：「他是我丈夫。」

「姦夫」聽了這幾個字，慌忙扯過自己的衣服，奪門而出。

十年未見的夫妻，就這麼四目相對，很多話哽在喉嚨卻什麼也說

不出來，過了良久，查理問他的妻子：「為什麼？」

妻子說不上是默然還是麻木，她淡淡地回答說：「十年了，我以為你死了。這十年裡，我們的房子需要修葺，我們的田地需要耕種，我們的孩子需要養護，而我只有一個人。」

查理點點頭，脫掉身上的盔甲和衣在女人身邊躺下：「以後好好過吧！」

那夜之後，查理覺得自己像變了一個人，雖然妻子每天都會向他彙報行蹤，他還是不放心，只要妻子不在自己眼前，他就直覺她去幽會了，妻子從外回到家，他也對她擠不出一絲笑容。

曾經的不忠誠像噩夢一般糾纏著查理，在無數個失眠的夜裡，他覺得自己快要瘋了。

這天，查理出外會友，回來的時候喝多了點酒，他推開房門時以為自己出現了幻覺，妻子和「姦夫」在房間裡面對面坐著，緊握對方的手，四目相對流露出來的都是不捨。

酒醉的查理拔出佩劍，將「姦夫」從房間裡趕出去，又用佩劍抵住妻子的脖子，劍劃過她的脖頸，鮮血順著劍身往下流，怎麼都止不住。查理問她：「如果十年的時間裡發生這樣的事情，是因為妳覺得我可能死了，可是我回來了，為什麼還會有這樣的事情？」

女人微蹙眉頭，完全不在乎自己的血已經濕透衣襟，死亡在此刻對她來講更像是一種解脫，在查理回來的這麼多天裡，她第一次撫摸丈夫的臉頰，「十年間是我對不起你，但我也是一個有感情的人，他是來跟我告別的，他就要離開這個地方了……」

第二天，「姦夫」將查理扭送到法官面前，以故意殺人罪指控他，

但法官最終判處查理無罪釋放，因為按照當時的法律條文規定：妻子不忠時，丈夫可以將她殺死。

法學講堂

羅馬時期的婚姻法實行一夫一妻制，家庭中以家父權為基礎的，家父是指家庭或家族中輩分最高的男性，他在家庭、家族中享有至高無上的權力，對家庭的財產、成員都有支配和管理權。

這個制度一直沿襲到共和後期，隨著父權社會的逐步瓦解，家父的地位受到影響，權力受到限制，家庭成員的地位和權力被廣泛關注並逐步提升。

羅馬法中的婚姻制度經歷了從「有夫權婚姻」向「無夫權婚姻」的演變發展過程，「有父權婚姻」也被稱為「要式婚姻」，在共和制早期實行，它的基本特徵是：妻子以丈夫為主導，不享受任何權利，在婚姻生活中，妻子的一切包括身分、姓氏等都由丈夫決定和支配，妻子的財產（包括婚前和婚後的）都歸丈夫所有，妻子有不忠行為時，丈夫可以將她殺死而不負法律責任；婚姻被認為是一生一世的，要以家庭利益為前提。「無夫權婚姻」在共和制後期廣泛實施，婚姻的目的首先是男女雙方本人的利益，而不再是家庭利益。「無夫權婚姻」之後成為民間流行的唯一婚姻方式。

小知識

波里比阿：（西元二○四年～西元一二二年），古羅馬第一個法律思想家，希臘人。主要著作是《羅馬史》。

搶來的媳婦
日爾曼民族的婚姻法

日爾曼民族的婚姻法中允許以兩種方式成立婚姻關係：買賣婚與搶奪婚。

　　日爾曼人實行一夫一妻制的婚姻制度，基本上一輩子一個女人只能嫁一個男人，但這場熱熱鬧鬧的婚禮卻是莎拉·寇娜第二次被賣給別人當妻子。

　　莎拉·寇娜是族長的女兒，聽起來身分高貴，事實則不然。她的母親是族長的第三任小妾，雖然美貌卻不得族長喜歡，在女人眾多的族長後院中備受冷落。

　　母親的地位直接影響著莎拉·寇娜在父親心目中的地位，從小她就明白父親不喜歡自己，每當和父親在家中相遇時，她總是遠遠躲開，免得父親隨便找到什麼上不了檯面的藉口就把她辱罵一番。

　　她總想，自己這輩子可能再也嫁不出去了。因為父親不可能為她花費金錢準備嫁妝，而沒有嫁妝的女兒家是不可能出嫁的。

　　誰知造化弄人，她被部落裡有名的男人盧卡斯看上了。

　　盧卡斯出名不是因為他多麼出色，恰恰相反，這個男人遊手好閒、不務正業，是部落裡有名的懶漢。部落裡的人常說，誰家的女兒如果

嫁給他，這輩子算是完了。

就是這樣一個人，垂涎她的美貌（雖然不得寵，她卻是族長家最美麗的女人），施計讓族長欠下他的高額賭債，並威迫族長將她許配給他。

出乎莎拉‧寇娜的意料，族長竟然拒絕了這門婚事。也許在族長看來，雖然是他不喜歡的女兒，但好歹也是家族成員，為了自己的顏面也得拒絕和這樣的人結親。

盧卡斯一計不成又生一計，按照當日日爾曼人的規矩，新娘子是可以被搶奪過來的，被拒絕的當天晚上，盧卡斯就帶著一群地痞流氓到莎拉‧寇娜家裡把她搶了回去。

這樣一來，族長不同意也得同意，莎拉‧寇娜就這樣嫁給了盧卡斯。

婚後的前幾年，盧卡斯對她也不錯，但隨著他賭癮愈來愈大，他在外欠下了鉅額賭債。鬱鬱不得志的盧卡斯每逢回到家中就拿莎拉‧寇娜出氣，說她給自己帶來了晦氣，因為她是不祥的人，族長才會表面拒絕實則拋棄地將她嫁給他。

盧卡斯的態度一天比一天差，後來，他帶債權人到自己家中，美貌的莎拉‧寇娜被債權人看中，盧卡斯心生一計，將自己的妻子賣給了債權人，於是就出現了莎拉‧寇娜的第二次婚姻。

當莎拉‧寇娜被送到新的丈夫家，她也隨即成為了全族人的笑話。這個時代帶個這個女人的，只有無盡的痛楚。她不知道自己的下一步會在哪裡，也看不到未來會是什麼樣子。

日爾曼的婚姻法規定平民實行一夫一妻制，國王和貴族可實行一夫多妻制，按照日爾曼部落的習慣，日爾曼人的婚姻方式有兩種：買賣婚和搶奪婚。買賣婚是男女雙方家庭簽定婚約，男方向女方家庭支付一定的金錢費用，即可娶女方為妻，在這種婚約中，不必徵得女方的同意，其地位等同於商業活動中的代賣商品；搶奪婚是買賣婚的變相實現方式，男方可以先把女方搶走，再和女方家庭商量賠償金額，賠償金的數額和買賣婚中女方身價大致等同。

名畫《劫奪柳西帕斯的女兒》，反映了遠古時代的一種所謂「搶婚」風俗。

日爾曼婚姻法規定男女雙方結婚後，女方處於丈夫的管理和支配下，丈夫需要履行對妻子保護的義務和責任，也享有全權處理妻子財產、懲戒妻子、貧困時可將妻子拿去抵債等權力，丈夫可以隨時跟妻子解除婚約，但不得在未經妻子同意的情況下處理妻子的不動產。

日爾曼人的家庭法中規定，子女也是在父親的權勢分配下，父親有權遺棄、出賣、懲罰甚至處死孩子，有權決定子女的職業、婚姻等，當然父親也有責任撫養子女。

日爾曼法對於繼承方式規定，只有法定繼承，沒有遺囑繼承，動產首先繼承人是子女，其次是父母，然後是兄弟姐妹。如果以上繼承人都沒有，則由其他近親屬繼承，男性繼承人優於女性繼承人；不動產則只能由死者之子繼承，沒有兒子就交還給公社。

小知識

布里烏斯 · 克奈里烏斯 · 塔西佗：（西元前五五年～西元前一二〇年），著名的歷史學家，對於法律提出「世界」的概念，他認為在一個國家中，領導人的作用至關重要，領導者一個人的素質主宰著國家的發展進度。

永不離棄的婚姻
教會法中的婚姻制度

教會法中的婚姻被視為是「神聖的契約」，一旦有效簽定，終生不得解除。

俗話說，男怕入錯行，女怕嫁錯郎。結婚五年，每次和丈夫發生爭執時，安妮都會思考，自己是否是真的選錯了人。

安妮和比爾曾經是最讓人羨慕的一對，跟那些家長決定的小夫妻不同，他們是從相識、相戀，最終選擇生活在一起，達成「一生一世一雙人」的美好願景的。但再美好的愛情也敵不過現實的柴米油鹽，這對曾經有情飲水飽的年輕人面對現實生活，也敗下陣來。

比爾是個野心勃勃的年輕人，這點曾經是最吸引安妮的地方，但現在也成了最束縛安妮的地方。每當比爾野心勃勃地說起他的夢想，卻不肯腳踏實地去為這個夢想奮鬥時，安妮就覺得頭痛。

忍了很久，加之爆發新的家庭爭執，安妮終於還是來到神父面前，請求他為自己主持公道。

「僅僅是因為妳的丈夫不肯實實在在地為你們的小家庭努力，妳就要放棄你們的婚姻了？」神父問，「我的孩子，婚姻是神聖的，你們既然和對方締結了婚姻的契約，就要一生一世地去遵循它，以妳丈夫的意願過活。」

「神父大人，我必須讓您瞭解，我的丈夫，他在結婚這五年間，已經把我的嫁妝都花光了。他曾經反覆地說，要給我一個美好的未來，但是他卻從不肯出門去工作。」

「做為妻子，妳有權利去相信妳的丈夫、去督促妳的丈夫，而不是拋棄他。」神父繼續勸慰道。

「我嘗試過了，神父大人。」安妮說，「這並不是最讓我難以忍受的。他在今年年初確實出門工作了。但是自從他出門工作之後，他就改變了。他變得神采奕奕，一掃過去的陰霾。我最初以為他是對生活重新燃起了熱情，但誰知道他是對愛情重新燃起了熱情。」

神父不解地看著她。

安妮的眼淚迅速滑落：「他愛上了其他的女人，當我以為他是去工作、和同事應酬時，他都是去陪這個女人的。所有認識我們的人都已經知道了這件事，直到最近我最好的朋友不忍心看我被欺騙，才告訴了我真相。我做過調查，已經確認了這件事。」

「神父大人，就像您說的，婚姻是神聖的。現在既然他選擇背叛我們的契約，我也不願意一個人守護婚姻了。求您幫幫我吧！」

神父沉默了。

後來，在神父的幫助下，安妮和比爾雙雙走到法官面前。由於法律不允許人們離婚，法官判定雙方分居，比爾必須努力工作，每個月支付安妮生活保障金。

婚姻在教會法中被看作是一種神聖的契約，婚姻家庭法被認為是教會法的重要組成部分。十一世紀後，歐洲天主教國家實施的婚姻家庭法則幾乎都是由教會法演變而來的。

教會法主張只要男女雙方自願，就可組成婚姻關係，確立一夫一妻原則，認為婚姻屬於宣誓聖禮之一。教會法認為：自亞當、夏娃開始，一夫一妻制就是上帝的旨意和安排，違反這個原則，婚姻將被

魯本斯創作的《人類在伊甸園的墮落》，描寫的是人在撒旦的誘惑下違背了神的意願，因此獲罪被逐出天堂花園伊甸園。

視為無效；教會法不允許夫妻解除婚約，但如果出現通姦、背教等原因，可以透過司法程序申請分居；在教會法中，丈夫也是家庭中的首腦。

在教會法中的繼承制度方面，採用遺囑繼承和無遺囑繼承，它將遺囑本身視為一種宗教文件，認為遺囑不需要程序化，臨死前的口頭遺囑也被認為是正式遺囑。十二世紀後，教會法創新了遺囑執行人制度，主要內容是：遺囑中需要任命一個執行人，佔有遺囑人的全部財產，然後按照遺囑，對遺產進行處理。行使遺囑人權利和承擔其債務的人，不是繼承人而是執行人。根據這個原則，教會法院還任命了一名管理人，負責分配那些無遺囑死亡者的財產，這名管理人的工作職能與遺囑執行人相類似。

小知識

埃塞伯特：（西元五六〇年～西元六一六年），肯特國王，盎格魯·撒克遜人第一個皈依基督教的國王。在國內積極推行基督教，下令肯特各級法院或司法機構在審判案件中實行教會法相關規定。

破鏡重圓
伊斯蘭教婚姻法

伊斯蘭教鼓勵多妻制，《古蘭經》規定，凡供養得起並能公平對待諸妻者，可娶四個妻子。同時規定轉婚制，實則是委婉的重婚方式。

　　亞斯米妮從來沒有想過自己有朝一日會和丈夫對簿法庭，對她來說，這個大她十一歲的男人曾經是她的天。

　　她在結婚的時候也只有十二歲，那時候的她什麼都不懂，就被父親賣給這個男人當妻子。她學著如何去做一個好妻子，並且在隨後的婚姻生活中也履行了自己的諾言，視夫君為天。她在真主面前發過誓，要效忠這個男人一生一世。可是，如今他卻要休妻。

　　自己是他最初的妻子，而在自己之後，他又娶了三位妻子，從此家無寧日。

　　爾薩看著自己的妻子，對法官說：「這個女人讓我的後院起火，她嫉妒蠻橫，不容我其他的妻子，並且把其中的一個氣到流產。因此，為了我家庭的安寧，我申請休妻。」

　　法官問亞斯米妮：「妳是不是像妳丈夫說的這樣，對他法定的三位妻子橫加指責，讓他不能無後顧之憂地從事正職。」

　　亞斯米妮慘笑說：「他認為是就是吧！」

這個案子毫無懸念，在亞斯米妮不為自己辯白，爾薩強硬的態度下，法官支持了爾薩的訴訟，判決他們離婚。

在伊斯蘭法律中，判定離婚並不是立即執行，而要等到女子三次月經結束才能正式執行。這也是給男人一定的思考空間，看自己的妻子是否真的不再適合。

亞斯米妮還是對爾薩抱有期待的，這個她陪伴十年，從十二歲到二十二歲守護的男人，不管是出於懵懂的愛情還是親情，她都不能那麼灑脫地跟他說再見。

但是結果讓她失望了，到了最後不得不離家的一刻，爾薩還是沒說出挽留她的話。這時，爾薩的好朋友葉哈爾站了出來，對爾薩和亞斯米妮說：「爾薩，我在幾年前就對你說過，我愛上了亞斯米妮，如果你有對不起她的一天，我會立即出現帶她走。現在是我履行諾言的時候了。」

爾薩表示，自己已經和亞斯米妮離婚，她的去留可以自己決定。

亞斯米妮徹底死心了，之前即便自己收拾好了行李，還是等他的一句挽留，但等到的卻是如此寬容地祝福她有新的生活。

亞斯米妮跟著葉哈爾走了，葉哈爾對她體貼備至，但她一直忘不了爾薩。幾年後聽到爾薩家境敗落，四位妻子都離開了他，她問葉哈爾：「你能不能休了我？」

葉哈爾看了她很久：「這幾年我還是沒有暖熱妳的心嗎？」

亞斯米妮搖搖頭：「我感激你，但是我向阿拉許過諾言，不管爾薩如何，我都會不離不棄地對他，現在他身邊沒有一個人，我擔心。」

「他當年把妳趕出去，就是為了娶他的第四任妻子啊！」

無論葉哈爾怎麼說，亞斯米妮都只是流淚說著對不起。看她的模樣，葉哈爾只好做出了轉婚的決定，把亞斯米妮轉給爾薩。爾薩也在這時知道了亞斯米妮的可貴，從此一心一意對她一個人。

法學講堂

和大多數的宗教法律一樣，伊斯蘭教的法律也把婚姻、家庭和繼承問題做為其法律的核心內容。

在婚姻家庭方面，伊斯蘭教是鼓勵結婚的，只要男性年滿十二歲，女性年滿九歲，就可以申請結婚。並且規定：只要男人養得起並能公平對待，可以娶最多四個妻子。在伊斯蘭教的法律中，離婚被稱為休妻。大多數情況下，離婚是由丈夫單方面提出的，在丈夫提出後，需要經歷一個待婚期，待婚期時間為三個月，也就是要等到妻子三次經期結束之後才能正式離婚，這個制度一方面是為了排除被離婚的妻子懷孕的可能性以避免將來出現親子方面的糾紛，另一方面也是為了讓丈夫好好考慮，希望夫妻能重修舊好，撤銷休妻的決定。

待婚期中的妻子有權住在丈夫家中，由丈夫提供生活保障，如果離婚時家中有嬰兒，即便休妻成功，丈夫也必須提供資金將孩子撫養到兩歲。

伊斯蘭教的法律中還有關於轉婚制的規定，這在其他法律中是不常見的，這其實是一種比較委婉的重婚方式，它規定妻子在離婚後不能再嫁給丈夫為妻，但若是嫁給了別人又被休妻，則可以再嫁前夫。

伊斯蘭教的法律中將繼承分為遺囑繼承和法定繼承，規定財產中的三分之一可以靠訂立遺囑的方式實現，其餘的必須是法定繼承。

馬力克：（約西元七一五年～西元七九五年），伊斯蘭教著名的教法學家、聖訓學家，遜尼派馬力克教法學派創始人。主張在不違反《古蘭經》的基礎上可以根據當事人或當事人所處團體的利益斷案，近似於哈乃非派的「擇善」原則。

保護婚姻的結晶
英國中世紀婚姻家庭法

英國在中世紀的婚姻家庭法由於首創對婦女和兒童的保護，而在法律史上佔有重要席位。

西元一四四七年，湯瑪斯·派翠克被法庭傳訊，理由是他殺死了自己的孩子。

湯瑪斯·派翠克和妻子丹妮絲結婚不到三年，他們是堅定的頂克主義者，在結婚之日就對彼此說，這輩子都不要孩子，兩個人開開心心過兩人世界就足夠了。

一次出國旅行，在浪漫的異國他鄉，兩個年輕人情難自禁，回來後不久丹妮絲就發現自己有了身孕。

當時的英國法律不允許婦女墮胎，湯瑪斯·派翠克和丹妮絲只好不情願地把孩子留了下來，經過十月懷胎一朝分娩，丹妮絲抱著自己生下的這個美麗女嬰，充滿了為人母的喜悅，但她也敏感地發現，這份喜悅並沒有傳遞到她的丈夫那裡。湯瑪斯·派翠克不但不抱女嬰不看女嬰一眼，甚至和她相處一室都會覺得渾身不安。

這樣冷漠的家庭氛圍直到女嬰發燒的那個晚上被推到冰點。女嬰

一直在哭泣，丹妮絲抱著她走來走去，希望能用物理方法幫她降溫，但湯瑪斯·派翠克愈來愈急躁，最後抱著女兒衝了出去。

丈夫一直往醫院方向走，丹妮絲以為丈夫終於改變態度接受了女兒。但她忘了，在通往醫院的路上，有一條深不見底的大河。湯瑪斯·派翠克想去的正是那條河。

到了河邊，湯瑪斯·派翠克舉起女兒就往河裡拋，丹妮絲嚇壞了，跳進刺骨的河水中打撈女兒。等到她把女兒從河底撈出來，女嬰早就沒了呼吸。

丹妮絲又急又氣，一口氣沒喘上來，也暈了過去。

在她醒來的第一件事，就是狀告自己的枕邊人。

法官問湯瑪斯·派翠克：「你狠心殺死自己女兒的動機是什麼，她還那麼小。」

湯瑪斯·派翠克回答說：「我和妻子本來是恩恩愛愛的，說好這一輩子不要孩子，但這個孩子的出現將我們的生活都打亂了。我們不再有兩人的約會，不再有浪漫時刻，我妻子全部的時間都花在這個小生命身上。這不是我們正常的生活。天底下不是所有人都適合做父母的，如果國家允許婦女墮胎，我們的生活也不會發生變化。」

法官最終判決湯瑪斯·派翠克有罪，在當時的社會，殺嬰是很大的罪過。但這個案子也直接推進了英國允許墮胎法律的出爐。

法學講堂

英國中世紀的婚姻法中，對於通姦和誘拐等婚姻問題變得寬鬆，通姦的

人可以透過結婚的方式來矯正自己的罪行，誘拐的人只要把所誘拐的對象釋放回家，就被視為無罪。最值得一提的，是對婚姻中的女性的保護，認為在上帝面前，婚姻雙方平等，比如，為了保護寡婦的財產，規定在她再嫁期間，資產不得減少；婦女被離婚後，男方必須支付撫養金，這個規定也被英國現代的法律所吸收。

對中世紀英國的教會法院來說，審判最多的婚姻案件主要在私訂婚約上，英國當時規定：婚姻必須接受教會的管轄，觸犯這種規定的男女雙方會被處以當眾贖罪，即男女雙方在教堂集會時當眾承認錯誤，眾人給他們羞辱。

英國中世紀的家庭法中，注重對家庭弱勢成員的保護，比如說，殺嬰被看作是僅次於叛國、謀殺等罪惡行為的罪行，對非婚所生的子女要承擔著教養的義務。

小知識

湯普遜：（西元一八六九年～西元一九四一年），對於婚姻家庭法的貢獻巨大，其重要著作有《法蘭西宗教戰爭》、《中世紀的經濟和社會史》、《封建主義的德意志》、《中世紀的圖書館》、《古代的圖書館》等。

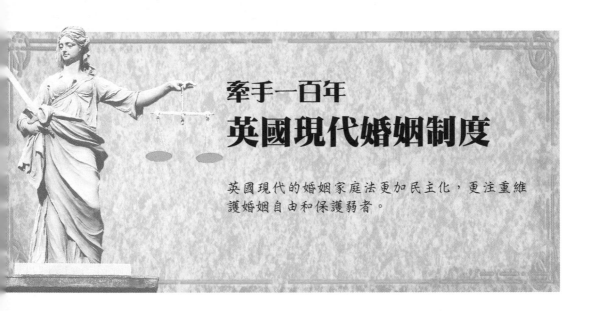

牽手一百年
英國現代婚姻制度

英國現代的婚姻家庭法更加民主化，更注重維護婚姻自由和保護弱者。

在英格蘭旅行結束的前一天，兩個來自中國的年輕人決定結束六年的愛情長跑，在這個美麗的異鄉結為夫妻。

在當地人的介紹下，他們選擇了在路邊的註冊機上登記結婚。這個結婚機器是英國最新的實驗產品，可以將自己的證件直接在機器上進行掃描，機器和國家資料中心聯網，確認兩人沒有犯罪紀錄、證件真實有效後，即可為兩人辦理結婚證明。

兩個年輕人的證件很快通過掃描，確認有效。機器首頁上出現了一行字和幾個選擇：請選擇您維持婚姻的年限，分別有一年、二～五年、六～十年、十～二十年、二十年以上、一百年等六個選擇。

兩個來自中國的年輕人不懂得英國的浪漫，在他們的認知中，也許結婚時限愈長需要支付的費用愈高，他們於是先選擇了一年。

機器很快為他們展示一年婚姻需要支付的費用是將近一萬英鎊，除了高額的費用外，機器還顯示，他們將得到一本厚厚的長達五百多頁的《幸福婚姻指南》。

一年就要這麼多錢，那要是選擇一百年，豈不是要一百萬英鎊了？準備結婚的女孩朝男孩吐吐舌頭，好奇地示意他看看選擇一百年要花費多少錢。

　　選擇一百年的選項後，機器上顯示：「你們考慮清楚了嗎？真的選擇執手一百年嗎？」

　　男孩選了「是」。

　　出乎他們兩人的意料，機器上顯示的資料非常少，除一英鎊的結婚證書工本費介紹外，還有一句話：恭喜你們，在漫長的歲月中選擇了對方，願你們真愛永存。

　　這短短的話語讓女孩濕了眼眶，男孩也是感觸頗深。這是英國人的幽默，也是英國人對婚姻的尊重。如果只是出於好奇，選擇和對方締結一年的婚姻，那說明當事雙方根本沒有想好關於未來的路，那麼他們需要學習婚姻方面的知識還很多。他們需要瞭解婚姻和愛情的不同，他們甚至需要一萬英鎊這樣高額的費用來保證自己對這一年的選擇是認真的。

　　如果兩個人選擇了漫長的一百年，那麼任何人都沒有理由向他們索取更多的費用，唯有祝福。祝福這對願意選擇和對方執手一百年的年輕人真愛永存。

　　兩個來自中國的年輕人在英國的結婚登記機前考慮良久，最終還是選擇了一百年的誓約，還有那句「真愛永存」的誓言。

法學講堂

第二次世界大戰後，英國法律在婚姻家庭方面有了許多創新，使男女平

等的原則真正得到確立，私生子和婚生子女的差別逐步減小，最後基本消除。婚姻中夫妻關係變得平等，已婚婦女逐步成為獨立的、自由的權利主體。和以往夫權社會相比，英國的已婚婦女有權處理自己的財產，還具有簽定契約等能力。

在父母、子女關係上，英國法致力於不斷提升子女的地位，西元一九九六年通過的《家庭法》更是將兒童的權利大大提高，如果涉及到子女監護權時，必須從兒童的角度考慮誰才是最適合的監護方，而在繼承法方面，私生子和婚生子也有同樣的地位。

在西元一八三七年後，英國實行的《遺囑法》有了明顯的進步，它將動產和不動產統一視為遺囑，不再分開考慮。如果死者生前沒有確立遺囑，就實行長子繼承制；在男子和女子的繼承權方面，男子默認優先於女子；如果沒有遺囑又沒有繼承人，則財產歸國家所有。

小知識

讓・布丹：（西元一五三〇年～西元一五九六年），文藝復興時期法國著名政治思想家，近代西方國家主權理論的創始人。他的《六國史論》在政治思想史中的地位甚高，並不遜色於亞里斯多德的《政治學》。

被遣返的新娘
美國婚姻法

在美國婚姻法中，只要男女雙方舉行了結婚儀式，就結成法律承認的夫妻關係。

　　從加拿大的貧民到美國時尚雜誌的主編，瑪麗在這十年間的奮鬥充滿艱辛。她是整個雜誌社成員眼中的變態上司，她對自己的員工和合作夥伴極其苛刻，她常常加班到深夜，對自己更是嚴格要求。

　　一天，聯邦移民局將一紙傳票寄到了她的辦公室，她被告知之前的移民手續有問題，她被美國政府認定為非法移民者，需要被遣返回加拿大。

　　這個消息傳開，雜誌社的同事都歡欣鼓舞，變態上司要被送走，他們的好日子就要來了。

　　瑪麗的助理安德魯，在這件事中敏感察覺到了自己的機會。

　　不出他所料，瑪麗很快將他叫到辦公室，對他說：「幫我一個忙，你跟我假結婚，幫我取得一個身分，如果你做得到，我就給你編輯的位置。」

　　安德魯答應了她的要求，但做為日常對自己壓迫的報復，他要求瑪麗在全雜誌社同仁面前，單膝跪下向他求婚，瑪麗都答應並且照做

了。

　　瑪麗對聯邦移民局的官員宣布，安德魯是她的未婚夫，按照法律規定，美國居民的伴侶可以留在美國，成為美國公民。但是美國對於結婚移民的政策也很重視，不允許出現假結婚以換取身分的方式。安德魯為了證明自己是和瑪麗真心相愛並娶她為妻的，就帶她出席了奶奶八十大壽的家庭聚會。

　　在家庭聚會中，安德魯的奶奶很喜歡瑪麗，全家人對兩個人的結合都抱著祝福的態度。在奶奶和安德魯母親的撮合下，兩人決定幾日後舉行婚禮，成為正式意義上的夫妻。

　　在婚禮準備的前幾日，安德魯和瑪麗朝夕相處，晚上也在家人的安排下住進了同一個房間。

　　在婚禮上，安德魯的奶奶握著瑪麗的手，語重心長地對她說：「安德魯是個淘氣的孩子，但是也是個善良的好孩子，我把他交給妳了。在我有生之年，我不想看到你們因為什麼樣的問題導致分手。我希望你們一生一世都要在一起，恩恩愛愛。」

　　瑪麗是一個虔誠的基督教徒，在教堂這樣神聖的地方，她無法隱瞞自己的真實情況，即便聯邦移民局的人在場，她還是說出了實情。

　　聯邦移民局的官員上前將瑪麗帶出教堂，按照法律規定，她要被遣返回加拿大。就在他們一行人將要走出教堂時，安德魯發現了自己內心的真實感受，經過這幾天的相處，他已經沒有辦法把這個積極上進的女孩再看作是自己的變態上司了。他衝上去抱住瑪麗，對她說：「我是真的愛上妳了，嫁給我吧！」

這個故事當然是以喜劇結局告終，在大家的歡呼聲中，八十歲的老奶奶笑得最開心。事實上，這兩個年輕人的初衷和感情變化都沒逃過這位老人的慧眼，對這一結果，她早就明瞭於心了。

法學講堂

　　美國婚姻法在大部分條例中的規定和世界各國基本保持一致，要求男子年滿十四歲或女子年滿十二歲就能承諾結婚，年齡條件不滿足的婚姻被視為無效；男女必須舉行儀式，由基督教的牧師、法官主持，按照宗教儀式或習俗舉辦婚禮，但男女同居形成事實婚姻者不視為具有法律效力的婚姻形式。

　　在美國的婚姻法中，有一個備受爭議的制度，就是「無過錯離婚」，但無過錯離婚之所以存在是有必然理由的：

　　一、無過錯離婚減少了夫妻雙方之間的敵意和痛苦，許多家庭其實名存實亡，為了擺脫這種婚姻關係，他們往往編造搜集對方的過錯，相互指責，而無過錯離婚制度能讓他們透過比較和平的方式解決不再適合一起居住的問題。

　　二、如上一條所說，無過錯離婚有效降低了偽證的數量，只要雙方達成協定，決定離婚，法院不問當事人離婚原因，不需要當事人再提供假的理由。

　　三、無過錯離婚制度符合現代人的婚姻觀。

　　四、有助於維持社會穩定。

　　但它同時也有很多不足，比如：在過錯離婚制度下，無過錯一方可以得到賠償，而在無過錯離婚制度下，受害一方損失索賠權；無過錯離婚制度導致離婚率不斷攀升；無過錯只是在法律上要求「婚姻已無可避免的破裂」，這完全是根據當事人自我感覺判斷出來的，不具法律效力；無過錯離婚制度使婚姻中的道德因素變得脆弱。

安東寧・斯卡利亞：（西元一九三六年～），美國法學家，現任美國最高法院大法官。他是目前服務時間最長和最資深的大法官，也被認為是最保守的大法官，以嚴謹的態度解釋國會制訂的法律，以寬鬆的態度解釋州和地方的法律。

寬容的力量
日本婚姻法

日本沒有專門的婚姻法，在很長時期內實行「問妻制」，家庭是父權制的。

　　王俊杰的轉變每個人都能看得到。

　　如果說結婚之前，王俊杰是個十足的王八蛋，誰都不會有異議，他不但脾氣暴躁不做家事，還經常在酗酒後打女人，他的前幾任女朋友就是因為這些惡習離開他的。

　　這個被朋友們認為永遠都不會有女人嫁給他的人，居然在年初結婚了，娶了一個溫柔賢慧的日本妻子。

　　王俊杰原本也不是多麼重視這段婚姻，在結婚之後的很長時間裡，他還是和婚前一樣，到處和朋友鬼混，每天喝到不省人事才回家，但他的日本妻子不會像之前的女朋友那樣對他橫眉豎眼的，只是溫柔地給他熬了醒酒湯，輕聲細語地勸他愛惜自己的身體。

　　在日本，丈夫如果下班後就回到家中陪妻子會被認為是沒出息的舉動，只有沒有朋友、沒有任何人邀請的人才會下班就回家。一個但凡有社交圈子存在的人都會在下班後被朋友或同事邀請去喝兩杯。

　　王俊杰對朋友們說，和自己國家女孩不同的是，自己的這個日本

妻子永遠在用寬容的態度對自己，自己賺錢不多，妻子卻安貧樂道，覺得錢夠用就好了；家裡房子不夠大，妻子說這樣已經很好了，在日本，這樣的房子都算是大房子，自己已經很開心了。

最讓王俊杰印象深刻的是岳父、岳母的到訪。

那天妻子僅僅抱怨了幾句，就被岳父岳母教育了一番，說她沒盡到一個做妻子的責任，要知道丈夫在外養家不容易，做妻子的就應該時時刻刻為丈夫著想，不應該再讓他在家中受到委屈。

從這之後，妻子更加溫柔賢慧了。

這樣的妻子，打著燈籠也難找。王俊杰逢人便說，自己要更加努力，給妻子創造更好的未來。

法學講堂

日本沒有專門的婚姻家庭法，其婚姻家庭關係的法律蘊含在民法《親屬篇》和《繼承篇》中。這些法律規定：婚姻是兩個人的關係，不需要經過父母的同意，只要男性年滿十八歲，女性年滿十六歲，就可以登記結婚。

日本公民的婚姻關係確立可以在官方登記，也可以不登記，法律沒有明文規定，但如果不登記，就不受法律保護。在離婚方面，離婚必須滿半年才能再次結婚，日本兩個人的離婚協議不涉及財產問題，財產會由專門的部門進行調整。

日本在很長一段的歷史時間內，實行過「問妻制」，就是夫妻雙方不同住，男方在特定時間到女方家小住的制度。這和中國「走婚制」相類似，是一種不穩定的婚姻制度，實際上代表了群婚、雜交的古代惡習。

我妻榮：（西元一八九七年～西元一九七三年），日本民法學家。他對《德國法》進行了專門的研究並引入日本法律中，所著的《我妻榮民法講義》影響了日本法律近半個世紀，至今仍在印刷再版。

私生子的繼承權
歐洲婚姻家庭法

歐洲社會雖然主要推崇一夫一妻制，但人性的軟弱還是讓外遇不斷發生。歐洲婚姻家庭法中規定，如外遇不可避免時，私生子和婚生子不同，不享有繼承權。

埃爾從小就是個另類的人，他出生在上流社會，卻和上流社會格格不入。他身形高大，穿著厚厚的皮草在輕歌慢舞的上流社會的派對中獨特得像一隻熊。他不懂天文地理，也不懂派對禮節，甚至連他的口音都那麼奇怪，整個上流社會對他紛紛側目。

後來，上流社會的小姐、太太們閒得無聊，打聽到埃爾的身世。原來他是法國某貴族的私生子，因為貴族的妻子不能生育，埃爾的母親趁虛而入，和貴族一夜風流後懷了他。無後的貴族倒是也對他頗為看重，到哪裡都帶著他。

但是畢竟是私生子，未婚的小姐們都離他遠遠的，即便有貴族的喜歡又怎樣，私生子在法律上根本就沒有繼承權，貴族死後他就什麼都沒有了。

就在這時候，埃爾愛上了爵士的女兒，他請父親向爵士的女兒求婚，結果爵士拒絕了他的父親。這件事在上流社會傳為笑柄，一個私

生子竟然妄想追求派對女王——整個上流社會最美的姑娘，簡直是癩蛤蟆想吃天鵝肉。

貴族漸漸老去，不久之後，他就病逝了。在眾人等著看埃爾的笑話時，埃爾卻看了他們的笑話。

貴族死後留下了一個遺囑，這個遺囑他在死前特別請法官做公證，證明具有法律效力。在這個遺囑中，貴族將所有的土地、城堡、財產都留給了心愛的兒子，唯一的條件是吩咐埃爾照顧好自己的正妻，直到她善終。

整個上流社會沸騰了，誰也沒想到法官會為貴族做證明，也沒想到貴族對埃爾的喜愛竟然到了這樣的地步。眾人圍繞在埃爾身邊，將前所未有的熱情傾注到埃爾的身上。

埃爾被邀請參加各式各樣的派對，和各家貌美的姑娘安排相親。花花世界毫無保留地呈現在這個年輕人的面前，這讓他有些頭暈了。

最讓他意外的是，爵士的女兒開生日派對時，將他視為最特別的嘉賓邀請。高大的他站在她的身邊，依舊和以前一樣還是像一頭熊，不同的是，這隻高傲的天鵝踮起腳尖，吻了熊的臉頰。

眾人歡呼，說最美的姑娘終於找到了最對的人，那些單身的小姐們明顯帶有嫉妒的神色。

這就是上流社會？埃爾在姑娘頭髮傳來的香氣中逐漸清醒，這不是他想要的。和父親在鄉下打獵，在自己的莊園裡嬉笑騎馬，那才是他此生最快樂的日子。

埃爾在全場的詫異目光中，推開姑娘挽著他的手臂，對眾人說：

「我永遠記得自己是個私生子，我不配擁有你們的友誼，如你們所說，我就適合生活在無人看到的角落裡。再見了，各位。」

法學講堂

　　歐洲婚姻家庭法中規定一夫一妻制，將正妻以外的性行為都稱為「私通」。對歐洲當時的貴族來說，婚姻關係有點類似中國歷史上的「和親制度」，他們只能在貴族中選擇，不同的是，中國除了和親制度也有別的婚姻形式存在，而歐洲很長一段時間內，只有這一種婚姻方式，造成了貴族的永久世襲。

　　在生育後代問題上，歐洲很長一段時間的婚姻家庭法也只承認婚生子女的繼承權。

小知識

雅克・馬里旦：（西元一八八二年～西元一九七三年），法國哲學家，西元一九〇六年改信新湯瑪斯主義。他沿襲了中世紀湯瑪斯・阿奎那和亞里斯多德的思想。主要著作有《人和國家》、《真正的人道主義》、《人權和自然法》等。

愛情的選擇
西方關於同性戀的法律

上個世紀五〇年代以來，隨著同性戀權利解放運動的發展，及同性戀者對婚姻平等權的不斷追求，同性婚姻在一些國家和地區已經得到了一定程度的承認。

西元一八九五年的春天，英國的文學天才、以唯美派的使者自居的王爾德沒能像往年的每個春天一樣糾集一群好友出遊賞春，因為他吃上了官司，還被判了兩年的有期徒刑。

這個案件震驚了英倫三島。連王爾德本人都說：「我的一生有兩大關鍵點：一是父親把我送進了牛津大學，一是社會把我送進了監獄。」

和他打官司的人是昆斯伯里侯爵。原因是侯爵的小兒子跟王爾德混在了一起，但王爾德在當時是一個備受爭議的人物。他的文學才能毋庸置疑，但他的私生活卻混亂到遭人鄙視。不僅如此，他還是一個同性戀的支持者。

神經質的侯爵覺得王爾德帶壞了自己的小兒子，破壞了他的名譽，數次在公開場合說王爾德是雞姦者。他讓兒子遠離王爾德，可是兒子

不聽，他就斷絕了兒子的經濟來源，還數次寫信警告王爾德，對他進行跟蹤和騷擾。

三人的矛盾愈演愈烈，王爾德將侯爵告上法庭，稱他毀謗自己。

王爾德對自己信心百倍，他覺得憑藉自己的社會地位和出眾的才華，他一定能贏得這場官司，可是在律師們看來，王爾德根本贏不了官司，因為法官不會判處一個愛子心切的父親有罪。況且，侯爵手中掌握著關於王爾德同性戀的各種證據，當時的法律規定，同性戀是違法的。

高傲的王爾德不理會律師們的勸告，堅持將侯爵告上法庭。

在庭審中，侯爵的律師圍繞文學和事實兩個方面對王爾德進行訊問。他在庭上大聲朗誦王爾德的作品，尤其是《道林‧格雷的畫像》和《供年輕人使用的至理名言》兩部作品，律師有技巧地誤導陪審團認為王爾德的作品中有大量關於同性戀的辯護。在這次庭審上，王爾德和他的作品都遭到了陪審團的質疑。

在侯爵律師的強硬態度下，王爾德不得已撤銷了訴訟，侯爵當場被宣布無罪釋放。

在不久之後，王爾德被侯爵告上法庭。這次侯爵掌握了大量的證據，以有傷風化罪起訴王爾德。法官支持原告，判決王爾德支持同性戀有傷風化，判處兩年有期徒刑，上訴無效。

法學講堂

早在古希臘時代，就有關於同性戀的記載。

隨著人權的進化，在二十世紀五〇年代後，更多的國家對同性戀進行了法律規定。

　　德國關於同性戀的立法模式，較為謹慎，對男性同居的狀況做了一些法律規定，比如他們可以有共同的社會保險，共同的債務、責任和繼承權，大大緩解了同性戀者的焦慮。法國、西班牙、瑞典採用了家庭夥伴（同居）的立法模式，關注的是同性夥伴已經形成生活上共同體的事實，但在法律上規定的範圍較少，提供的保護也較少。比利時、加拿大、美國、丹麥和冰島採取登記夥伴的立法模式，將同性戀者在法律上界定為合作關係。荷蘭採用同性婚姻立法模式，承認婚姻是異性或同性的兩人之間的契約關係，但同性婚姻法只適用於荷蘭本地，婚姻雙方必須有一方具有荷蘭國籍，或至少有一方是荷蘭的常駐居民，或兩人從此決定永久居住荷蘭。

小知識

奧斯卡・王爾德：（西元一八五四年～西元一九〇〇年），愛爾蘭作家、詩人、劇作家，英國唯美主義藝術運動的宣導者。在王爾德的雕像上刻有他對同性戀的觀點「我們都在陰溝裡，但仍有人仰望星空。」

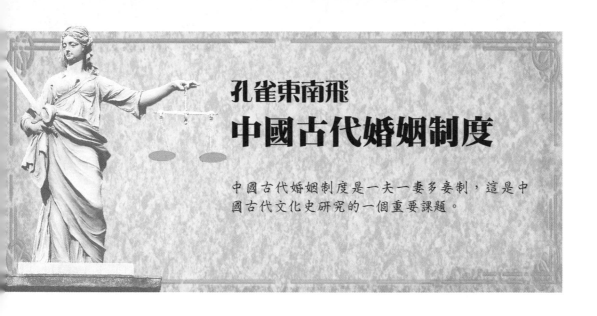

孔雀東南飛
中國古代婚姻制度

中國古代婚姻制度是一夫一妻多妾制，這是中國古代文化史研究的一個重要課題。

東漢建安年間，有個名叫焦仲卿的小吏。

他和妻子劉蘭芝相親相愛，但他的母親不喜歡兒媳，常常找出莫須有的罪名來懲罰兒媳婦。劉蘭芝一味忍讓還是不得婆婆喜歡，終於無法忍受了，向婆婆請歸娘家。

焦仲卿怎麼求情，母親都不退步，他只好眼睜睜地看著妻子收拾行囊，一步三回頭地離開這個讓她又愛又恨的家。

妻子邁出房門的那一刻，焦仲卿就受不了了，他追出門外，在家附近的小林子中緊擁妻子，對她說：「妳等我，我一定讓母親轉變對妳的看法，我一定會接妳回來。老天爺作證，如果我辜負了妳，一定讓我不得好死。妳先回家待幾天，我隨後就去接妳。」

焦仲卿「隨後就來接」的許諾還沒來得及實現，劉蘭芝被退婚的消息就傳遍了整個縣城。她未出閣前就是城裡最負盛名的美女，這下又恢復單身了，慕名求婚者把她娘家的門檻都踩破了。

其中有一個求婚者是縣令的兒子，對一個被退婚的女人來說，這

已經是最好的求婚了。但劉蘭芝記得焦仲卿的誓言，死也不肯另嫁他人。

劉蘭芝是長兄撫養長大的，古話說，長兄如父，兄長對她惡言惡語，說她嫁出去被休回來有損門風，不終老在娘家就已經很不錯了，居然還挑三揀四。

最後，兄長恐嚇她說：「我已經收了聘禮，妳不想嫁也得給我上花轎！」

劉蘭芝不得已答應了求婚。

聽到消息的焦仲卿急急忙忙趕來，對妻子說：「我沒有辦法實現自己的諾言，不能接妳回家，但是我可以做到不辜負妳。」

他捧著妻子的臉說：「在天願作比翼鳥，在地願為連理枝。」

劉蘭芝點點頭，夫妻多年，她知道焦仲卿的意思。

等到劉蘭芝再嫁的喜慶之日，她和丈夫焦仲卿雙雙共赴黃泉，並且化作比翼鳥，從此以另一種形式幸福相守。

法學講堂

中國古代的婚姻制度是一夫一妻多妾制，即便是國家最高統治者皇帝，也只能有一個妻子，那就是皇后。納妾也需要辦理手續，不辦理手續的，只能叫做通房丫頭，比妾的地位還要低。

中國古代法律要求妻子對丈夫絕對忠誠，可是一個男人要娶多少個妾是沒有法律規定的，只要他養得起，娶多少個都可以。

從唐朝開始，一直到清末，針對女性的「七出」、「三不去」正式歸入律法。

「七出」是：不順父母、無子、淫、妒、惡疾、口多言、竊盜。「三不去」
是：有所娶無所歸（指妻子無娘家可歸）、與更三年喪（指妻子曾替家翁姑
服喪三年的）、前貧賤後富貴（指丈夫娶妻時貧賤，但後來富貴的）。

小知識

張湯：（？～西元前一一五年），西漢人，曾任長安吏、內史掾和茂陵尉，
後補侍御史。從小就喜歡法律，與趙禹編定《越宮律》、《朝律》等律法，
用法主張嚴峻，後人常以他做為酷吏的代表人物，但他為官清廉儉樸，不失
為古代廉吏。

露水新郎
中國民間走婚制度

走婚是中國雲南、四川一帶摩梭人的婚姻習俗，是母系家庭的重要組成部分。

在美麗的瀘沽湖旁，住著一群熱情純樸的摩梭人，在他們數百年的族群生活中，流傳著走婚的奇特婚姻方式。

丹都是一個剛剛過了二十歲生日的年輕人，在某一天夜裡，他等家人都睡著了，躡手躡腳地關上房門向更遠的地方出發了。

這趟旅程翻山越嶺、跋山涉水，足足走了三個小時，在天快亮的時候才走到。他要去的地方是隔了三個村子的女孩家。

等他到了女孩家的時候，她家裡的人也都在睡夢中，他攀上女孩家的窗臺，撬開窗戶爬了進去。

丹都可不是什麼入室偷竊的小賊，他只是來見自己心愛的姑娘。

走婚是摩梭人特有的婚姻方式，白天年輕男女見面後，如果相互喜歡，姑娘就會邀請男孩晚上到自己的花房中一敘衷腸共度良宵，等到太陽升起後男孩就會被趕回家。

因為摩梭人還處於母系氏族時期，女方佔據主導地位。而摩梭人又很害羞，在他們的理念裡，談戀愛這樣的事情是隱私，不能讓人看到的，所以青年男女即便是互相吸引，也只能在晚上偷偷見面，白天

各自生活。

丹都爬進房間的時候，女孩還在等著他。

丹都握住女孩的手，激動地說：「我翻山越嶺來看妳了。」

女孩回應他一個美妙的吻，這時屋外下起滂沱大雨。

由於時間關係，丹都只在女孩房中待了兩個小時，就從正門走出去了。這也是摩梭人的規定，和女孩共處一夜後，可以不再翻窗子。

丹都為難地看著大雨，這場雨他從剛才下就在祈禱天亮趕緊停，卻沒想到愈下愈大，留下是不可能的事，他只好冒雨跑回自己的家。

正在大雨中奔跑時，身邊多了一個人。丹都定睛一看，是他們村的村長，他也是出來走婚的。

法學講堂

走婚是中國現存的一種比較奇特的婚姻方式，有鑑於尊重各民族風俗習慣的法律規定，它也受法律保護。

走婚的男女，維繫關係的要素是愛情，沒有經濟聯繫，一旦發生感情轉淡或發現性格不合，隨時可以切斷關係，因此感情自由度較婚姻關係更純粹。

小知識

陳瑾昆：（西元一八八七年～西元一九五九年），畢業於日本東京帝國大學法律系，曾任北洋政府奉天省高等審判所推事和庭長、修訂法律館纂修、大理院推事、最高法院院長。曾參加西元一九五〇年《中華人民共和國婚姻法》和一九五四年《中華人民共和國憲法》的制訂工作。

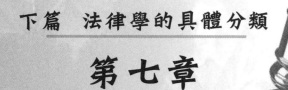

下篇　法律學的具體分類

第七章

物權、財產法及國際法的理念與制度

幸運的尤利烏斯
古羅馬的物權法

古羅馬物權法中對物的概念比較廣泛，將自由人以外存在於自然界的一切都稱為物。

　　天還沒亮，奴隸市場就已經是一番熱鬧的場景了。賣奴隸的小販們趕著自己的奴隸，讓他們站成一排，赤裸上身給買家看。

　　尤利烏斯站在這排人中，冷冷看著這些買奴隸的人，他恨自己生在這個罪惡的年代。他曾經是位戰士，因為一次戰役的指揮失敗就被皇帝下令貶為奴隸，被萬惡的奴隸販子押在這裡，頭上戴著小白帽，證明他是戰爭中而來的奴隸身分。奴隸們的身上塗有白粉，標明他們是正在出售中的；他們的手上有手銬，腳上有腳鐐，脖子上還有鐵項圈，上面寫著幾個字：「鎖住我，不要讓我逃走」。這個鐵項圈將是他們這一生都擺脫不掉的噩夢。

　　奴隸買主們像挑牲畜一樣來挑奴隸。他們摸摸奴隸們的下巴，捏捏他們的四肢看看是否健壯，甚至還會看看他們的牙齒。

　　尤利烏斯身材魁梧，肌肉發達，很快就被買主看上了。

　　「這個奴隸多少錢？」買主指著他問奴隸販子。

　　「五百金。」

「太貴了。」買主捏住尤利烏斯的下巴給奴隸販子看,「他掉了一顆牙,不值這個價。」

「他曾經是個將領,如果不是指揮錯誤,哪能淪落到這個地步啊。他是我這些奴隸中最值錢的啦!」

販子和買主討價還價,在他們眼中,尤利烏斯不過是個貨物,和首飾、馬匹沒什麼兩樣。

奴隸市場。

一個看起來很有錢的女人出現在他面前,對奴隸販子說:「五百金我要他了。」

奴隸販子眼睛一亮:「可是這位客人已經在和我討價還價了。如果他不要,才能輪到您。」

「我出六百金。」女人說。

奴隸販子眼睛又是一亮,回頭問先前的客人:「您意下如何?現在這個奴隸已經漲到六百金了。」

先前的買主摸摸鼻子:「不過就是個奴隸,讓給她了,我再看看別的。」

奴隸販子解開尤利烏斯身上的繩索,賊眉鼠眼地對他說:「你可真有運氣,她是個寡婦,你說不定還會有豔遇!」

女人帶著身價六百金的尤利烏斯回到家中,她安排尤利烏斯洗澡沐浴。尤利烏斯在沖洗身體時一直在想奴隸販子的話,難不成這個女人買自己真的是……不然誰會在意奴隸是否髒亂。

從浴室間出來，女人吩咐身邊的奴隸把尤利烏斯脖子上的鐵圈取下來，摒退左右後，對他行屈膝禮：「尤利烏斯大人，我的亡夫在戰場上曾託您照顧，我斗膽買您回來不是讓您當奴隸的，我想請您當管家，一來報答您對亡夫的照顧；二來想要倚仗您的智慧，讓我們大家的生活都變得更好。」

尤利烏斯瞬間覺得自己得到了重生的機會。他在奴隸市場上是幸運的，因為更多的奴隸被買走後，都是和牲畜一樣的待遇。

法學講堂

古羅馬物權法中對物的概念比較廣泛，與現代概念很不相同：這裡的「物」專指一種資產或財富，比如說自然界的空氣、陽光，它們是能滿足人們需要的東西，但法律上不具有金錢價值，所以不算物。既然「物」必須用金錢做評價，那麼所有的物的權利也必須以金錢為評價條件，否則將不存在權利，因此，羅馬法中包括自由權在內，都是沒有法律權利的。

值得注意的是，奴隸主對奴隸的所有權，也屬於物權的一種，因為在奴隸主看來，奴隸也是物的一種。

古羅馬物權法的制度是簡單商品經濟的展現，它的立法思想是個人主義，所以古羅馬物權法中最詳細的部分就是所有權制度，強調物的所有而不是利用。

小知識

烏爾比安：（？～西元二二八年），古羅馬五大法學家中最後的一位，他在法學理論方面第一次區分了公法和私法，並把羅馬法分為三個方面：市民法、萬民法和自然法，這種羅馬法的三分法對研究羅馬法律史有重要的意義。

契約滅族
古羅馬契約法

契約自由思想是古羅馬財產法中最重要的部分，是經濟發展的產物。

　　赫爾維提人的國王帶領十一萬人奮力逃脫凱撒大帝的追捕，他們已經逃了三天三夜了，可是凱撒大帝明顯還是不想放過他們，一路窮追不捨。

　　到了第四天，凱撒大帝帶著自己的士兵像天兵天將一般堵住了赫爾維提人的去路。赫爾維提人的國王向凱撒大帝跪下說：「尊貴的陛下，我已經知道錯了，就請您放過我的臣民吧！」

　　他的懺悔不是敷衍凱撒大帝的，他是真心悔過了。在當時的古羅馬，凱撒大帝好大喜功，喜歡征服的快感，他每征服一處，都會和當地簽定和平條約，只要被征服者不再跟古羅馬作對，強大的古羅馬帝國就會保護他們不受外敵侵犯。但如果被征服者違背了這個諾言，就會遭到滅族之災。

　　這些和平條約實際上並不那麼讓人難以忍受，因為古羅馬人是世界上最守承諾的民族，凱撒大帝既然簽定契約，就一定會去遵守。只要承諾自己國家是古羅馬帝國的附屬領地，就能得到古羅馬的保護，

戰場上的凱撒大帝。

還能分享古羅馬在接下來的征服過程中得到的收益。

赫爾維提人曾經和凱撒大帝也簽定過這樣的和平條約，但是簽定之後，國內出現兩種聲音，一種聲音認為國王的決定是對的，歸順古羅馬，百姓的正常生活不會有任何變化，還給自己贏得了靠山；另一種聲音認為臣服古羅馬使得全國民眾都處於卑躬屈膝的狀態，本來是自己國家的一等公民，卻要成為古羅馬的二等公民，即便生活沒有發生變化，民族精神也被褻瀆了。

赫爾維提人的國王聽取了第二種意見，他率領三十六萬軍民趁著凱撒大帝外出征服其他國家時，遷移屬地，打算脫離古羅馬的統治。

此舉很自然地被凱撒大帝認為是最大的背叛，他果斷撤回國外的征服力量，回國平亂，經過短暫的交鋒，就出現了赫爾維提人被追捕的一幕。

三十六萬軍民不到半個月，就只剩下了十一萬。赫爾維提人的國王早就後悔自己的決定了，他現在願意犧牲自己的生命來換取凱撒大帝的原諒，只要他願意放棄對這剩下的十一萬人的殺戮。

「放過他們？」凱撒大帝對這個請求輕蔑地笑道：「我們簽下的契約中規定了彼此的義務和權利，你們歸順，我保護你們；你們背叛，我滅你們全族。我不過就是遵守契約行事而已。」

赫爾維提人的國王叩頭不已。

凱撒大帝也不想真的就把這個國家滅族了，最終，他命令損失慘重的赫爾維提人遷移回原屬地，按背叛之前的情形繼續生活。

法學講堂

羅馬共和國末期，隨著政治經濟的高速發展，和羅馬人固有的市民法概念隨之發展，產生了「契約自由思想」。它在後世成為資產階級民法和物權法的基石之一。

契約自由思想在西元六世紀東羅馬皇帝查士丁尼編纂的《國法大全》得到進一步闡述，具有現代契約自由思想的雛形，認為當事雙方在交換財產或物品時簽下的契約，必須是符合雙方意志的，具有法律效力。除非當事雙方都同意，否則不得修改和取消，這對於經濟結構的不斷調整和進步是有理論價值的。

在古羅馬的交易過程中，法律不但要求當事人親自到場，說出規定好的誓詞，還需要交付手續費，同時需要五個證人在場作證，才被視為有效的交易契約的締結。

古羅馬財產法中也承認口頭契約的法律效力，但口頭契約必須採取一定的儀式才可以有效。

小知識

巴爾多魯：（西元一三一四年～西元一三五七年），義大利法學家，歷任多所大學教授，在國際私法方面，他將法則分為人法和物法兩大類，糾正了絕對屬地主義的弊病，奠定了國際私法的基礎。

多分一塊地
日爾曼物權法

日爾曼的財產制度分為不動產所有權和動產所
有權，而土地的所有權制度則由馬爾克公社所
有制漸漸轉變為大土地采邑所有制。

　　布希拉公社的法庭一早就開門，被告上法庭的青年男女涉及到兩
個公社的耕地利益，於是旁聽席上擠滿了兩個公社的社員。

　　法官首先問來自伊布魯公社的年輕女子：「有人說妳嫁給布希拉
公社的社員，是因為你們伊布魯公社沒有土地分配給妳。妳嫁過來之
後，又把妳丈夫的土地轉讓給了妳的母親，妳可承認？」

　　女子回答：「我最初是有這個想法的，但我是有苦衷的……」

　　法官打斷她的話：「妳只需要告訴本庭，妳是否承認這件事實的
存在？」

　　女子無法辯駁，只好低頭承認說：「是的，這是事實。」

　　法官又問自己公社的男子：「你知不知道耕地是歸公社所有的，
你並沒有權力轉讓公社分配給你的土地？」

　　男子說自己知道，他同時也講了一個故事給法官聽：

　　在很早之前，他就跟妻子相親相愛了。妻子一家住在伊布魯公社，
家中只有她和自己的父母親。家裡耕種的土地是伊布魯公社分配給妻

子父親的，等到妻子父親死後，公社要收回耕地分配給其他人，這樣一來，妻子的家裡就沒有土地可耕種，全家的口糧也成了問題。於是，妻子在那時候選擇出嫁，按照布希拉公社的規定，多一口人是可以多分出一塊地的，然後小倆口將這塊地又轉給妻子的老母親耕種，解決老人的生存問題。

法官對於這個故事表示同情：「我很明白你們的孝心，我們每個人都無法直視自己的父母活活餓死，這也不符合我們的民族理念。但是，很遺憾的，我也不得不按照布希拉公社的規定辦事。」

在日爾曼民族當時的法規中，耕地是歸公社所有，任何社員都不得以任何理由轉讓耕地，社員在耕地上只有使用權，而沒有所有權。

法官最終判定年輕男女轉讓土地有罪，做為懲罰，他將男子轉讓給岳母的土地收回。

這個案件在當時的公社中引起爭論，一個月後，法官不得不更改了他的判決。雖然還是判處土地歸還公社，但他也同時判決布希拉公社擴大原本分配給男子的土地面積，這份多出來的收益用來養活他妻子的老母親。

法學講堂

日爾曼法的財產制度與羅馬法不同，日爾曼法中沒有規定所有權主體和客體，主體的身分地位不同，其享有所有權的性質和範圍也不同，客體根據其種類不同，也分為不同的所有權效力和保護方法。

受羅馬法影響，日爾曼法中也存在著動產和不動產的所有權區分，日爾曼法中的不動產主要是指土地，土地所有權有以下幾種方式：

一、馬爾克公社土地所有制，實際上是一種土地公有制度，也被稱為「自由農民土地佔有制」。在這種土地所有制下，耕地歸馬爾克公社所有，不是某一公社的社員的。但社員居住的房屋和房屋周圍的小塊園地歸社員私有。

二、大土地佔有制，這是進入到封建社會的土地所有制，土地歸以國王為首的貴族佔有，自由農民透過委身制獲得土地使用權。

三、領主分配一小塊地給農奴，農奴只有使用權，不得隨意離開這塊地。

小知識

讓-雅克・盧梭：（西元一七一二年～西元一七七八年），法國思想家、哲學家、政治理論家和作曲家，反對私人財產制度，被認為是現代社會主義和共產主義的始祖之一。主要著作是《社會契約論》。

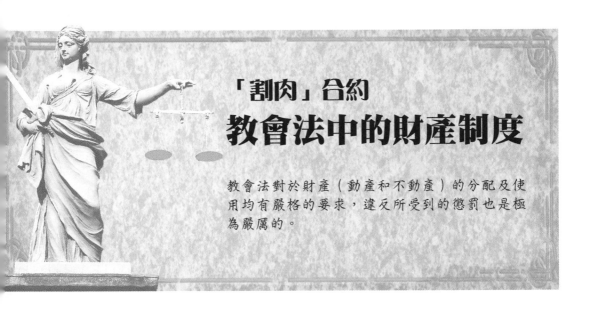

「割肉」合約
教會法中的財產制度

教會法對於財產（動產和不動產）的分配及使用均有嚴格的要求，違反所受到的懲罰也是極為嚴厲的。

在莎士比亞的戲劇《威尼斯商人》中講述了一個展現教會法中的財產法的故事——

威尼斯的商人安東尼奧為了幫助他的朋友，向猶太商人夏洛克借了三千英鎊。夏洛克平時和安東尼奧素有私怨，這次他也不是想要幫助他，而是伺機想報復。他在這份契約中，不要安東尼奧一分利息，但規定安東尼奧一旦無法償還借款，他就要在安東尼奧「心口附近的地方取一磅重的肉」做為借款的利息。

在心口附近的地方取一磅重的肉，無異於謀殺，但安東尼奧為了救朋友，也顧不得那麼多了，就答應了夏洛克的請求，和他簽定了「割肉」合約。

三個月後，倒楣的安東尼奧得知朋友的商船沉沒了，夏洛克的錢到期無法償還。夏洛克於是將安東尼奧告上法庭。

對於這個不公平的條約，威尼斯的法官和元老們都一致覺得過於苛刻，他們百般勸告夏洛克撤回訴訟，透過金錢的方式解決問題。夏

洛克就是不答應，執意要將安東尼奧陷入絕境。

法官和元老們也沒有辦法了，但他們也不能眼睜睜地看著這個年輕人因為三千英鎊而喪命，於是案件被押後重審。

安東尼奧朋友的未婚妻鮑西亞是個聰明絕頂的姑娘，她聽說安東尼奧因為自己的未婚夫吃上官司並有可能喪命，就來到威尼斯，扮成男律師替安東尼奧辯護。

在第二次的開庭中，鮑西亞開口說：「教會法中強調對契約的履行，既然這份契約和法律條文並無衝突，那麼，按照契約規定，安東尼奧應該給夏洛克割肉賠款。」

此言一出，整個法庭都愣了，只有夏洛克得意洋洋一副小人得志的樣子。

「但是，」鮑西亞接著說：「這個契約中只寫了夏洛克需要安東尼奧的一磅肉，也就是說，除了一磅肉之外，夏洛克不能損害安東尼奧的任何權益。」

她拿出匕首請夏洛克執行契約規定：「請您注意的是，如果您在割肉時流出一滴基督徒的血，導致這磅肉的重量增加，都是謀殺，按照威尼斯的法律，您所有的財產都將被國家收回。」

法庭都為鮑西亞的聰明智慧所折服，夏洛克只好撤回訴訟。法官順勢判決夏洛克從此以後要改信基督教，按照教會法的規章制度老老實實行商辦事。

法學講堂

教會曾經擁有西歐四分之一到三分之一的土地，為了維持這些土地的所

有權，規定了「自由施捨土地保有制度」。有鑑於當時教會的土地和建築都是信徒贈與的，這個制度規定：透過贈與方式取得的財產，是永久歸教會所有的，而不屬於某個人。同時為了保護教會財產，包括動產和不動產不受侵犯，對於侵犯教會財產的行為，教會法也規定了嚴厲的處罰措施，最高可到死刑。

教會法中特別強調契約的履行，契約被視為是對上帝的承諾，在教會的法學家們看來，對上帝的承諾如果沒有履行，無異於是對上帝撒了謊，會受到上帝的懲罰。

雖然教會佔有大量的不動產，但他們卻嚴禁高利貸，任何從放貸中牟利的行為，不管出於何種目的，或形式是怎樣的，都被認為是高利貸，還因此配套了一系列的法律規定。

小知識

巴魯赫・斯賓諾莎：（西元一六三二年～西元一六七七年），荷蘭著名的政治法律思想家，英勇的無神論者。主要著作是《神學政治論》。

磨坊主人的賠償金
德國物權法

德國在《民法典》中將物權法放在第三篇,從
八個方面論述了德國社會對於物權法的理念。

在德國風光如畫的波茨坦小鎮上矗立著最值得一看的風景——桑蘇西宮,這座模仿法國凡爾賽宮而建的宮殿是德國人民最引以為傲的名勝之一。

有趣的是,在這座富麗堂皇的宮殿不遠處,有個小磨坊,這個小磨坊見證著德國法治發展的進程。

威廉一世有一天來到桑蘇西宮,就在他登上宮殿最高處時,一個

威廉一世。

又破又舊的小磨坊出現在他的眼前。

　　他有點生氣了：「去把那個小磨坊拆了，太影響視野了！」

　　大臣領命去拆磨坊，不久飛奔回來說：「陛下，拆不得，那是私人財產。」

　　「買下來拆掉它！」威廉一世怒道。

　　大臣很快又飛奔回來：「陛下，還是拆不得，磨坊主人不賣。」

　　「給他加錢！多少錢都可以，務必給我買下來！」威廉一世更生氣了。

　　大臣再次去談判，這次談判時間久了點，回來的時候氣喘吁吁地對威廉一世說：「陛下，還是不行，磨坊主人說這個小磨坊是他家世代相傳的，全家人靠它糊口，多少錢都不能賣。」

　　威廉一世這次真的無法忍耐怒火了：「給我強制拆了！」

　　大臣領命，帶領一隊禁衛軍去拆人家的磨坊。

　　這下威廉一世的視野再也不受阻礙了。

　　但這件事並沒完，威廉一世幾天後收到法院的傳票，磨坊主人狀告他強行拆掉自己的磨坊，侵犯私人財產。

　　威廉一世不屑一顧，一個小平民敢狀告他，活得不耐煩了。他本人沒有出席庭審，也沒找任何律師。但這並不影響案件的審理。

　　在法庭上，磨坊主人——一個頑固的倔強老頭，聲淚俱下地闡述自己被國王欺負的全部過程，旁聽席上擠滿了看平民和國王鬥法的人們，他們聽老頭說完之後，都大聲齊喊：「賠償、賠償、賠償……」

　　法官們為難了，如果這個案子的被告不是國王很好判，但是真的

要判國王有罪嗎？

經過一段時間的休庭討論，法官們決定了。

在德國法官界一直流傳著一句話：「法官的上司只有法律。為了正義，哪怕天崩地裂。」在這個原則下，法官們判決威廉一世負責將小磨坊原地重建，並賠償磨坊主人一百五十馬克的誤工費。

威廉一世收到判決結果，為了維持國家法律制度的公正運行，倒也照辦了。

官司後的幾十年，磨坊主人把他的小磨坊傳給了自己的孫子。可是現任磨坊主人因為經營不善，小磨坊面臨倒閉。他斗膽寫信給威廉一世的孫子威廉二世，說上代人未完成的交易，希望在他們這代人中完成。

威廉二世很快回信給他，稱小磨坊是國家法律進程的一個象徵，是德意志民族法治建設的里程碑。他不會買小磨坊，但以私人名義贈送磨坊主人五千馬克，希望他撐過難關，把小磨坊繼續經營下去。

法學講堂

德國《民法典》中的第三篇物權法共分八章：佔有，在土地上的權利的一般規定，所有權，役權，先買權，土地負擔，抵押權、土地債務、定期土地債務，動產質權和權利質權。

主要表現有以下原則：

一、類型法定原則，在物權法中，德國人只能按照法定物的類型來簽定合約，而合約的具體內容也是規定好的。值得一提的是，在債權法中，當事人是可以自由決定合約類型和合約內容的。

二、絕對性原則，是說特定的人在特定的物上，享有特定的法律地位，這種地位是由法律賦予並受到保護的。

三、特定原則，是特定的物對應特定的所有權權利，沒有英美法中「浮動抵押」的概念。

四、公示原則，是指物權的轉移必須以特定的方式公諸於眾，讓眾人知曉。

五、抽象原則，是德國特有的，它把英美法系中認為一件事情人為地分為成兩件事情，比如英法美法系中認為買賣和交易是一件事情，是不可分割的，而德國法將它抽象地分成了兩種行為，一種是債權上的買賣行為，一種是物權上的所有權轉移行為，兩者相互獨立，也就是說，如果債法上的買賣行為不合法，不影響物權法上的所有權轉移。

小知識

馬布利：（西元一七〇九年～西元一七八五年），空想社會主義者、歷史學家和政論家，與孟德斯鳩和盧梭一樣享有盛名的學者。主要著作有《論法制或法律的原則》、《哲學家經濟學家對政治社會的自然的必然的秩序的疑問》等。

為女兒買的信託
英國的財產法

財產法是英國最古老也最複雜的法律之一，英國財產法主要調整和保護私有財產，公有財產一般由公法加以保護調整。

　　約翰是一家專門製造毛巾的工廠董事長，做為一家擁有百年歷史的企業，他所想的不僅僅是如何守住前輩們留下的產業，更想把這個產業發揚光大，讓企業的版圖擴大到各個領域。

　　在朋友的幫助下，約翰很快將目光投向房地產生意。他是個天生的商人，在第一塊地為他賺得高額利潤之後，他的胃口愈來愈大，買下一塊更大的地。在他的計畫中，企業不僅會保住原有的毛巾市場，還要在房地產市場成為龍頭老大。

　　但是天不遂人願，經濟大環境愈來愈差，他所在的城市失業率每天都會創下新高，他的房地產計畫暫時被擱淺，資金鏈徹底斷了。

　　沒有錢，約翰面臨各式各樣的麻煩：員工鬧罷工，在失業率這麼高的情況下，員工都害怕老闆發不出薪水，一跑了之，那就什麼都不剩了；銀行在催還貸款，之前為了拍下那些用以蓋高樓的土地，約翰向銀行借了高額的貸款；合作夥伴們在催貨，而工人在罷工。這像一個輪迴的循環罩住了約翰。

他的脾氣愈來愈壞，妻子幾次想跟他說話，還沒開口就被他堵回去了。

　　就在這時，他接到了法院的傳票，幾個債主集體狀告他已經破產，要讓他用為女兒買的信託來抵債。

　　為女兒買的信託？約翰昏了頭，他什麼時候為女兒買過什麼信託？

　　妻子這時答疑道：「你之前給我的三千英鎊讓自己處理，我也沒什麼好買的，就給女兒買了信託，也算是給她未來的嫁妝吧！算來，信託也快到期了。」

　　聽聞此言，約翰大喜過望，他擁住妻子說：「親愛的，妳真的辦了件聰明事。我們的企業有救了！」

　　妻子卻不這麼想：「債主讓你拿那些錢賠給他們呢！」

　　約翰對於法律是很精通的，他安慰妻子說：「妳放心，這筆錢只會用於企業運作，我不會讓他們拿走的。」

　　幾天後的開庭上，債主們聘請最好的律師想打贏這場官司，他們力證約翰已經沒有能力再繼續企業運作，為了防止他宣布破產，他們要在那之前取回屬於自己的投資。

　　約翰早就有了準備，他聘請的律師不慌不忙地拿出證據，證明這份信託的受益人是他的女兒而不是他，他無權處理女兒的私人財產。

　　法官支持了約翰的辯論，宣布債主請求無效。

　　後來，約翰靠著這筆他以前從不放在眼裡的「小錢」，連結上了資金鏈，熬過最難的時光後，東山再起，實現了自己振興家族企業的夢想。

英國財產法中把財產分為不動產和動產，但是和德國法、羅馬法不同，英國的動產是指所有可移動的物品和某些無形的權利；不動產主要包括土地和關於土地的各種權利，但土地的租借地產權被認為是動產範疇。

在西元一九二五年前，存在三種形式的地產權：佔有地產權和將來地產權；殘留地產權和復歸地產權；完全擁有的地產權和租借地產權。西元一九二五年後，經過改革，地產權只剩下最後一種方式。

英國財產法中對世界法律最重要的影響是信託制的創立，信託制源於中世紀的受益制，這種制度的特點是：一方將其財產轉給另一方，而由第三方受益，比如說，中世紀對土地轉移條件限制嚴格，只允許長子單獨繼承，禁止遺贈，於是有些人就採取特殊的方法，將土地轉讓給別人，再讓長子以外的子女受益，得以逃避封建義務。因為土地所有人在出讓後，原所有人不再承擔稅務，而受益人則單純受益。

小知識

Ｈ・Ｌ・Ａ・哈特：（西元一九〇七年～西元一九九二年），英國法學家，長期擔任牛津大學法理學教授，是「新分析法」學派創始人，二十世紀最重要的法律哲學家之一。主要著作有：《法的概念》、《法、自由和道德》和《刑法的道德性》等。

刁難人的柵欄
美國財產法

美國財產法是在英國普通法基礎上修改完善的，對私有財產高度重視。財產在法律上不僅是權利，更是意味著責任。

十九世紀大法官霍姆斯時代，美國法律界有個著名的案例，叫做「刁難人的柵欄」。

「刁難人」清晨起床走出院門，發現鄰居們都聚集在他家門口，對他高達三米的柵欄指指點點。

見他出來，鄰居們蜂擁而上，在他耳邊嘰嘰喳喳道：「你這柵欄怎麼能修這麼高呢？徹底擋住我家的光線了。」

「是啊，我家也沒陽光了，就因為你家的柵欄這麼高。」

「這也影響社區美觀啊！」

……

還以為發生了什麼事呢ㄅ「刁難人」心想，這麼點小事也值得一大清早就吵吵鬧鬧的。他清清喉嚨對鄰居們說：「這是我家的柵欄，我想修多高就修多高。你們要是覺得我擋了你們的陽光，就也來擋我的陽光。」

「你這個人怎麼這麼說話呢?!」「刁難人」的態度徹底惹惱了鄰

居們，將他和他的柵欄告上了法庭。

法官問「刁難人」：「你的鄰居們控訴你的柵欄影響美觀和他們享受陽光，你為什麼要修這麼高的柵欄？」

「刁難人」說：「我剛搬到社區的時候，也是和他們一樣，修了一米高的柵欄，後來我發現，我家完全沒有隱私了。這群社區裡的長舌婦經常對著我家的院子指指點點，我家發生了什麼事情，他們和我一樣清楚。我的妻子今天穿了什麼衣服，他們都比我還清楚。我受不了社區裡這樣的氛圍，所以把柵欄修高，我只是想避開他們的流言蜚語。最開始我也不是一次就修這麼高的，可是不管我修多高，他們都想一探究竟，我只好把柵欄提高到最高的等級了。」

雖然鄰居們抗議，法官最終還是判決「「刁難人」無罪，撤銷了鄰居們的訴訟，他給出的理由是：柵欄是「刁難人」自己的，屬於私有財產的一部分，美國法律中規定私人財產神聖不可侵犯。「刁難人」願意把柵欄修多高都是他自己的事情，其他人無權侵犯他的利益，即便是法庭也不能。

鄰居們不服判決，依舊上訴，最高法院也維持了原判。

這個案例也表明了美國法律對於私有財產的空前保護。

法學講堂

美國的財產法規定：「財產所有權是一個人能夠在完全排斥任何他人權利的情況下，對世間的外部事物所主張並行使的那種專有的、獨斷的支配權。」這個觀點是美國財產法的基本原則，將財產法的行使看作是一個人自由意志的展現。

在《憲法第五修正案》中明確規定：「不經正當法律程序，不得剝奪任何人的生命、自由或財產，不給予公平賠償，不得將私有財產充做公用，但是也強調了當個人財產與社會利益發生衝突時，首先保護社會利益。」在美國法律中，財產不僅僅是權利，更是責任。

美國財產法中對於財產的定義也分為不動產和動產，不動產和動產的概念也主要來自於英國的財產法，但具有美國特色的是，美國財產法強調「重點保護不動產，允許不動產的自由買賣。」在美國的不動產規定中，美國公民對地產擁有終生享有權。

小知識

傑羅姆・弗蘭克：（西元一八八九年～西元一九五七年），美國著名法學家，法律現實主義運動的代表人物。曾任律師、美國第二巡迴上訴法院法官，還曾在耶魯大學法學院任教。主要著作有《法和現代精神》、《初審法院：美國司法的神話和現實》和《無罪》等。

皇妃爭奪家產
中國古代財產法

中國古代財產法中注重對財產繼承制的保護，法律主要是鞏固皇權的工具，私人財產得不到有力的保護。

宋朝年間，有個元姓皇妃深受當時皇帝的喜愛，只要不是國家大事，皇帝都能對她做到言聽計從。

這天，她剛服侍完皇帝上完早朝，身邊的小太監慌慌忙忙走進她的寢宮：「娘娘，請節哀，您的父親過世了。」

對一個在皇宮裡的妃子來說，娘家的勢力決定了她在宮中的地位。她需要打點宮女、太監們，需要對自己的著裝打扮花費，這些都需要錢，但是父親一去世，她的繼母和兄弟是不會再給她支援的。另外，根據當時宋朝法律規定，已出嫁的女兒是沒有繼承權的，如果她不為自己打算，就一點財產都得不到，她以後的生活如果只靠皇帝的賞賜根本不夠開銷。

心急的元妃立即稟告皇帝，要求放自己出宮回家處理家事。

皇帝准許出宮，元妃帶著自己的心腹太監回到娘家。

回到娘家，繼母和她的兒子在靈堂前泣不成聲。元妃向父親的靈柩行禮，然後冷冷地端坐著盯著自己的繼母和兄弟。

這個女人，是父親在母親死後三年續弦的。

「父親臨走前是怎麼說的？」元妃喝著茶，問跪在自己面前的繼母。她是君，繼母是臣，即便是她的長輩，也一樣要跪在她腳下。

「啟稟娘娘，老爺在臨走前，口頭留下遺囑將所有的家產都留給我和我的兒子。」

「口頭遺囑？」元妃冷笑，「可有證人？」

「稟娘娘，當時老爺身邊只有我一個人伺候，並沒有證人。」

「沒有證人，那就是不存在這個遺囑，我將稟明聖上，申請聖裁。」

元妃帶著大隊人馬宣布完父親的遺囑無效後，就帶著人馬離開了，留下可憐的寡婦和她的兒子。她知道元妃不會這麼容易將家產留給自己，但沒想到皇宮裡傳來的消息竟然會讓他們母子一無所有。

皇帝招架不住元妃的軟語呢喃，宣旨下令將元家所有財產都歸到元妃名下，元家夫人和小少爺無權繼承遺產，立即搬出元家大院。

法學講堂

中國有確切財產繼承的記載開始於秦朝，從那時的文獻中可以看到，土地是做為可以被繼承的財產，此外，房屋、樹木、衣物、牲畜等都可以做為財產繼承。秦朝和後世的封建王朝不同的是：父母財產多由獨子或者是幼子繼承

在漢朝時，財產繼承確立了均分的原則，如果一個人有五個兒子，那麼他的財產就會由五個兒子平均分配，小妾所生的庶子和正妻所生的嫡子可以平均分配，而且未婚兒子比已婚兒子多分一份，用於將來娶親。如果有私生

子，私生子所得的繼承份量是婚生子的一半，如果沒有婚生子，私生子可以
繼承全部。

　　唐朝對於女兒的繼承權有了規定，已出嫁的女兒沒有繼承權，未出嫁的
女兒有，但是份額少於她的兄弟們，如果她沒有兄弟，女兒們將平分財產。

小知識

張釋之：（生卒年月不詳），中國西漢法律家、法官，他嚴於執法，認為如
果執法不公，天下就會打亂，老百姓就會手足無措，皇帝的權力就會動搖，
他主張「天子犯法與庶民同罪」。

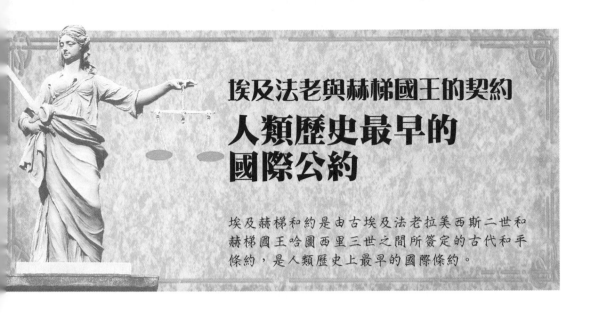

埃及法老與赫梯國王的契約
人類歷史最早的
國際公約

埃及赫梯和約是由古埃及法老拉美西斯二世和赫梯國王哈圖西里三世之間所簽定的古代和平條約，是人類歷史上最早的國際條約。

　　西元前一三一二年，赫梯經過數年的發展，在打垮巴比倫帝國後，向當時最強大的埃及古國發出挑戰。

　　埃及法老拉美西斯二世得知這個戰況，做出討伐赫梯的決定。

　　赫梯在古埃及軍隊中安插有眼線，拉美西斯二世的這個決定剛在古埃及軍隊中傳播開，赫梯國王就知道了這個消息，他帶領將領們首先研究自己國家的地形，確定將首次戰役的地點選擇在奧倫特河岸邊。但是如何將古埃及軍隊引入到這裡就成了一個問題。

　　與此同時，拉美西斯二世帶領軍隊行至奧倫特河附近，他發現這裡的地形險惡，便下令原地休息，準備第二天繼續上路。

　　在傍晚的時候，拉美西斯二世的士兵在營帳附近抓到兩個鬼頭鬼腦的年輕人，這兩人在拉美西斯二世的威逼利誘下，說出了赫梯的情況：「國王為了躲避您的軍隊，已經下令全軍撤退到奧倫特河旁等待

下一個命令了。」

拉美西斯二世大喜，立即下令全軍行進到奧倫特河旁，準備將赫梯的軍隊全部消滅。

拉美西斯二世聰明一世糊塗一時，他怎麼可能會有這麼好的運氣，一出征就遇到給他送來情報的俘虜。這兩個年輕人實際上是赫梯王國的間諜，他們故意送假情報來就是為了將拉美西斯二世引入到奧倫特河旁的。

在奧倫特河旁，拉美西斯二世果然和赫梯軍隊相遇，在這裡他們經歷了一場惡戰。赫梯的軍隊雖然不如古埃及的人多力量大，但由於事前做好的埋伏，很快佔據了上風。就在赫梯軍隊覺得要贏得戰鬥主動權的時候，古埃及的援軍到了。被圍困的拉美西斯二世和士兵們看到自己的力量前來增援，勇氣大增，內外夾擊下，赫梯軍隊再也無心迎戰，只好潰敗而退。

這場以奧倫特河戰役為起點的戰爭持續了很多年，戰鬥雙方都有心結束，但礙於面子又不甘心首先提出撤兵，於是兩國交鋒了將近三十年。

西元前一二七三年赫梯國王去世，國內發生內戰，哈圖施利三世最終成為赫梯的國王並名垂青史。

他名垂青史的原因不是他的最終勝利，而是他的權術和做為政治家遠大的謀略。

在一場惡戰後，他派人給古埃及法老送去一塊銀牌，上面開頭是「偉大而勇敢的埃及統治者拉美西斯」的字樣，下面刻著兩國之間的和約：確立兩國間的和平，兩國應該互相信任，永不交戰；如果其中

一國若受到其他國家的欺凌，另一國應出兵支援；還規定了彼此保證互有引渡逃亡者的義務等十八條。此時已經滿頭白髮的拉美西斯二世深受感動，接受了赫梯人提出的和平條約。

法學講堂

　　人類歷史上最早的國際法條約出現在古代埃及，是西元前一三〇〇年由拉美西斯二世國王和入侵的赫梯國王簽定的。在這一國際法條約中規定：「如埃及的任何一位軍官潛逃到偉大的凱特首領那裡，首領不得把他們留下服役，要把他送還偉大的埃及統治者；反之，如果凱特的任何一位軍官潛逃到偉大的埃及統治者那裡，首領不得把他們留下服役，而是把他送還偉大的凱特首領。」在這份合約簽定後，兩國在數百年內都保持著和平關係。

　　同時，兩國瓜分了敘利亞巴勒斯坦的勢力範圍，達成了一個軍事聯盟，合約雙方規定：如果一方受到第三國威脅時，另一方必須在軍事上給對方支援，另外，在對方國家出現內亂時，必須出兵加以援助。

　　赫梯與埃及的戰爭及最後合約的簽定在世界國際關係史上具有重要的意義，它是人類歷史上第一次兩個強國為爭奪國境之外的霸權而進行的交涉。

小知識

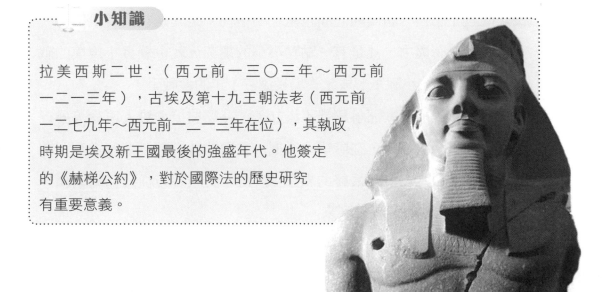

拉美西斯二世：（西元前一三〇三年～西元前一二一三年），古埃及第十九王朝法老（西元前一二七九年～西元前一二一三年在位），其執政時期是埃及新王國最後的強盛年代。他簽定的《赫梯公約》，對於國際法的歷史研究有重要意義。

和平會議與主權國家
歐洲近代國際法

歐洲近代國際法是伴隨獨立主權國家的興起而產生的，從十九世紀到第一次世界大戰前夕，共簽定了不下一萬五千個，是實體國際法的形成時期。

　　自西元一六四三年起，約有一百五十個國家的代表團來到德意志威斯特伐利亞省的奧斯納布呂克和明斯特，商量如何讓世界回復到和平狀態。

　　在這之前，由於世界各地的人民對於天主教奢侈腐敗的作風不滿，在十七世紀初分別組成了新教聯盟和天主教聯盟。歐洲各國的諸侯國有的參與了新教聯盟，有的參與了天主教聯盟。在這樣的狀況下，人民之間互不信任，諸侯國之間也是互不信任，尤其是在當時最盛行天主教的羅馬帝國中，凡是有一點點小小的衝突，就會爆發小規模的戰爭。最終，這些小戰爭形成了一場長達三十年的大戰爭。

　　三十年戰爭讓歐洲各國都不堪其苦，姦淫擄掠、殺人害命等暴行和瘟疫一樣四處猖獗，在戰爭的後期，參與的各方都逐漸意識到，在這場戰爭中根本不會有最終的贏家，於是，交戰各方從最初的輸贏爭奪到共同渴望最終的和平到來。

在羅馬帝國皇帝斐迪南三世、法王路易十三和瑞典女王克莉絲蒂娜一致同意下，交戰各國決定聚首一堂，在德意志威斯特伐利亞省的奧斯納布呂克和明斯特設立和平會議，簽定和平條約。

　　天主教的使節集中在明斯特，新教代表聚集在奧斯納布呂克，這個牽涉一百五十個國家的國際會議開了整整五年，在展開和談的過程中，調停人負責把建議書在代表團中反覆轉交。雖然五年後的戰事仍在持續，但《威斯特伐利亞和約》還是讓人們看到了和平的光芒。

　　在《威斯特伐利亞和約》中，各方都同意互相尊重他國領土主權，互不干涉內政，各國主權平等。在這次合約簽定後，法國成了歐洲的霸權國家，荷蘭和瑞士也隨即宣布獨立。

　　《新不列顛百科全書》評價這次和約說：「德意志諸侯的得與失，取決於主要強國的利益有沒有受損，這些強國有法國、瑞典和奧地

各個國家的代表簽定和約。

利。」

　　《威斯特伐利亞和約》給三十年的戰爭畫上了句號，戰爭各國也能基本上做到化干戈為玉帛。但戰爭並沒有因此結束（不然也不會出現第一次世界大戰），只是挑起戰爭的理由不再是宗教，而是新世界下的國家利益之間的衝突。

法學講堂

　　《威斯特伐利亞和約》的產生象徵著近代國際法產生，條約承認在羅馬帝國統治下的各個小國是具有獨立主權的國家。羅馬帝國所宣揚的「世界主權」理念逐步被「國家主權」思想所代替，各國相繼設立使館以保障彼此間和平交往的權益，國家間的的爭端也逐步形成以會議討論方式和平解決。

　　這個時期確定的國家獨立、平等等原則成為近代國際法的基礎。

　　雖然在原則上進行了規定，但是十九世紀前的國際法中，強權政治還是佔據了主導地位，制訂了一系列關於帝國主義殖民政策的原則和規章制度，比如保護主義、勢力範圍、合法干涉、領事裁判權制度、租界等。這些原則和規章制度都妨礙了國際法和平、平等的原則。

小知識

漢斯・凱爾遜：（西元一八八一年～西元一九七三年），美籍奧地利法學家，純粹法學派創始人。曾在歐美大學任法學教授，起草過《奧地利憲法》，特別注重對法律體系的規範性研究。主要著作包括《透過法律維護和平》、《聯合國法》、《聯合國的最新發展趨勢》、《國際法原理》及《國際法上的集體安全》等。

聯合國的成立
現代國際法

現代的國際法指適用主權國家之間，以及其他具有國際人格的實體之間的法律規則的總體。

西元一九四五年四月二十五日，成千上萬的美國市民冒雨在三藩市大歌劇院門前翹首以盼，下午四時，當他們等待的載著四十六個國家代表的一長列小轎車在濛濛細雨中緩緩開來時，人群沸騰了。

美國代表首先下車，共有一百五十六個人，是人數最多的代表團。然後是中國代表團，共七十五人，英國代表團六十五人，蘇聯代表團十五人，全部代表共有八百五十人。當他們踏上紅毯，等待已久的美國人民向他們拋灑鮮花，表達歡迎之情。

隨之進入歌劇院的還有一千八百名來自世界各國的記者，這次開幕式可以列席旁聽的名額有一千五百個，成千上萬沒有得到旁聽券的美國人民一直等候在歌劇院門外。開幕式的時間不長，當代表們走出劇場時，人們熱情歡呼「和平！和平！」的口號。

四月二十六日，也就是開幕式的第二天，美國、中國、蘇聯、英國四個國家的外交部長依次演講，代表自己的國家發出「要維護世界和平」的聲音。這次會議整整維持了四個月，當會議結束時，成員國

西元一九四五年，智利代表團在三藩市簽署《聯合國憲章》。

數量達到五十個，同年六月二十六日，大會透過《聯合國憲章》，成員國代表在憲章上代表本國簽字。四個月後，聯合國宣布成立，總部設在美國東海岸的紐約市。

聯合國的成立雖然是在三藩市這次會議上確定的，但它的籌備卻是從西元一九三七年開始的。

西元一九三七年七月，日本入侵中國，讓全世界都籠罩在戰爭的陰影之下。兩年後，德國法西斯突襲波蘭，第二次世界大戰全面爆發，戰火蔓延了世界上的六十多個國家，在戰爭中，受難的二十億人民渴望打敗法西斯侵略者，渴望迎來和平。

西元一九四三年十月，隨著反法西斯戰爭的即將勝利，英、美、蘇、中四國開始商討戰勝後的世界和平新格局，期間，美國總統羅斯福和蘇聯主席史達林單獨會面，正式提出建立聯合國的建議。

聯合國迄今為止，已經成立了幾十年，雖然國際風雲變幻，但聯合國在其成員國的共同努力下，還是實現了世界和平和安全，促進全球經濟發展發揮了令人矚目的作用，截至西元二〇〇五年，聯合國成員國已經由最初的五十一個增加到一百九十一個，成為當代最具權威性的國際組織。

　　國際法和國內法不同：國內法是約束國內公民及其他法律實體行為的法律；國際法則是透過條約或其他經成員國一致同意的協議來約束各國行為的法律。

　　國際法的主要基本原則有七個：主權、承認、同意、信實、公海自由、國際責任和自衛。

　　「主權」是指各主權國家一律平等，各國只能對自己的內政實行管理，只有在特殊情況下，才可以對他國行使管轄權；「承認」是指一個國家或政府在它自己的領地上行使法律的權力；「同意」是指各國在簽定協定時，在不損害第三方利益的前提下，可以修改和補充國際法的法律條文；「信實」是指對於簽定的合約，締約雙方必須誠信地解釋和執行；「公海自由」是指各國不允許佔有公海的任何部分，對於公海的利用，必須顧及其他國家的利益；「國際責任」是指各國對於世界和平有責任，任何違反國際義務的行為都是國際侵權行為；「自衛」是指國際法允許一個國家對其他國家的不法行為採取自衛措施，但自衛必須是迫不得已的、刻不容緩的，只有在處理緊迫入侵時，國家才有權採取自衛行為。

小知識

胡果・格老秀斯：（西元一五八三年～西元一六四五年），近代西方資產階級思想家，國際法學創始人，被人們同時尊稱為「國際法之父」與「自然法之父」，其著作《戰爭與和平的權利》包含國際法、人權學說的基礎自然法及自然權利理論。

公海上的謀殺
國際海洋法公約

《聯合國海洋法公約》對當前全球各處的領海主權爭端，海上天然資源管理，污染處理等具有重要的指導和裁決作用。

一個風平浪靜的午後，一艘遊艇在一望無際的公海上緩慢航行。遊艇的主人維勒‧菲力浦斯悠閒地在躺在甲板上的休閒椅上曬著太陽。

此時正是太陽最烈的時候，他邀請的朋友們差不多都去午睡了，只剩下他和新交往的女朋友安妮還不懼烈日地談情說愛。

意外就在這時候發生了，一艘海盜船很快靠近他們，舉著重型槍枝綁架了他和他的女朋友，同時被綁架的還有他的一位受邀友人哈貝爾。

這三個被綁架者的關係很微妙，安妮和維勒‧菲力浦斯是情侶，哈貝爾和安妮是前情侶，維勒‧菲力浦斯早就看不慣哈貝爾，而哈貝爾也是一樣。

這三個人在海盜船上等待家人送來贖金和救援，剛開始還是和平相處，後來，哈貝爾和安妮聊起往事準備復合的話語徹底惹惱了維勒‧菲力浦斯，他拿起身邊的鐵棒一棒打死了哈貝爾。

等到二人被釋放時，維勒‧菲力浦斯叮囑安妮回家後說哈貝爾是

海盜殺死的，而他自己則逃到了美國。

回國後的安妮忍受不了良心的折磨，把在海盜船上發生的事情告訴了哈貝爾的家人。哈貝爾的家人聽後將維勒·菲力浦斯告上了法庭。

維勒·菲力浦斯對於法律本來就比較精通，他之所以敢在海盜船上殺死哈貝爾就是知道在公海上犯罪相對於在自己國家內要安全得多。

在第一次的開庭上，因為海盜船沒有在任何一個國家進行註冊，按照公海的屬地原則，只能由遊艇的註冊國家來起訴刑事案件，而維勒·菲力浦斯本人出逃在國外，所以哈貝爾的家人的起訴被認為是無效的，遭到駁回。

幾年之後，覺得已經避開風頭的維勒·菲力浦斯回到自己的國家，他的行蹤被一直關注他家的哈貝爾一家發現，將他揪住後再次告上法庭。

法庭這次很快逮捕了維勒·菲力浦斯，並判處其殺人罪成立。

維勒·菲力浦斯不服，問法官為什麼上次沒有定罪，而這次卻被判處無期徒刑。

法官回答他說：「上次是由於你本人不在國內，根據公海屬地原則，沒有人能對你進行起訴；現在你回到了國內，按照本國的法律規定，加之參考公海屬人原則（被害者歸屬的國家可以為被害者提出上訴原則），你被判處無期徒刑。」

　　西元一九八二年聯合國召開了第四次海洋法會議，在這次會議上通過的《聯合國海洋法公約》得到了世界各國的一致同意，公約規定一個國家可以對距其海岸線兩百海里（約三百七十公里）的海域擁有經濟專屬權。

　　《聯合國海洋法公約》共分為十七部分，全文共有四百四十六條，主要內容包括：領海、比鄰區、專屬經濟區、大陸棚、用於國際航行的海峽、群島國、島嶼制度、閉海或半閉海、內陸國出入海洋的權益和過境自由、國際海底以及海洋科學研究、海洋環境保護與安全、海洋技術的發展和轉讓等等。

　　值得一提的是，《聯合國海洋法公約》雖然是國際間多種勢力相妥協的產物，存在不足和缺陷，但就總體看來，它仍然符合了當今世界管理海洋的實情，不失為最全面、最綜合的國際海洋公約。

小知識

羅斯柯・龐德：（西元一八七〇年～西元一九二二年），美國社會學法學（同時代還有歐洲社會學法學）的創始人和主要代表人物，是二十世紀西方法學界的權威人物之一。主要著作有《法律哲學導論》、《法制史解釋》、《法理學》等。

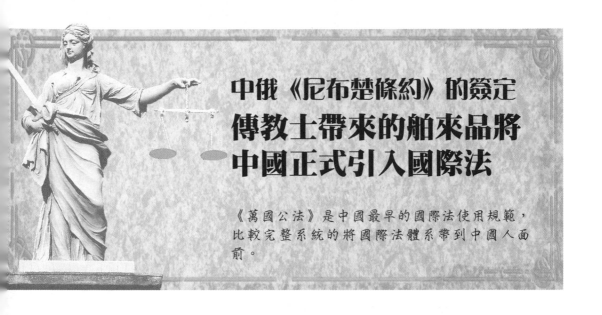

中俄《尼布楚條約》的簽定
傳教士帶來的舶來品將中國正式引入國際法

《萬國公法》是中國最早的國際法使用規範，比較完整系統的將國際法體系帶到中國人面前。

　　西元一六八九年（康熙二十八年），索額圖代表中國和俄國簽定和平條約，在這次簽定會議上，索額圖的職位全稱是「中國大聖皇帝欽差分界大臣議政大臣領侍衛內大臣」，這個全稱表明他是康熙皇帝的欽差，全權負責此次會議的簽定，行使中國主權。

　　同年八月二十二日，索額圖帶領親隨和俄國代表戈洛文在尼布楚城會面，雙方在尼布楚城搭起了兩座大帳篷。俄國首席代表戈洛文提出，雙方應該以黑龍江為界，將北岸劃分為俄羅斯，南岸劃分給中國。索額圖列舉大量史實，說明黑龍江兩岸一直都是中國不可分割的領土，是俄國強行佔領了中國的領土，他要求俄國立即歸還尼布楚和雅克薩等地，談判進入僵局。

　　第二天，索額圖派人徵詢康熙皇帝的意見，得到的回答是「中國可以做出適當的讓步，兩國可以以尼布楚為界限。」戈洛文對於中國的讓步根本不理會，還增派了三百名火槍手對索額圖一行進行武力恐

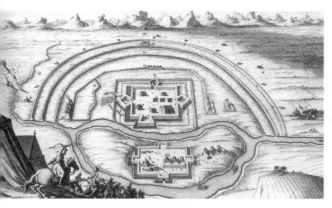

清朝軍隊攻雅克薩城。

嚇，並用停止談判來要脅，逼迫索額圖同意他們的請求。

事實上，在戈洛文出發前，沙皇給出了三個談判方案：第一個方案是以黑龍江為界限；第二種方案是以尼布楚為界限；第三種方案是如果前兩種不行，則日後再談。其實在索額圖提出以尼布楚為界限的時候，戈洛文是想同意的，他也擔心談判失敗回去沒辦法向沙皇交代，但是本著本國利益最大化的原則，他還是做出了這一舉動。

就在這時，尼布楚周圍的居民幫了索額圖的忙，他們不堪沙皇的強暴統治，紛紛起義，要求和清王朝組團進攻尼布楚。戈洛文聽聞起義的消息後發了慌，立即與索額圖達成協定，中俄以額爾古納河和格爾必齊河為界，再沿外興安嶺向東直到海邊，河東嶺南歸中國，河西嶺北歸俄國。他們還保證拆毀雅克薩城堡，把軍隊撤離中國領土。

九月七日，這次持續了一個多月的會議終於有了圓滿的結果，中俄雙方舉行隆重的儀式，索額圖和戈洛文在協議上簽字蓋章。有意思的是，康熙皇帝在談判簽定前，要求使臣在簽定合約後叩首跪拜上帝，以上帝名義宣誓保持和平。這套中西合璧的方法俄國人拒不接受，雙方想出了一個好辦法：中國代表團先宣讀中國人手中的條約文本，俄國人再宣讀他們的條約文本，雙方確定對文本無異議後，再分別以各自的方式宣誓。這個條約就是《尼布楚議界條約》，為慶祝這個條約的簽定，雙方還互贈禮物，舉行了盛大的宴會。

　　中國第一次出現國際公約是在康熙王朝簽定的《中俄尼布楚條約》，雖然在這個合約中清政府做出了巨大的讓步，但這個條約也在一定程度上保護了中國領土的主權完整。

　　在清朝末期，總理衙門成立，開始將歐洲已經成文的國際法系統地進行翻譯，較為著名的翻譯版本是由美國傳教士——丁韙良翻譯的《萬國公法》，歐洲近代國際法開始被中國所接受。

　　《萬國公法》的翻譯版本由清朝外交官——張斯桂作序，他在序言中，闡述了翻譯此公法的目的：英、法、美、俄是世界的四大強國，但它們並不是天生就強大的，英、法透過工業革命崛起，俄羅斯透過學習西歐崛起，美國也不過是一個殖民地，透過處理好國內關係也實現了強國的目的。現在世界有數十個國家都遵循《萬國公法》，今天我們翻譯這本書，也是希望能透過學習西方的國際法而實現強國目的。

　　《萬國公法》是中國正式出版的第一本完整的國際法著作，它介紹了西方近代國際法的基本原則、概念術語及思想觀念，對中國法律界影響巨大。

小知識

蒲安臣：（西元一八二〇年～西元一八七〇年），美國著名律師、政治家和外交家，美國對華合作政策的代表人物，是唯一的一個既擔任美國駐華公使又擔任中國使節的美國人，與西華德簽定了中國近代史上第一個對等條約，史稱《蒲安臣條約》。

國家圖書館出版品預行編目資料

關於法律的100個故事／徐子良著.
－－第一版－－臺北市：宇炯文化 出版；
紅螞蟻圖書發行，2014.9
面 ； 公分－－（Elite；39）
ISBN 978-957-659-976-7（平裝）

1.法律 2.通俗作品

580   103015505

Elite 39

關於法律的100個故事

作　　者／徐子良
發 行 人／賴秀珍
總 編 輯／何南輝
責任編輯／韓顯赫
校　　對／吳育禎、周英嬌、賴依蓮
美術構成／Chris' office
出　　版／宇炯文化 出版有限公司
發　　行／紅螞蟻圖書有限公司
地　　址／台北市內湖區舊宗路二段121巷19號（紅螞蟻資訊大樓）
網　　站／www.e-redant.com
郵撥帳號／1604621-1　紅螞蟻圖書有限公司
電　　話／(02)2795-3656（代表號）
傳　　真／(02)2795-4100
登 記 證／局版北市業字第1446號
法律顧問／許晏賓律師
印 刷 廠／卡樂彩色製版印刷有限公司
出版日期／2014年 9 月　第一版第一刷
　　　　　2018年 6 月　　　　第五刷

定價 300 元　　港幣 100 元

ISBN　978-957-659-976-7　　　　　　　Printed in Taiwan